PIERRE BELLEMARE
JACQUES ANTOINE

Les Dossiers d'Interpol

Tome 2

EDITION N° 1

© *Édition n° 1, 1979.*

LES DOSSIERS D'INTERPOL, Tome 2

Pierre Bellemare est né en 1929.
Dès l'âge de dix-huit ans, son beau-frère Pierre Hiegel lui ayant communiqué la passion de la radio, il travaille comme assistant à des programmes destinés à R.T.L.
Désirant bien maîtriser la technique, il se consacre ensuite à l'enregistrement et à la prise de son, puis à la mise en ondes.
C'est Jacques Antoine qui lui donne sa chance en 1955 avec l'émission *Vous êtes formidable*.
Parallèlement, André Gillois lui confie l'émission *Télé-Match*.
A partir de ce moment, les émissions vont se succéder, tant à la radio qu'à la télévision.
Pierre Bellemare ayant le souci d'apparaître dans des genres différents, rappelons pour mémoire :
Dans le domaine des jeux : *La tête et les jambes, Pas une seconde à perdre, Déjeuner show, Pièces à conviction.*
Dans le domaine journalistique : *10 millions d'auditeurs*, à R.T.L. ; *Il y a sûrement quelque chose à faire*, sur Europe 1.
Les variétés avec : *Pleins feux*, sur la première chaîne.
Interviews avec : *Témoins*, sur la deuxième chaîne.
Et enfin, c'est peut-être le genre qu'il préfère, les émissions où il est conteur : *C'est arrivé un jour*, sur TF 1 ; sur Europe 1, *Les Dossiers extraordinaires, Les Dossiers d'Interpol* et *Le Sisco*.

Jacques Antoine est né le 14 mars 1924 à Paris, fils d'André-Paul Antoine, auteur dramatique, et petit-fils d'André Antoine, fondateur du Théâtre-Libre.
Animateur depuis 1949 de sociétés de production de programmes de radio et de télévision, et directeur des programmes de Télé-Monte-Carlo, Jacques Antoine est, avant tout, un créateur. Il est donc impossible d'énumérer les programmes dont il est l'inventeur, seul ou en collaboration. Trois genres. Les jeux : de *La tête et les jambes* au *Schmilblic*, du *Tirlipot* à *La bourse aux idées*, du *Tiercé de la chanson* à *Seul contre tous, Les Incollables, La Course autour du Monde*, le *Francophonissime*, etc. Les émissions d'un style très personnel et n'entrant dans aucune catégorie définie, comme *Le Club des rescapés, Monsieur B. court toujours, C.Q.F.D., Vous êtes formidable, Il y a sûrement quelque chose à faire*...
Enfin, les émissions qui requièrent les qualités d'un écrivain : soit pour des feuilletons à un personnage (*Peter Gay, Les Tyrans sont parmi vous, Paola Pazzi*), soit destinées à un conteur tel que Pierre Bellemare (*Les Histoires vraies, Les Contes du pot de terre contre le pot de fer, Les Dossiers extraordinaires, Les Aventuriers, Les Nouveaux Dossiers extraordinaires, Les Dossiers d'Interpol* sur Europe 1).

**ŒUVRES DE PIERRE BELLEMARE
ET JACQUES ANTOINE**

Dans Le Livre de Poche :

**LES DOSSIERS EXTRAORDINAIRES
DE PIERRE BELLEMARE.**

**LES NOUVEAUX DOSSIERS EXTRAORDINAIRES
DE PIERRE BELLEMARE.**

LES AVENTURIERS.

**LES AVENTURIERS
*(Nouvelle série).***

LES DOSSIERS D'INTERPOL, tome I.

AVERTISSEMENT AUX LECTEURS

Ces textes ont été adaptés de l'émission « Interpol » de Pierre Bellemare et Jacques Antoine, diffusée chaque jour sur Europe 1.

Les auteurs ont demandé à l'O.I.P.C.-Interpol de les aider de ses conseils. Cette supervision n'a porté que sur les seules modalités techniques de la coopération internationale. En effet, les dossiers de cet organisme étant strictement confidentiels, les auteurs se sont inspirés pour chaque affaire des articles parus d'abondance dans la presse mondiale.

Pour des raisons morales autant que juridiques (les lois sur la prescription sont fort différentes selon les pays) et pour que ces récits puissent entrer dans le cadre de cet ouvrage, consacré à Interpol, les auteurs ont dû modifier certains noms propres, certains noms de lieux, voire certaines circonstances : des affaires paraissent donc rigoureusement inchangées, d'autres ne peuvent être que partiellement reconnues, d'autres enfin ne permettent aucune identification mais sans qu'y soient altérés la psychologie des personnages, l'esprit et le climat.

QU'EST-CE QU'INTERPOL ?

Les extraordinaires facilités de déplacements offertes par la vie moderne, l'accroissement considérable des populations, des échanges et des moyens de paiement, ont multiplié les occasions de criminalité « internationale » tandis que les frontières constituent comme par le passé une protection pour les malfaiteurs et un obstacle pour les polices.

Peut être considérée comme infraction internationale toute activité criminelle qui concerne plusieurs pays, soit par la nature des actes commis, soit en raison de la personnalité ou de la conduite de son ou de ses auteurs.

La qualification de crime international n'est pas liée à la gravité de l'acte criminel : un malfaiteur qui a volé dans les magasins, mais dans plusieurs pays successivement, est un criminel itinérant donc international.

Mais il n'existe ni de code ni de règle pénale internationaux et ce qui est considéré ici comme un crime grave est ailleurs anodin. De plus, dans chaque pays, la police est organisée de manière différente et ses services, souvent nombreux, sont articulés entre eux de façon complexe. Ici, la police est nationalisée ; là, elle relève des autorités locales. Ici, elle a une compétence globale ; là, les fonctions policières sont réparties entre plusieurs services. Donc comment serait-il possible à un policier d'une ville du Pérou de faire effectuer, en cas de nécessité, une recherche dans tous les pays d'Asie ? Comment pourrait-il savoir quels doivent être ses interlocuteurs étrangers dans tous les autres pays du monde ?

C'est pourquoi les responsables de la protection des citoyens de plusieurs pays, cherchant à lutter contre la criminalité internationale, ont créé en 1923 un organisme de coopération policière : l'Organisation Internationale de Police Criminelle dont le siège fut d'abord à Vienne.

Lorsque le Secrétariat général s'installa à Paris en 1946, on choisit comme adresse télégraphique le vocable : « Interpol » qui fut adopté en 1947 pour chaque Bureau central national d'Interpol. Les médias utilisèrent peu à peu ce mot pour désigner l'ensemble du dispositif de coopération. Dans les journaux, à la radio, fleurirent les expressions « Interpol Londres » a saisi « Interpol Rome » ou bien : « Interpol s'occupe de l'affaire X... »

L'O.I.P.C.-Interpol doit assurer l'assistance réciproque la plus large de toutes les autorités de police criminelle et développer toutes institutions contribuant à la prévention et à la répression des infractions de droit commun. Cela dans le cadre des lois existant dans les différents pays membres et selon l'esprit de la Déclaration Universelle des Droits de l'Homme.

Toute activité ou intervention dans des questions ou affaires présentant un caractère politique, militaire, religieux ou racial est rigoureusement interdite à l'Organisation.

A ce jour, 127 pays ont donc désigné leur organisme officiel de police dont les fonctions sont compatibles avec les activités de l'O.I.P.C. pour en être membres.

Il a fallu élaborer certaines méthodes adoptées en commun, résoudre des questions juridiques, linguistiques, etc., et, pour assurer une « permanence », une continuité et des moyens d'action, créer un Secrétariat général et les Bureaux centraux nationaux d'Interpol.

Une assemblée générale et un comité exécutif dirigent donc l'O.I.P.C. tandis que Secrétariat général et Bureaux centraux nationaux sont les rouages techniques permanents qui en assurent le fonctionnement quotidien.

Le rôle des B.C.N. est capital : ils sont compétents pour demander aux polices des autres pays des échanges d'informations, des recherches, des identifications, des auditions, des arrestations. A l'inverse, à la demande des autres pays, ils déclenchent toutes opérations policières sur leur propre territoire, en fonction de leur législation nationale. Ils assurent aussi la participation active de leur pays à la coopération internationale en faisant appliquer chez eux les résolutions adoptées par l'O.I.P.C. et veillent au respect des statuts.

Les B.C.N. peuvent régler rapidement les problèmes posés quotidiennement, y compris les problèmes linguistiques. Par exemple : si n'importe quel détective local est en présence d'un cas qui présente des développements internationaux, il s'adresse au service désigné dans son propre pays comme « B.C.N.-Interpol »... et l'affaire suivra alors son cours partout à travers le monde.

Les B.C.N.-Interpol entretiennent entre eux des rapports directs, exempts de formalisme, mais doivent rester en liaison étroite avec le Secrétariat général qu'ils informent de leurs activités et dont ils demandent, le cas échéant, l'intervention.

Le Secrétariat général Interpol à Saint-Cloud près de Paris est une administration internationale ne relevant d'aucun gouvernement particulier. Il dispose de deux fichiers principaux : un fichier alphabétique et un fichier phonétique. Ils sont complétés par des fichiers spéciaux (noms des bateaux, immatriculation des voitures suspectes, numéros des passeports utilisés par des individus surveillés, etc.). Les fiches renvoient à des dossiers « individuels » ou à des dossiers « d'affaires » qui contiennent la documentation proprement dite.

C'est aux archives spécialisées que sont classées les empreintes digitales des malfaiteurs internationaux. On y trouve, en outre, un fichier photographique.

Bien entendu, chaque Bureau central national d'Interpol dispose d'une station radio-électrique intégrée dans le système de télécommunications de la police de son pays. Les B.C.N. sont groupés par zones géographiques autour d'une station régionale, elle-même reliée à une station centrale.

La station centrale du Secrétariat général assure la liaison entre toutes les stations régionales mais aussi la fonction de « station régionale » pour le réseau Europe-Méditerranée.

Généralement, Interpol communique en morse parce que ce système, le moins cher, le plus fiable, permet d'être reçu simultanément par de nombreuses stations, élimine les difficultés de langage, les opérateurs recevant et émettant des messages même s'ils ne les comprennent pas. Mais certains B.C.N. disposent de moyens plus sophistiqués.

Pour diffuser le signalement des personnes, Interpol utilise des notices signalétiques portant un coin rouge s'il s'agit d'une demande d'arrestation ; bleu s'il s'agit d'une demande de renseignements ; vert s'il s'agit de prévenir des agissements d'un malfaiteur international ; noir enfin s'il s'agit d'un cadavre à identifier.

Bien sûr, tout ceci est très schématique car l'activité d'Interpol est multiple : elle va de la diffusion de formulaires pour l'identification des victimes des grandes catastrophes à la diffusion d'un fichier de plus de mille marques de machines à écrire différentes, permettant d'identifier une machine d'après les missives qu'elle a frappées, en passant par une bibliographie sur les armes à feu ou une brochure spéciale à feuillets mobiles décrivant par pays les systèmes et les mécanismes de numérotation des plaques d'identification des véhicules automobiles, etc.

Comme on le voit, Interpol n'est pas une « super-brigade internationale » composée de « super-détectives » mais un système de coopération dans lequel chaque pays, responsable chez lui, agit avec ses hommes à lui, ses propres services, ses propres lois et ses propres méthodes.

Nous remercions M. BOSSARD, Secrétaire général et le Detective Chief-superintendant KENDALL, directeur de la Division de Police d'avoir bien voulu répondre aux questions de notre documentaliste Gaëtane BARBEN sur les modalités de la coopération qui se développe lorsqu'un policier obscur, quelque part sur notre planète où le soleil ne se couche jamais, met en branle cette grande machine à moudre le quotidien.

Jacques Antoine-Pierre Bellemare.

LE DIABLE HABITE
AU RANCH EL ANGEL

UN solide morceau de fil électrique d'un mètre de long traîne aux côtés du cadavre de Magdalena, dans un hôtel borgne de Barcelone. Le propriétaire, ne la voyant pas redescendre de sa chambre, la découvre allongée sur son lit. Magdalena était une prostituée mexicaine de vingt-cinq ans. Le fil électrique a servi à l'étrangler. Et l'étrangleur est un homme, car seul un homme peut posséder la force physique nécessaire. Il a agi avec discrétion et efficacité, et l'on pense immédiatement à un professionnel du crime, et non à un simple client de passage. Un interrogatoire minutieux de la femme de ménage et du gardien de nuit de l'hôtel, du chauffeur de taxi qui aurait amené le tueur sur le lieu du crime, et du barman au comptoir duquel le tueur aurait attendu un taxi, permet de reconstituer avec une grande précision son signalement. Conclusion : il ne s'est pas caché et il s'agit sans doute d'un Américain du Sud venu en Espagne pour un très court séjour. Interpol fait une demande de renseignements à diffuser en Europe et dans les deux Amériques. Mais quelque temps plus tard, même scénario à San Francisco cette fois. Le 16 décembre 1963, un morceau de fil électrique, d'environ un mètre de long, est retrouvé près du cadavre d'une barmaid mexicaine. Elle a été étranglée alors qu'elle venait tout juste de fermer son bar, vers une heure du matin. Il s'agit d'une femme de vingt-sept ans, née à Porto Rico. Mais ses papiers sont faux, ils lui ont été fournis par une officine spécialisée. L'enquête ne parvient pas à aller plus loin. Le tueur a agi avec la même précision et la même rapidité, mais ne semble pas avoir pris de grandes précautions pour dissimuler ses traits. La police a de lui un signalement assez précis qu'elle communique à Interpol, l'homme étant un étranger probablement de langue espagnole. Le rapprochement est établi entre les deux crimes, même fil électrique, mêmes victimes prostituées, même tueur désinvolte qui ne semble pas se préoccuper le moins du monde de se faire reconnaître ou non. A tel point que l'on pourrait établir un portrait robot précis : « Taille moyenne, très brun, peau mate, pommettes saillantes, yeux sombres, longue moustache, signe particulier : une ou plusieurs dents en or au côté droit de la bouche. »

C'est donc un télégramme urgent de diffusion générale, qui est adressé le 26 décembre à tous les bureaux centraux nationaux d'Interpol en Europe et dans les deux Amériques.

Deux jours plus tôt, le 24 veille de Noël, Maria Mejia, une jolie brunette de quatorze ans, folle de terreur, s'est réfugiée dans un poste frontière à San Diego, côté américain, à l'extrême-sud de la Californie. Pour expliquer son affolement et justifier sa sortie illégale du territoire mexicain, Maria Mejia a raconté qu'elle s'était enfuie d'un hôtel où elle était poursuivie par le tueur d'un gang de la prostitution. Dans un premier temps, l'adolescente refuse de décrire l'homme, dont elle semble avoir une peur épouvantable, elle se laisse convaincre par la police, et donne exactement le même signalement que dans les deux cas précédents. Elle a même entendu dire que le tueur exécute ses victimes avec un fil électrique. Les victimes en question sont des prostituées. La jeune Maria Mejia exerce déjà cette profession lucrative, mais dangereuse. Or, elle n'a que quatorze ans. Bien qu'elle refuse d'ajouter un seul mot à sa déclaration par peur des représailles, la police de San Diego renonce à la refouler au Mexique et préfère la garder dans un établissement d'éducation contrôlée, jusqu'à plus amples informations.

Mais toutes les polices du monde le savent, quand il s'agit de prostitution, le gros problème est d'avoir des informations, justement. Quelle que soit la menace qui pèse sur elles, les filles n'osent jamais aller trop loin dans les confidences, sûres qu'elles en paieront les conséquences de leur vie. C'est donc à Interpol que l'on essaie de réfléchir et de rapprocher les morceaux du puzzle : le tueur exécute des prostituées mexicaines en dehors du Mexique, il est donc probable qu'il est chargé de les tuer parce qu'elles se sont enfuies du Mexique justement. C'est donc que les filles appartenaient à l'origine à un gang puissant. La première chose à savoir pour situer le réseau, c'est le lieu de recrutement. Or, dans les deux morceaux du puzzle se trouve une indication : les deux victimes sont nées au même endroit : San Francisco del Rincon, au Mexique. Et à ce stade il n'est pas question de coïncidence.

Le résultat de cette réflexion est que le bureau d'Interpol à Mexico charge le capitaine Rimenez d'enquêter à San Francisco del Rincon. Le premier point étant d'établir la présence d'une maison close dans ce charmant pays. Le capitaine Rimenez, policier élégant et cultivé, qui a fait de nombreux stages dans les polices étrangères, décroche son téléphone depuis Mexico pour appeler la police de San Francisco del

Rincon. Mais il n'y a pas de police dans le pays. L'ordre y est assuré par la garnison militaire locale, commandée par un capitaine. Et ce capitaine n'a rien de courageux, car il est midi, et il décroche son téléphone avec mauvaise humeur, Monsieur prenait son bain !

« Capitaine Zuniga, j'écoute...

— Ici capitaine Rimenez, du bureau d'Interpol à Mexico.

— Que puis-je faire pour vous, capitaine ?

— Je voudrais savoir s'il y a une maison close à San Francisco del Rincon. »

Il y a d'abord un petit silence étonné au bout du fil, puis la réponse vient :

« Non, il n'y en a pas, du moins pas d'institution déclarée, et à ma connaissance.

— Bizarre. Il semblerait pourtant que San Francisco del Rincon soit un lieu de recrutement pour la prostitution.

— Vous m'étonnez beaucoup, capitaine. San Francisco del Rincon est un coin bien tranquille, vous savez.

— Peut-être. Mais vous ne me ferez pas croire qu'il n'y a pas un seul bordel dans la région.

— Non, évidemment.

— Alors où ? »

Le capitaine Hermengildo Zuniga semble décidément peu coopératif. Mais il lui faut bien reconnaître qu'il y a la maison des sœurs Gonzales à Lagos de Moreno, non loin de là.

Deux jours plus tard, le capitaine Rimenez de l'Interpol de Mexico pénètre avec le lieutenant Hermengildo Zuniga, commandant de la garnison militaire locale, dans la maison close de Lagos de Moreno qui n'a jamais reçu de personnalités de ce genre. C'est une grande bâtisse, sans luxe exagéré, que fréquentent surtout les paysans des environs. Ce qui frappe immédiatement le capitaine Rimenez, c'est l'état des pensionnaires : un tel état de faiblesse et de prostration qu'il leur est pratiquement impossible de répondre à ses questions.

« Comment vous appelez-vous ? »

La malheureuse fille le regarde et répond avec hésitation, comme si elle avait oublié jusqu'à son nom :

« Pilar.

— Quel âge avez-vous ? »

Cette fois, la fille cligne des yeux. Elle paraît perdue dans un abîme de réflexion et de doute concernant son âge.

« Quoi, vous ne savez pas votre âge ? Vous êtes majeure au moins ? »

Le mot majeur, lui fait incliner la tête en signe d'acquiescement.

« Et d'où venez-vous ?

— Du Ranch El Angel. »

La fille montre sur son bras gauche une initiale tracée au fer rouge. On dirait une marque d'éleveur comme en portent les bêtes des troupeaux.

« Qu'est-ce que c'est que ce ranch ? »

N'obtenant aucune réponse, le capitaine Rimenez se rabat sur les tenancières. Ce sont deux femmes respectivement âgées de quarante-sept et cinquante ans, que le lieutenant Zuniga connaît bien, puisqu'il les présente l'une après l'autre. Delphina Gonzales Valenzuella — l'aînée — est assise derrière son bureau, calme, froide, le visage incroyablement dur, elle se contente d'incliner la tête à l'énoncé de son nom. Debout près de sa sœur, la brune Maria del Jésus Gonzales Valenzuella, malgré un visage long et maigre, montre plus d'exubérance.

« Bonjour capitaine, nous n'avons pas souvent la chance de recevoir des gens de Mexico ! »

Mais cette exubérance tourne court, car le capitaine

Rimenez a tout de suite ressenti pour les deux femmes une aversion quasi insurmontable. Il n'a pas l'ombre d'un sourire. Il est à peine poli lorsqu'il demande :

« D'où viennent ces femmes ?

— Vous savez comment ce genre de filles se recrute, capitaine. Ce sont de pauvres femmes, déjà prostituées lorsqu'elles nous arrivent. Analphabètes, sous-alimentées, croyez-moi, elles sont mieux ici qu'à se prostituer dans leur village. Vous n'êtes pas le premier à vous inquiéter de leur sort. Vous ne serez pas le dernier à comprendre qu'elles ont de la chance de nous avoir rencontrées ! »

Et elle se tourne vers le capitaine, chef de la garnison militaire.

« N'est-ce pas capitaine ? »

— Oui, oui, c'est vrai », confirme le capitaine Zuniga.

Cette entente classique du chef de la garnison militaire locale et des deux richissimes notabilités, sur le dos de ces malheureuses, est absolument écœurante, le capitaine Rimenez ne se prive pas de le laisser entendre. Sa moue, le ton qu'il emploie, les mots devraient faire rentrer sous terre les deux déchets de femmes qui l'écoutent :

« Vous possédez d'autres étables comme celle-là ? Oui ? Donnez-m'en la liste et les adresses. »

Dans l'après-midi du même jour et le lendemain, le capitaine Rimenez visite six « maisons » du même genre. Il y découvre que le bétail humain qu'on y exploite est comptabilisé par les sœurs Gonzales pour une valeur variant entre 500 et 1 000 pesos « pièce », soit 400 francs nouveaux. C'est d'ailleurs le prix où elles les vendent régulièrement à d'autres maisons mexicaines ou même aux Etats-Unis. La plupart des femmes sont originaires de la région. Certaines, engagées comme bonnes à l'âge de treize ou quatorze ans, ont d'ailleurs fait l'objet de demandes de recherches de la part des familles, demandes qui n'ont eu aucune suite, bien entendu. Et dont bien entendu les deux maquerelles n'ont jamais entendu parler. Mais l'action policière entreprise contre les sœurs Gonzales décide la jeune Maria Mejia à parler enfin. Maria, quatorze ans, semble avoir connu des horreurs ineffaçables quand elle dit :

« Il faut que la police aille visiter le *Ranch El Angel*. »

Le capitaine Rimenez a déjà entendu parler du *Ranch El Angel* en interrogeant le « bétail » des sœurs Gonzales. Mais aucune des malheureuses filles n'a donné de détail. Le 18 janvier 1964, accompagné de deux camions de policiers armés, le capitaine Rimenez se présente devant le *Ranch El Angel* : 17 hectares entourés de barbelés, des gens à San Francisco del Rincon l'ont prévenu :

« Méfiez-vous, les sœurs Gonzales ont une troupe de pistoleros. »

C'est vrai, une vingtaine d'hommes, le doigt sur la gâchette, sont groupés à l'entrée. Au milieu d'eux, les sœurs Gonzales en pantalon de cheval, cartouchière autour de la taille et carabine à la main. On se croirait revenu au temps du Far West. Les deux vieilles filles ont d'ailleurs l'air aussi ridicules que dangereuses. Mais le capitaine ne se laisse pas intimider. Les sœurs Gonzales ne peuvent ignorer que devant une action de la police agissant au nom des cinq Etats du Mexique, la protection du commandant de la garnison militaire locale ne leur est plus d'aucun secours. Il descend de voiture et ordonne dans un porte-voix :

« Votre résistance est stupide, déposez vos armes. »

Après quelques hésitations, l'aînée des sœurs Gonzales donne l'ordre à ses pistoleros de jeter revolvers et fusils à terre, et elle montre l'exemple. Prostitution est mère de lâcheté, c'est bien connu. Puis le grand portail s'ouvre en grinçant pour que les deux camions chargés de policiers pénètrent dans le ranch. De l'un des longs bâtiments qui ferment la cour principale, des voix de femmes s'élèvent. Un étrange murmure inhumain. Ce sont les « pensionnaires » des sœurs Gonzales. Elles sont dix-huit. Les pensionnaires sont en réalité dix-huit femmes en haillons, d'une saleté repoussante, enfermées dans de petites pièces sans lumière. Ce sont des prostituées devenues inutilisables, vieillies et malades. Aucune ne dépasse quarante-cinq ans, et le capitaine Rimenez a tout de suite compris. Cela ressemble étrangement à certaines méthodes nazies...

« Vous les supprimez lorsqu'elles ne vous servent plus », dit-il.

L'aînée des sœurs Gonzales — qui joue les pistoleros et les sadiques retardées — proteste d'un air mauvais :

« C'est faux...

— Nous verrons bien », dit le capitaine Rimenez qui se retient d'écraser la tête de ce monstre femelle à coups de gifles rafraîchissantes.

Tandis que les policiers munis de pelles et de pioches se répandent dans le ranch, Rimenez découvre une dizaine de femmes plus jeunes, presque des enfants. Elles sont affamées, la plupart sans volonté, ivres d'alcool et réduites à l'état animal. Le procédé est simple au ranch. L'alcool remplace la nourriture, et il a l'avantage de détruire vite les volontés individuelles.

« Qu'est-ce que vous faites là ? demande le capitaine.

— On apprend, dit une gamine qui a tout juste treize ans, et tout juste l'air d'une femme.

— Vous apprenez quoi ?

— Le métier », dit-elle. Et son ton est morne, sa voix pâteuse, effrayante dans la bouche d'une enfant.

Le capitaine Rimenez découvre aussi une femme

d'une quarantaine d'années qui semble régner sur le ranch. Il n'a pas besoin de l'interroger longtemps pour qu'elle avoue : Enlevée toute jeune et placée dans une maison close, usée, elle est devenue l'éducatrice des basses œuvres de ses patronnes. C'était ça ou mourir. Elle accepte de guider le capitaine à travers ce nouveau camp de concentration. Là, dans un râtelier, sont accrochés les fouets dont se servent les sœurs Gonzales pour mater les récalcitrantes. Ici, c'est le lit royal : une planche étroite où les jeunes femmes indisciplinées sont ficelées avec du fil de fer barbelé, de sorte qu'au moindre mouvement le fil de fer s'enfonce dans la chair. Plus loin, une réserve de bidons d'essence : pour brûler les cadavres. C'est un véritable cauchemar.

Puis la femme conduit le capitaine dans un coin reculé du ranch. Depuis qu'elle a commencé à parler on sent qu'elle ne s'arrêterait plus. Elle vide l'horreur accumulée depuis des années.

« C'est ici qu'il faut creuser », dit-elle enfin.

On creuse, et l'on découvre dix-sept squelettes. Enfin, dans une cave, il y a des jarres, la femme dit qu'il faut les casser. Un coup de crosse de revolver et la jarre s'entrouvre. Sur une chose immonde. Dans ces jarres sont enfermés les cadavres des nouveau-nés arrachés à leurs mères, et tués, pour qu'ils ne gênent pas l'exercice de la prostitution. Mais pourquoi les garder là. Pourquoi ce sadisme gratuit. Incompréhensible. Des femmes torturées, des enfants morts. Que peut la justice humaine contre des monstruosités pareilles. Pas grand-chose.

Le jour même, le capitaine Rimenez fait mettre en état d'arrestation les sœurs Gonzales, le capitaine de l'armée mexicaine Zuniga, l'ancienne prostituée, devenue complice, et le chauffeur du ranch Francisco Camarena. Une dizaine d'autres arrestations suivront. Les sœurs Gonzales ont fait appel à leur avocat, mais ce dernier ne prend pas le risque de les défendre, estimant qu'il n'y a rien à défendre. Un deuxième avocat pressenti refuse à son tour en déclarant :

« Un lieu comme le *Ranch El Angel* ne peut avoir existé qu'avec l'aide de personnes influentes, au plus haut niveau de l'administration. »

Possible, mais lorsque le capitaine Rimenez conduit les sœurs Gonzales auprès du juge Tonoteo Lozano, il a toutes les peines du monde à les protéger d'une foule hurlante qui veut les lyncher. Elles seront condamnées au maximum de la peine de la loi mexicaine, quarante ans de détention criminelle. Un maximum qui a tout l'air d'un minimum dans ce cas précis.

LE DEMERDENZIZICH

LE dossier le plus épais des archives d'Interpol concerne un arrière-petit-fils du tsar Alexandre Ier : le baron Alexandre von Luedinghausen-Wolff. Ce nom, noble, étant fastidieux à écrire comme à prononcer, se réduira pour nous au baron Alexandre. Pendant quatre ans, le baron Alexandre, donc, n'a cessé d'alimenter son dossier. A tel point que depuis 1923 — date de la création d'Interpol — il ne s'est pas écoulé un jour sans que, quelque part dans le monde, un homme n'ait enquêté, au nom d'Interpol, sur les activités du baron.

La première de ses activités a consisté à naître à la cour du tsar Nicolas II, à Saint-Pétersbourg, en 1903. Le père du baron, général de l'armée du tsar, meurt lorsqu'il a cinq ans. Tout jeune, Alexandre est l'un des pages du tsar. A quatorze ans, il est placé par les bolcheviks dans une institution d'où il s'enfuit trois ans plus tard en s'embarquant clandestinement sur un vapeur allemand qui le débarque au port de Stettin sur la mer Baltique.

En 1920, la famille de Luedinghausen-Wolff — la mère, le fils et les cinq sœurs —, enfin reconstituée, débarque à Berlin, pauvre comme Job, car tout a été abandonné en Russie. Le baron Alexandre, qui n'est encore qu'un jeune homme de dix-sept ans, se retrouve donc sur le quai de la gare, à Berlin, ville inconnue. Autour de lui, sept valises qui ne contiennent, hélas, que du linge et des robes sans grande valeur. Le jeune homme est grand, racé, beau, mince et ses manières sont empreintes d'une noblesse et d'une courtoisie naturelles : « Bon sang ne peut mentir. »

Il retire sa toque de fourrure pour éponger délicatement ses tempes blondes où perle la sueur : sept valises, c'est lourd à porter. Son regard bleu circulaire fait le compte de ses responsabilités : six femmes. La mère, quarante ans, qui, sur le quai de cette gare, a l'air d'une jument racée égarée dans un champ de labour, et les cinq sœurs. Le jeune baron Alexandre arrête un porteur, montre les sept valises et tâte le fond de sa poche. Il aura tout juste de quoi payer le porteur. Mais l'important est d'arriver à l'hôtel avec ses six femmes et ses sept valises. L'avenir s'occupera du reste.

Le voilà donc installé dans un hôtel somptueux, avec ses femmes habituées au luxe et aux plaisirs, oisives, ignorantes de tout ce qui est réellement utile pour survivre. Le jeune baron Alexandre est lui-même incapable de travailler. D'abord, il ne sait rien faire, ensuite, en 1920, il n'est pas facile de trouver du travail à Berlin, où règnent marché noir et corruption. Ce que l'on pourrait appeler, pour faire allemand : le « Demerdenzizich ». Et si le jeune baron trouvait un emploi, il ne pourrait espérer gagner de quoi faire vivre six femmes de luxe. Il ne vient donc à aucun membre de la famille l'idée de travailler. Leur sang bleu se résigne donc à vivre de la charité publique. Mais le baron, devenu à la fois le père nourricier et l'enfant gâté d'une mère évaporée, va commettre ses premières bêtises. Encouragé par ladite mère évaporée.

Il s'agit de petites escroqueries conventionnelles sur lesquelles il n'est pas nécessaire de s'étendre mais qui finissent par conduire le baron Alexandre et l'une de ses sœurs devant un juge. C'est là que le baron fait preuve pour la première fois d'une formidable intelligence, en parvenant à se faire acquitter pour irresponsabilité ! Sa sœur, moins maligne, récolte trois ans et demi de prison. Mais le baron est désormais fiché par la police allemande qui, en 1923, communique le dossier à Interpol lorsque la famille von Luedinghausen-Wolff, lasse de cette ville de Berlin si peu hospitalière, décide d'aller s'installer à Vienne.

Le baron Alexandre va y donner toute la mesure de son génie. La plupart des mécanismes d'escroquerie géniaux que l'on raconte et reraconte en les attribuant tantôt à l'un, tantôt à l'autre, ont été en réalité inventés par lui. Pour le plaisir de l'amateur il convient d'en passer quelques-uns en revue. Nous commencerons par les plus faciles à exécuter, pour finir par des chefs-d'œuvre qui ne sont pas à la portée de tout le monde. Le principe de base : commettre ses escroqueries au loin. Pour cela, le baron loue une voiture, un chauffeur, emmène sa mère, d'allure on ne peut plus respectable, et l'une de ses sœurs. Avec elles, il entreprend une tournée dans les villes réputées pour leur luxe. Exemple : Baden-Baden, Lugano, Monte-Carlo.

Un jeudi, en fin de journée, il entre chez un fourreur de Baden-Baden et demande à voir les plus belles fourrures. Celle qui le séduit le plus est un manteau de zibeline qui doit valoir, en monnaie de l'époque, l'équivalent de 100 000 nouveaux francs.

« Je veux l'offrir à ma fiancée, car nous avons une soirée imprévue durant le week-end, dit-il. Mais je voudrais être sûr qu'il lui plaise. »

Le directeur du magasin propose immédiatement :

« Voulez-vous qu'une vendeuse l'essaie ? »

Voilà donc le jeune baron, assis dans un fauteuil, examinant d'un œil critique les allées et venues de Mlle Gertrude, la vendeuse revêtue de l'éblouissante zibeline. Il fait la moue et se permet une remarque.

« Mademoiselle Gertrude n'est pas, enfin, n'a pas les mêmes mensurations que ma fiancée. Tout compte fait, je préférerais qu'elle l'essaie elle-même. »

Il appelle l'hôtel par téléphone et demande la suite numéro 2. Lorsqu'il a sa mère :

« Chère maman, est-ce que vous pourriez venir avec Irina ? J'ai trouvé une fourrure magnifique, mais je voudrais être sûr qu'elle lui plaise. »

La chère maman semble faire des difficultés, et le jeune baron insiste :

« Mais je vous envoie le chauffeur, maman. Vous n'en avez que pour une heure ! »

Chère maman donne l'impression d'avoir autre chose à faire dans l'immédiat et de plus important que l'essayage d'une zibeline. Navré, le baron conclut :

« Bien. Comme vous voudrez, mère. Je fais noter le rendez-vous. »

Le téléphone raccroché, il explique au directeur :

« Ma mère et ma fiancée ne peuvent pas venir aujourd'hui, mais demain vers cinq heures, est-ce possible ?

— Mais certainement, monsieur.

— Néanmoins, je n'aimerais pas que vous vendiez cette fourrure à une autre personne, je vais vous faire un chèque. »

Et il remet un chèque de 10 000 francs.

Le lendemain, à l'heure dite, le baron Alexandre, sa mère et la soi-disant fiancée sont au rendez-vous. La zibeline convient parfaitement. Il ne reste plus qu'à l'emporter. Le directeur est gêné. Il voudrait vérifier que le chèque est approvisionné. Le baron s'étonne avec quelque dédain.

« Comment ? Vous ne l'avez pas encore fait ? »

On appelle la banque. Trop tard. Elle ne répond plus. D'autre part, le paquet est prêt. Le chauffeur attend devant la porte. La mère, la fiancée et le baron attendent aussi.

« Vous avez ce chèque depuis hier, monsieur, fait remarquer le baron. Vous aviez largement le temps de vérifier. D'autre part, vous avez mon adresse à l'hôtel. Je vous ai dit que nous avions besoin de ce manteau pour le week-end. Si vous avez un problème, que je n'imagine pas d'ailleurs, vous savez où me joindre et lundi matin je puis vous ramener le manteau. »

Le directeur, qui se sent dans son tort, ne peut plus qu'accepter. Inutile de dire que le chèque était en bois, sur un compte ouvert pour la circonstance, sous une fausse identité. « L'escroquerie au week-end » a été étudiée minutieusement par le baron Alexandre qui lui a trouvé plusieurs variantes : Par exemple, il fournit un numéro de compte dans une banque voisine où il a réellement déposé une somme suffisante. Lorsque le commerçant téléphone, la banque lui répond que le compte est approvisionné. Le baron part donc avec la fourrure. Dix minutes plus tard, il se présente à la banque, retire la somme en déclarant que, tout compte fait, le commerçant préfère être payé en espèces. Il a donc la fourrure et l'argent. Ingénieux et simple. D'exécution relativement facile à condition d'avoir la prestance et le ton snob du baron à l'état naturel.

Voici plus délicat : le comte de Vongarde, homme jeune et très distingué, fait arrêter sa Rolls devant un bijoutier de la place Vendôme et demande à voir des pièces rares. On lui montre, entre autres choses, ce qu'on appelle une perle « poire ». C'est-à-dire une perle fine en forme de poire. Elle est très grosse, très pure, excessivement rare et vaut une petite fortune, l'équivalent de 100 000 nouveaux francs. Pourtant, le comte hésite :

« C'est très beau, dit-il, mais je voudrais faire un cadeau exceptionnel.

— C'est tout à fait exceptionnel ! fait remarquer le vendeur.

— Oui, mais un peu trop discret. Si, par exemple, il y en avait deux semblables, le cadeau aurait beaucoup plus de prix.

— Vous n'y songez pas, monsieur. Une autre perle « poire », ayant le même éclat ? La même pureté ? Le même volume ? C'est presque introuvable. Deux perles semblables n'auraient plus de prix ! »

En effet, pour des amateurs très fortunés, si cette perle « poire » vaut 100 000 nouveaux francs, deux perles « poire » semblables, montées par exemple en boucles d'oreilles, en vaudraient 300 000 ! Après avoir longuement réfléchi, le distingué client se décide :

« Je la prends, dit-il. Mais essayez de m'en trouver une semblable. J'y mettrai le prix et le temps qu'il faudra. »

Il remet un chèque au nom du comte de Vongarde et empoche l'écrin.

« Jusqu'à quel prix pouvons-nous monter ? demande le vendeur.

— 150 000 !

— Bien, monsieur le comte. Nous essaierons. Mais il ne faut pas trop y compter. »

Dans les mois qui suivent, le client — en réalité le baron Alexandre — fait arrêter trois ou quatre fois sa Rolls devant la bijouterie, le temps de passer la tête et de demander :

« Vous avez du nouveau ?

— Non, monsieur le comte. Hélas ! »

Les mois s'écoulent. Le baron passe presque chaque mois.

« Toujours rien ? S'il le faut, j'irai jusqu'à 200 000 ! »

Si ce n'est le baron qui passe, c'est son chauffeur qui demande :

« Vous avez quelque chose pour M. le comte ?

— Dites-lui que nous cherchons toujours. Mais nous n'avons encore rien trouvé. »

Tous les joailliers de Paris savent qu'un célèbre bijoutier de la place Vendôme cherche une perle « poire » pour l'un de ses richissimes clients. Aussi, lorsqu'une femme élégante vient proposer dans une bijouterie de la rue du Faubourg-Saint-Honoré une perle « poire », le commerçant dresse les oreilles. Mais la femme en demande un prix fabuleux : 200 000 francs. Le bijoutier de la rue du Faubourg-Saint-Honoré prévient celui de la place Vendôme.

« On nous propose une perle « poire » comme celle que vous cherchez mais la cliente en demande 200 000 francs, auxquels vous devrez ajouter notre commission. »

Le bijoutier de la place Vendôme n'hésite pas :

« Prenez-la. »

Le bijoutier de la rue du Faubourg-Saint-Honoré verse donc à la femme élégante, qui n'est autre qu'une des sœurs du baron Alexandre : deux cent mille francs et reçoit la perle « poire » que le baron a achetée cent mille francs, onze mois plus tôt. Ce tour de force nécessite on le voit un temps de « travail » assez long, et l'immobilisation d'une Rolls et d'un chauffeur un jour par mois.

Les agissements du baron sont suivis à la loupe par les bureaux d'Interpol dans tous les pays du monde. Il est pratiquement impossible d'énumérer le nombre et le montant des escroqueries qu'il a commises (toujours avec l'assistance de sa mère) à Venise, à Paris, Bruxelles, Budapest, au Tyrol, au Portugal, à Milan, à Grenoble, à New York. S'il fait de très courts séjours en prison, il s'y prend de telle façon que sa mère n'est inquiétée qu'une seule fois à Lyon où elle séjourne trois mois en cellule. En 1949, Madame Mère a quatre-vingt-neuf ans et le baron cinquante-quatre. Les tempes argentées, le visage buriné, l'air plus intelligent, plus courtois et plus distingué que jamais. Sa carrière va pourtant connaître un incident grave.

Le 15 janvier, le baron Alexandre visite avec sa mère le musée d'Agen où se trouve un Goya de valeur. L'admirant avec ferveur, ils restent là jusqu'au moment où la sonnette retentit pour la fermeture. Madame Mère, s'aidant de son grand âge (quatre-vingt-neuf ans), fait un gracieux sourire au gardien et le baron lui donne un royal pourboire : le Goya a disparu. Mais il se trouve que la vieille baronne a une nouvelle marotte : elle ne se sépare jamais, même dans ses lointains voyages, d'un adorable petit singe qu'elle serre contre sa poitrine. Interpol a prévenu toutes les polices de ce détail. Et c'est un hôtelier suisse de Lucerne qui, voyant une cliente de passage, serrer un singe contre sa poitrine, prévient la police. Le Goya est encore là. Madame Mère a roulé la toile autour de son corps. Elle est arrêtée avec son fils. Mais la vieille dame indigne, vu son grand âge, ne sera pas jugée. Par contre, son fils va faire devant le tribunal de Berlin un numéro extraordinaire : les traits fatigués, malade, atteint paraît-il, de tuberculose, il s'adresse à ses juges :

« Regardez-moi. Je suis gravement malade. Me condamner lourdement serait me condamner à mort. Ne suis-je pas trop vieux, trop fatigué, pour inspirer votre mansuétude ? Croyez-moi, je ne suis plus en état de recommencer la vie aventureuse que vous connaissez. Je ne me sens plus en mesure de commettre le moindre délit et d'en supporter les angoisses. Je vous en conjure, soyez indulgents. Quand je sortirai de prison, je me marierai et ma vie prendra un autre sens. »

Les juges le croient d'autant plus volontiers qu'il se trouve dans la salle une très riche Berlinoise, prête à épouser le vieil escroc romantique, et qui s'engage à payer les dettes de son fiancé. Le baron Alexandre (von Luedinghausen-Wolff), après une vie entière d'escroquerie et qui pouvait s'attendre à la réclusion à vie, n'est condamné qu'à trois ans et demi de prison. Il s'incline respectueusement, sourit et murmure :

« Merci beaucoup. »

Deux mois après sa sortie de prison, alors qu'il vit à Rome, toujours avec ses six femmes, le baron Alexandre découvre un faussaire en peinture. Il lui achète pour une somme modique une de ses œuvres. La copie d'un Vermeer. Cela fait, il va trouver Valetta, un peintre moderne, de petite renommée, dont les œuvres, sans être mauvaises, n'ont pas grande valeur, et lui fait peindre, par-dessus le faux Vermeer, une œuvre sur commande. Ce mécanisme d'escroquerie est un peu plus compliqué et demande une grande attention du lecteur amateur : le baron prépare un séjour aux Etats-Unis, en faisant faire ses bagages par deux domestiques. Il les supplie de faire bien attention en manipulant le tableau. La peinture risque d'être encore fraîche, car le Valetta recouvre un Vermeer qui vaut une fortune. Il explique :

« Vous comprenez, c'est pour éviter de payer des frais de douane énormes. Lorsque je serai aux Etats-Unis, je ferai effacer cette croûte de la toile, pour retrouver mon Vermeer. »

Là-dessus, sous un prétexte futile, le baron met les deux domestiques à la porte. Enfin, la veille de son départ, il fait téléphoner par sa chère Mère à la douane. Elle doit signaler que le baron Alexandre va tenter de gagner les Etats-Unis en dissimulant un Vermeer.

« Qui êtes-vous ? » demande le fonctionnaire.

« Peu importe mon nom. Un domestique du baron, qui m'a renvoyé. »

De sorte qu'à la douane, lorsqu'il exhibe son tableau moderne sans grande valeur, un inspecteur en civil l'interpelle :

« Vous n'avez que cette toile avec vous, et vous la déclarez comme étant un Valetta ?

— Oui.

— Bien, monsieur. Voulez-vous me suivre. »

Dans la salle attenante, un expert dissout un petit coin de la peinture du fameux Valetta, et derrière apparait une peinture beaucoup plus ancienne. Le baron Alexandre n'en revient pas.

« Quoi ! Comment ! Je ne savais pas que le Valetta avait été peint sur une vieille toile !

— Vous vous moquez de nous, monsieur le baron. Vous savez très bien qu'il ne s'agit pas simplement d'une vieille toile, mais bel et bien d'un Vermeer !

— Un Vermeer ? Mais vous êtes fou ! Qui vous a dit ça ?

— Un domestique que vous avez renvoyé. »

Bien entendu, le baron est confronté aux deux domestiques qui nient l'avoir dénoncé. Fausse conclusion du baron : l'un des deux ment. Mais peu importe pour les enquêteurs, car entre-temps, dans un laboratoire, on a débarrassé le soi-disant Vermeer des dernières traces du malheureux Valetta. Malgré ses protestations d'innocence, le baron ne peut récupérer sa toile que moyennant versement d'une taxe douanière considérable, portant sur la valeur estimée de la toile : l'équivalent de quatre millions de nouveaux francs d'aujourd'hui. Mais, en échange de ce versement, la douane lui remet un reçu que l'on peut résumer ainsi : « Reçu du baron Alexandre von Luedinghausen-Wolff la somme de X millions, pour acquittement de la taxe douanière sur un Vermeer, estimé à 400 millions. »

Ainsi, le faux Vermeer, certificat des douanes à l'appui, est devenu officiellement un authentique Vermeer que le baron Alexandre négocie aux Etats-Unis sans aucune difficulté.

Cette escroquerie, demeurée célèbre, est la dernière et la plus brillante opération du baron Alexandre, car il vieillit. Sa mère meurt à quatre-vingt-quatorze ans et, subitement, ses escroqueries perdent leur génie. Il baisse de niveau. Devenu homosexuel, il s'associe avec une petite crapule sans grande envergure et sombre dans le délit de bas étage.

A la suite d'une dernière enquête d'Interpol, il est arrêté à la frontière luxembourgeoise avec son jeune complice qu'il faisait passer pour son fils. Placé en résidence surveillée, il est enfin condamné par le tribunal de Berlin-Ouest.

On parle souvent du baron Alexandre comme d'un génie de l'escroquerie et tout en le condamnant on l'admire un peu. Après tout, se dit-on, il n'a tué personne ! Alors il faut rétablir la vérité. Il faut savoir que le baron Alexandre, envoyé en 1941 comme prisonnier de droit commun, au camp de concentration de Mathausen, ne se fit pas remarquer par sa brillante conduite : Selon Interpol, il jouissait dans le camp d'une situation privilégiée. Sa mère avait le droit d'aller le voir et il faisait du trafic avec l'or et les objets de valeur pris sur les prisonniers à leur arrivée au camp. Il est probable que son immoralité l'avait conduit à jouer les mouchards pour la S.S. Plus que probable. Et l'on ne peut plus admirer son génie d'escroc. Pas à ce prix-là.

GARWIN :
UN MOT VENU D'AILLEURS

Franck Bennet a jadis tout essayé, même de mourir : haschich, L.S.D., héroïne, morphine. Puis il a rencontré une belle et frêle Allemande, venue d'Allemagne de l'Est pour ouvrir un cabinet médical à Londres dans King's Road : Le docteur Ina Schultz.

Franck Bennet considère qu'il a une dette énorme envers Ina Schultz. Quand il l'a connue, il n'avait que vingt ans et il était presque mort. Ina l'a pris sous son aile pour lui apprendre petit à petit à vivre sans stupéfiants, et elle y est parvenue. Ensuite, elle a fait plus que lui sauver la vie, elle lui a donné son amitié, son corps et son argent : le docteur Ina Schultz, deux fois mariée, deux fois divorcée, avait quarante-trois ans et Franck n'était pas le premier, ni le seul, à partager le grand lit du deuxième étage, dans ce petit hôtel particulier de King's Road. Mais il y était heureux.

King's Road à Chelsea, c'est l'équivalent de Schwabing à Munich et de Greenwich Village à New York ou du Quartier latin à Paris. Là, comme à New York ou Paris, vivent des êtres qui jouent à étudier, à se droguer, qui jouent à écrire ou à peindre, ou qui jouent à jouer. Et personne dans ces quartiers n'est vraiment pauvre. Car la pauvreté ne se joue pas, elle se vit. Or ces gens ne vivent pas.

A présent Franck Bennet a vingt-quatre ans. C'est un grand garçon bien bâti et désormais destiné à devenir un gentleman anglais du modèle le plus classique qui soit : moustache, sourcils et cheveux roux, les lèvres un peu pincées et le reste à l'avenant. Franck n'est pas un jaloux mais il est un peu inquiet lorsque, au cours d'une réunion d'anciens drogués, Ina lui présente un dénommé Barry Petterson. Un Suédois de vingt ans, arrivé d'Allemagne, qui paraîtrait intelligent, qui ressemblerait un peu à Vittorio Gasman, qui serait tout à fait sympathique, s'il n'avait ce regard à la fois absent et excité du drogué. Manifestement, ses besoins vitaux sont nuls, il oublie même de manger et Franck demande simplement à Ina :

« N'est-ce pas un cas trop difficile ?
— Très difficile.
— Et tu as l'intention d'aller jusqu'au bout ? »

Jusqu'au bout, cela veut dire que le docteur Ina Schultz considère l'aspect sexuel de ses rapports avec certains malades comme un moyen de sa thérapie. Et elle ira « jusqu'au bout » avec le Suédois.

« Ce garçon est trop faible pour faire face à quoi que ce soit », explique-t-elle.

C'est vrai. Moralement des garçons comme Barry Petterson sont trop faibles pour faire face à la vie, alors que physiquement c'est bien différent. Un garçon de quatre-vingts kilos comme lui peut être dangereux pour une femme qui n'en pèse que cinquante répartis sur un tout petit corps. Or les drogués, lorsqu'ils sont en crise, c'est-à-dire lorsqu'ils manquent de drogue, peuvent faire n'importe quoi. De plus, ils savent que le docteur possède de la drogue, et ils sont capables de tout pour l'obtenir.

Franck est encore plus inquiet lorsqu'un médecin de la police devenu un ami, et qui participe à la réunion, l'attire dans un coin pour lui dire :

« Soyez attentif, je vous prie. Prévenez-moi à la moindre alerte. Ce type est trop dangereux. J'ai vu sa fiche d'Interpol. En Allemagne, il prenait six « mètres [1] » par jour, pour n'importe qui la moitié de cette dose est mortelle, vous le savez. Je préférerais le renvoyer en Suède. Je doute qu'Ina puisse quelque chose pour lui. A mon avis, il est destiné à mourir en prison. »

Cette consigne de prudence est une bonne chose, mais Franck connaît trop son « docteur » pour imaginer qu'elle pourrait céder devant l'énormité de la tâche.

Ina Schultz a fui l'Allemagne de l'Est où elle est née et où elle s'est mariée une première fois. Le mariage n'était pas une réussite, Ina a divorcé et décidé de fuir, cachée sous un siège de voiture. Bien que réfugiée, elle a réussi à ouvrir son propre cabinet à Munich, sans argent, sans famille et sans relation. Son second mariage n'a duré que quatre semaines, au bout desquelles son mari s'est sauvé avec la caisse. C'est alors qu'elle a ouvert un nouveau cabinet à Londres. « Se procurer de la drogue demande de gros moyens, dit-elle. J'en donne à mes malades pour leur éviter de tomber dans la délinquance. En même temps, je les soigne et je me sers d'eux pour soigner aussi mes problèmes. Je suis encore jeune et en forme, je trouve l'arrangement avantageux pour tout le monde. »

C'est en effet ce que tout le monde pense, et chacun loue son intelligence, son courage et son mérite. Mais, pour les policiers d'Interpol et la Brigade des stupé-

---

[1]. En Allemagne, une dose standard de morphine s'appelle un mètre.

fiants de Londres, c'est une femme « qui ne fait que passer », qui risque même fortement de partir pour l'autre monde. Car posséder chez soi, légalement, à King's Road, un grand stock de drogue et fréquenter de jeunes drogués n'autorise guère une grande espérance de vie. Ina Schultz a donc décidé de soigner Barry Petterson, selon sa méthode.

Barry Petterson est l'aîné d'une famille suédoise respectable de six enfants. Il a fait ses études dans une école privée fort bien considérée. Puis sa famille l'envoie faire l'école hôtelière en Italie. C'est là qu'il a pris du haschich et suivi l'escalade des drogues dures jusqu'à la morphine. Ayant abandonné l'école hôtelière, il part en Allemagne où il devient plus ou moins mécanicien en travaillant de-ci, de-là. Il refuse l'aide de ses parents qui, pourtant, ne sont pas durs avec lui, et garde de bonnes relations avec ses frères et sœurs. Après avoir comparu devant les tribunaux, en Italie et en Allemagne, pour vol, il fuit vers l'Angleterre, suivi par Interpol, et sombre immédiatement dans le monde des drogués de King's Road. Jusqu'à sa rencontre avec le docteur Ina Schultz.

Durant les six premiers mois, Barry Petterson vit avec Ina et ses deux chats. Il continue à se piquer mais semble aimer sa bienfaitrice. C'est du moins ce qu'il confie à Franck et il n'y a aucune raison de croire qu'il ment. Mais Ina Schultz n'est pas folle. Jusqu'ici, elle n'a pas eu beaucoup de succès dans ses tentatives pour désintoxiquer le jeune homme et elle sait que ses réactions sont imprévisibles. Un jour où Franck vient lui rendre visite, elle lui avoue d'ailleurs qu'elle a acheté un revolver. Franck est de plus en plus inquiet.

« Tu ne devrais pas t'obstiner Ina, tu ne devrais pas garder ce garçon si près de toi.

— Si je le chasse, il est perdu ! Je suis médecin, je dois tenter de le guérir. Et puis je l'aime Franck, mais je ne suis pas inconsciente. J'ai peur et si un jour je t'appelle au téléphone ou que je t'envoie un télégramme ou n'importe quoi, et que je te dis ou que je t'écris le mot : « Garwin », cela voudra dire « au secours, viens vite. »

Garwin, c'est le mot de code. C'est l'appel au secours des drogués de Chelsea. Leur mot de passe et de désespoir.

Le 13 décembre 1975, dans la pénombre du studio de Franck, la sonnerie métallique du téléphone retentit. Franck décroche sans avoir encore vraiment repris conscience. Alors que le combiné est encore loin de son oreille, une voix féminine résonne :

« A l'aide, sauve-moi. »

Franck, toujours endormi, approche le combiné :

« Franck Bennet à l'appareil », dit-il machinalement.

La voix féminine devient basse, pressée. C'est Ina.

« Garwin », dit-elle lentement.

Il y a un bruit de bagarre à l'autre bout du fil et la voix se transforme en cri de terreur : Garwin !

« Mon Dieu ! J'arrive ! » hurle Franck, soudain réveillé.

Il allume, se précipite sur ses vêtements éparpillés dans le studio. En dégringolant les escaliers, il pense à ce mot, « Garwin », entendu au milieu de la nuit. C'est le plus grand choc qu'il ait jamais subi. Des idées stupides lui sautent à l'esprit, il se dit que par bonheur on est un mercredi 13 et heureusement pas un vendredi 13. Dehors, tombe un mélange de pluie et de neige avec une lourdeur visqueuse et glacée. Les rues sont désertes. A l'horloge d'un bijoutier, il lit : trois heures du matin. Sans plus penser à rien, il court comme un fou vers King's Road.

D'une seule et dernière enjambée, Franck franchit les marches du perron du petit hôtel particulier. Tandis qu'il sort la clef qu'il a toujours gardée, il voit la lumière filtrer derrière les volets. La porte une fois ouverte sur le corridor, il doit choisir : rez-de-chaussée ou premier étage ? Droite ou gauche ? A droite en entrant, un murmure de voix vient du cabinet du docteur. Franck est tellement fou d'angoisse qu'il ne réfléchit pas une seconde, n'essaie pas de savoir qui parle ni ce qui se dit derrière cette porte. Il se jette littéralement dessus et reste pétrifié devant le spectacle : Ina Schultz est en chemise de nuit, renversée en arrière sur un fauteuil, les cheveux pendants presque jusqu'au sol. Au-dessus de sa gorge, un couteau, un vulgaire couteau de cuisine, dans la main de Barry Petterson en pyjama.

A l'entrée de Franck, Ina a tourné légèrement la tête, même les deux chats ont tourné la tête, mais Barry n'a pas cillé. C'est tout juste s'il semble avoir remarqué une présence. Il est comme fou, sa main tremble, la pointe du couteau appuie sur la chair de la femme, y formant un petit creux. Franck s'efforce de rester calme.

« Voyons Barry, arrête. Arrête, qu'est-ce qui t'arrive ? »

L'autre se met à hurler.

« Je veux qu'elle me donne de la drogue. J'en ai besoin. Il m'en faut absolument ! »

Toujours sans bouger, regardant fixement Barry Petterson dans les yeux, Ina explique :

« Il ne veut pas me croire. Je lui ai dit qu'il n'y en a plus dans la maison. Je lui ai dit qu'il faut attendre demain l'ouverture des pharmacies. Mais il ne veut pas me croire.

— Elle ment, elle ment, elle ment. » La voix du jeune drogué est maintenant rauque, à peine audible. « Donne-la-moi ou je te coupe la gorge. »

Franck a une inspiration, il plonge la main dans une poche :

« Ici, dit-il, regarde ici, j'ai apporté ta dose. »

Barry Petterson se retourne, puis voyant que la main de Franck est ressortie vide, il se jette sur lui avec son couteau. C'est ce que Franck attendait. Mais il ne parvient pas à stopper le jeune drogué et le couteau passe à quelques pouces de sa tête. Franck le suit dans sa course et le saisit à bras le corps, lui immobilisant les bras.

« Tu le tiens ? demande Ina.
— Oui, vite dépêche-toi ! »

Franck entend que le docteur ouvre une trousse sur le bureau et prend une ampoule dans un tiroir. Elle prépare une ampoule de tranquillisants. Comme Barry se débat au risque de lui échapper, il le pousse contre le mur pour immobiliser le couteau qu'il n'a pas lâché. Mais, dès qu'Ina lui fait la piqûre, le couteau tombe sur la moquette. Le jeune drogué se calme presque immédiatement et s'effondre dans le fauteuil où le pousse Franck. Ina tremblante, debout au milieu de la pièce, reprend difficilement son souffle. Franck est debout devant elle, les bras ballants.

« Tu l'as échappé belle, dit-il.
— Oui... Heureusement que tu étais là. Un cognac ? »

En buvant son cognac, Franck regarde Ina. Elle a pris un des chats dans ses bras et ses yeux sont aussi sombres que ceux du chat sont clairs. On ne peut pas dire qu'elle soit vraiment jolie, mais, malgré les larmes, malgré sa pâleur, elle a un charme fou. Le petit collier de quatre sous qui ne la quitte jamais s'est cassé et le chat regarde les perles tomber l'une après l'autre sur la moquette. Le silence s'installe un peu, puis Franck se décide à parler :

« Alors qu'est-ce que tu fais ?
— Qu'est-ce que tu veux que je fasse ? Je ne peux pas l'abandonner dans cet état !
— C'est de la folie, je vais prévenir la police.

— Je te l'interdis.

— Mais enfin, ce garçon va te tuer. Nous n'aurons peut-être pas toujours autant de chance, la prochaine fois, j'arriverai trop tard.

— Pense d'abord à lui. En dehors de ses crises il est totalement inoffensif. Ce n'est pas un monstre, c'est simplement un malade qu'on peut guérir. Ce n'est pas à toi que je vais expliquer ça. Sa nature profonde est intacte, il est intelligent et sensible. Il faut le soigner, pas le punir. Tu le sais mieux que personne. Promets-moi de ne jamais l'oublier. Je te supplie de ne jamais l'oublier.

Franck a promis de ne pas l'oublier. Cette promesse paraît facile à tenir durant toute la fin de l'hiver et le début du printemps, car Ina et Barry Petterson paraissent heureux. Barry déclare à qui veut l'entendre qu'il va épouser le docteur. Ina semble d'accord en mettant comme condition à ce mariage, une cure complète de désintoxication. Si les intentions du garçon sont réelles, il sera probablement sauvé. « Un véritable miracle », pense Franck Bennet. La méthode Ina Schultz est décidément irrésistible. Elle n'a qu'un défaut, c'est qu'il existe peu de médecins qui puissent l'adopter.

Le samedi soir, 14 mars 1975, c'est l'anniversaire d'Ina. Ina est Poissons : comme le Christ, dit-elle. Franck vient lui rendre visite en apportant un gâteau. Mais la porte est close et ses deux coups de sonnette restent sans réponse. Les amoureux ont dû partir pour le week-end. Comme il a perdu sa clef, Franck entrouvre le volet de la fenêtre du bureau et y cache le gâteau.

Le lundi après-midi, Franck passe devant le petit hôtel particulier et entrouvre le volet. Le gâteau est toujours là. A ce moment, un inspecteur en civil l'interpelle :

« Qu'est-ce que vous faites ?

— J'ai posé un gâteau derrière ce volet samedi parce que le docteur n'était pas là, et je retrouve mon gâteau. Ils ne sont donc pas revenus depuis trois jours, je trouve ça bizarre.

— Moi, dit le policier, je suis là sur la demande d'Interpol. Il y a des gens à Stockholm qui attendaient des nouvelles du docteur Schultz. Leur fils vit avec elle. Il paraît que c'est un malade et ils sont très inquiets. »

Quelques instants plus tard, un car de police déverse son chargement d'agents sur le trottoir et la porte est rapidement forcée. La malheureuse Ina Schultz est étendue sur le sol de sa chambre, son corps est tout entier couvert de sang. Sur le lit, Barry Petterson est allongé, lui aussi couvert de sang. Ina est morte. Devant les yeux horrifiés de Franck, le médecin légiste ne compte pas moins de trente-sept coups de couteau. Lorsqu'on la soulève, Franck voit la moquette collée par le sang séché se soulever avec elle. En se détachant, le corps fait un bruit d'arrachement qu'il n'oubliera jamais. Puis le médecin constate que Barry Petterson est dans le coma mais encore vivant et le fait conduire d'urgence à l'hôpital.

Selon le médecin légiste, la mort d'Ina remonte déjà à quelques jours. Elle a été tuée avec un couteau de cuisine que l'on retrouve par terre dans la chambre. Un crime aussi sanglant, aussi affreux, ne peut avoir été commis que par un fou ou un drogué. La porte étant fermée de l'intérieur, puisqu'il a fallu la forcer, on pense tout de suite à Barry Petterson mais deux remarques s'opposent à cette hypothèse :

Le jeune homme a été blessé d'une balle de revolver. En admettant qu'il ait voulu se suicider après son crime, qu'est devenu le revolver ? Les enquêteurs ne l'ont pas trouvé : C'est la première remarque.

Deuxième remarque : Le coffre-fort est plein de drogue, comme prévu, mais il ne semble pas avoir été fouillé. Tout y est rangé en ordre méticuleux, et la police n'y relève que les empreintes d'Ina Schultz, donc Barry Petterson n'y a pas touché.

En fin de journée, l'enquête, contre toute attente, s'annonce très difficile. C'est alors qu'un policier découvre sous la coiffeuse un bloc-notes et un stylo plein de sang. Quelqu'un qui saignait abondamment a donc essayé d'écrire, sans y parvenir. Le surintendant Krantz de la Brigade des stupéfiants, venu prêter main-forte à ses collègues, s'adresse à Franck qui demande à partir :

« Vous n'avez rien de particulier à me communiquer ?

— Non.

— Je connaissais bien le docteur Schultz, dit alors le surintendant. Je sais que beaucoup de gens, pour la plupart d'anciens malades, avaient la clef de sa maison. Pourriez-vous me donner la liste de ceux que vous connaissez ? »

Franck réfléchit, puis refuse.

« Je ne veux pas causer d'ennuis à mes camarades. Ils ont une vie déjà assez difficile comme ça.

— Dommage, ça nous aurait fait gagner du temps ! » conclut le surintendant.

A ce moment, le téléphone sonne. Tout en décrochant l'appareil, le surintendant regarde Franck sortir du bureau et prendre son imperméable au portemanteau du corridor.

« Ici le surintendant Krantz, j'écoute. »

Une voix nasille des informations au téléphone, que Franck ne peut saisir. Le surintendant remercie, raccroche et crie à l'intention de Franck :

« Ne partez pas ! Petterson vient de mourir ! »

Franck revient lentement sur ses pas, il semble hésiter. Le surintendant redemande :

« Vous n'avez toujours rien à me dire ? »

Cette fois Franck se décide. Il sort de la poche de son imperméable un revolver et un papier gondolé par le sang séché.

« Voilà le revolver, dit-il. C'était le revolver d'Ina. Je l'ai trouvé sur le lit en entrant le premier avec les inspecteurs. Et voici la lettre qu'il a écrite à sa mère que j'ai prise en même temps. J'ai été la lire dans les toilettes. Je pensais l'envoyer plus tard à sa mère. Ina l'aimait beaucoup. Elle n'aurait pas voulu qu'il aille en prison, même pour son propre assassinat. Elle m'avait répété cent fois : « Ce n'est pas un monstre, c'est simplement un malade qu'on peut guérir. Sa nature profonde est intacte. Il faut le soigner, pas le punir. »

Et le surintendant lit la lettre de Barry Petterson :
« Mère,

« Je l'aime encore plus que je vous aime vous. Mais vous savez que je suis un grand toxicomane. Elle ne voulait plus me donner de drogue, c'est pourquoi je l'ai tuée. Pourtant, c'était une femme merveilleuse, grâce à son amour, si je n'avais pas eu cette crise, peut-être aurait-elle pu me sauver. Oubliez-moi, mère. J'espère que je mourrai bientôt. Sinon je vais connaître l'Enfer sur la terre. »

Barry avait donc tué pour avoir de la drogue. Et il n'avait pas pu ouvrir le coffre, dont il n'avait pas la combinaison. Ina avait dû résister jusqu'au bout pour ne pas la lui donner... elle l'avait dit : « J'irai jusqu'au bout. » D'ailleurs tout le monde est allé jusqu'au bout dans cette histoire. Ina, pour sauver, Barry pour aimer, et Franck pour pardonner... Et tout au bout, il n'y avait rien.

TU TUERAS TON FRÈRE

CETTE nuit de février 1954, une ombre court dans la brume glacée qui noie le port de Hambourg, et s'arrête devant le commissariat des docks. Le policier de faction l'interpelle :
« Vous désirez ?
— Je viens de me battre avec mon frère... » dit une voix grave.
L'ombre, sortie de la brume, est un homme, en sueur malgré le froid, le souffle court, le visage hagard.
« Nous nous sommes battus et je l'ai blessé. »
Le policier, décontenancé, s'efface pour le laisser entrer dans la pièce d'accueil, si l'on peut parler d'accueil : un poêle qui ronfle, un comptoir en bois blanc, une prostituée qui attend qu'on lui rende ses papiers, deux marins dont l'un soutient l'autre, ivre mort, et trois policiers dont deux se préparent à faire leur ronde habituelle dans les docks. C'est l'éternel décor classique des postes de police la nuit.
Derrière son comptoir, le policier de service considère le nouveau venu. Le visage de l'homme s'encadre dans la lumière de sa lampe de bureau. Il a l'air d'un étranger, grand et fort. Les cheveux très gras, les pommettes larges, un regard impénétrable, une sorte de guerrier tartare aux yeux bleus. Des gouttes de sueur roulent sur ses tempes. L'énorme capote de tissu verdâtre, qui tombe autour de lui comme une

chasuble, se soulève et s'abaisse lentement au rythme de son souffle, qu'il semble récupérer difficilement. L'homme pose ses papiers sur le comptoir :

« Je m'appelle Emil Abrany. Je suis hongrois. Je viens de me battre avec mon frère et je l'ai blessé.

— Grièvement ?

— Je crois.

— Où est-il ?

— Je ne sais pas. Par là... »

Et l'homme désigne d'un geste vague les environs du commissariat.

« Quand j'ai vu qu'il avait un revolver, je me suis enfui. Il m'a poursuivi à travers les docks. Il doit me guetter quelque part. »

Les deux policiers, qui s'apprêtaient à faire leur ronde, ont entendu, ils regardent leur chef d'un œil interrogateur, et ce dernier leur fait signe d'aller voir. Les deux hommes sortent, et un courant d'air glacé envahit la pièce quelques secondes. Le poêle ronfle de protestation. La prostituée tassée frileusement dans son coin injurie brièvement les policiers, puis tout rentre dans l'ordre. D'un air las, l'agent de service saisit un bloc imprimé, destiné à enregistrer les procès-verbaux et s'adresse au Hongrois :

« C'est votre frère qui a commencé ?

— Non. C'est moi. Je voulais le tuer. »

La réponse est arrivée sans hésitation, nette, et le policier ouvre des yeux ronds. Ce n'est pas si souvent qu'un homme vient s'accuser d'avoir voulu en tuer un autre après l'avoir raté. Ce procès-verbal n'est pas ordinaire et nécessite quelques explications. Or celles que le Hongrois fournit paraissent tellement étranges que le stylo du policier reste immobile sur la feuille de papier. Comment écrire cette histoire ? La prostituée profite de la situation, et se met à vociférer en réclamant ses papiers. Sous le prétexte « qu'elle ne va pas attendre que le policier ait écrit tout ça ». Là-dessus, nouvelle bouffée d'air froid, nouveau sursaut du poêle, les deux policiers reviennent et ils n'ont vu personne dans les environs, ce qui laisserait supposer que le frère du Hongrois n'est pas mort.

« Vous allez me relâcher ?

— Non. En tout cas, pas encore. Pourquoi ?

— Je vous ai dit qu'il avait un revolver. Il me guette, c'est sûr. Je ne veux pas sortir d'ici ! »

Il faudra bien qu'il en sorte un jour ou l'autre, cet homme étrange, cet assassin en puissance, cette victime en puissance, s'il faut le croire. Mais pour l'instant, il va rester à l'abri dans le petit commissariat, entre les marins soûls et la prostituée. Jusqu'à l'arrivée du commissaire, à huit heures trente du matin. C'est un commissaire rondouillard, aux joues bien rasées, aux cheveux jaunes bien alignés. Une raie divise le sommet de son crâne en deux parties rigoureusement égales. Chaque matin, il boit son thé, très fort, assis à son bureau en mâchonnant deux tartines de saindoux. C'est sa manière à lui de lutter contre le froid. Depuis qu'il est sorti en 1945 d'un camp de concentration où il pesait dans les derniers jours quarante kilos tout habillé, manger est une des bonnes choses de la vie pour le commissaire.

En face de lui, un rocher est assis dans une houppelande verdâtre. C'est le Hongrois. L'air plus tartare que jamais, plus impénétrable que jamais.

« Vous devriez quitter votre manteau », dit le commissaire en plongeant dans le thé sa première tartine. Puis devant l'immobilité de l'homme, il ajoute : « Racontez-moi votre histoire.

— Je suis d'un petit village de Hongrie. Nous étions sept enfants : des garçons et des filles. Lorsque j'ai eu onze ans, à la mort de mon père, mon frère Melchior s'est mis dans une bande de voyous. Ils ont commis des vols. Il a été arrêté et condamné à quatre années de travaux forcés. De chagrin, ma mère en est tombée malade. Avant de mourir, elle m'a fait venir près de son lit et m'a fait jurer de tuer mon frère indigne et de sauver l'honneur de la famille. »

Cette déclaration faite tout d'une traite, et sans emphase, a de quoi surprendre. Les petits yeux du commissaire se vrillent dans ceux du Hongrois. Ils semblent si clairs, aussi clairs qu'un morceau de ciel. Et le commissaire se demande à qui il a affaire. Un naïf ? Un fou ? Un homme rusé ?

« Dites donc, remarque en souriant le commissaire. Elle n'y allait pas avec le dos de la cuiller, votre pauvre maman ! »

Le Tartare aux yeux bleus n'a aucun humour et ne semble pas apprécier du tout le ton de la plaisanterie.

« Dans notre village, c'est une loi : celui qui apporte la honte à sa famille doit être supprimé. Chacun sa façon, et la nôtre vaut bien la vôtre. »

Le Hongrois a jeté cette considération au visage du commissaire avec un mépris non dissimulé. Il a ôté sa houppelande, et bien que grand et fort, il paraît terriblement maigre. Le commissaire, gêné, se dépêche d'avaler sa deuxième tartine, et s'empresse d'ajouter :

« Je ne critique pas vos coutumes. Là où je ne suis pas d'accord, c'est que vous vouliez les conserver lorsqu'elles sont contraires à celles du pays qui vous offre l'hospitalité. Bon. Racontez-moi la suite.

— Mon frère est sorti des travaux forcés et il n'est pas revenu chez nous. Et puis il y a eu la guerre. Nous n'avions pas de nouvelles. Moi je suis venu travailler en Allemagne parce que je n'étais pas d'accord avec le nouveau régime politique de la Hongrie. Et puis, hier, vers dix heures du soir, j'étais dans un café. Je jouais aux cartes avec des compatriotes, et tout d'un coup, j'ai vu mon frère Melchior. Ça été terrible ! J'ai revu le visage blanc de ma mère, tourné vers moi, juste à ma hauteur sur son lit très haut. J'avais onze ans. Elle me regardait. Elle me disait : « Tu dois tuer ton frère. « Tu dois tuer ton frère. Jure-le-moi ! » Alors je me suis levé d'un bond et j'ai dit à Melchior : « Vite ! Sors « d'ici ! » Il me demandait : « Pourquoi ? Mais pour- « quoi ? » Je lui ai dit que je lui expliquerais dehors. Dehors je l'ai frappé, avec le tranchant de ma main derrière la nuque, et je lui ai dit : « Je suis ton frère et j'ai promis à maman de te tuer. » Puis j'ai sorti mon couteau et je lui ai enfoncé dans le ventre. Il est tombé à genoux. Mais, avant que j'aie le temps de frapper encore, il s'est relevé en serrant les dents. Il tenait un revolver. Alors j'ai été obligé de m'enfuir, mais j'ai entendu qu'il courait derrière moi. Il m'a poursuivi pendant au moins dix minutes. On tournait en rond à cause du brouillard. »

Le commissaire réfléchit une seconde, puis demande d'un air soupçonneux :

« Vous êtes sûr que c'était votre frère ?

— Oui. Je l'ai reconnu. J'ai toujours gardé sa photo... »

Et le Tartare aux yeux bleus tend une photo jaunie, craquelée : celle d'un jeune homme qui ressemble, l'âge en moins, trait pour trait, à lui-même.

« Mais c'est une photo de vous, ça ! s'exclame le commissaire.

— Non. C'est mon frère. Nous nous ressemblons beaucoup. »

Tout cela est si étrange que le commissaire renvoie le Hongrois en cellule, pour réfléchir à son histoire. Elle lui paraît très peu vraisemblable. Il est notamment peu plausible qu'il ait rencontré son frère dans un café de Hambourg. Peu plausible qu'il ait attendu vingt et un ans pour le tuer. Peu plausible qu'il l'ait reconnu du premier coup, sauf s'ils se ressemblent autant. Mais cette ressemblance aussi est assez étrange. D'ailleurs, le commissaire a l'impression que la photo que lui montre le Hongrois est tout bonnement la sienne. Mais si l'histoire n'est pas vraie, si le scénario « vengeance à la hongroise » ne tient pas, que reste-t-il comme hypothèses ?

Première hypothèse : il a blessé un inconnu, le prenant pour son frère. Deuxième hypothèse : il s'est attaqué à une personne qu'il connaît, pour des raisons qu'il cache, et prétend que c'est son frère pour réduire son degré de culpabilité. Troisième hypothèse : il est fou et il a inventé toute cette histoire.

Il se trouve que la première hypothèse est aisément vérifiable : s'il a attaqué un inconnu, en le prenant pour son frère, cet inconnu va contacter la police. Il devrait même l'avoir déjà fait. S'il ne l'a pas fait, c'est qu'il est gravement blessé ou mort, quelque part dans les docks. Donc, il faut fouiller les docks. Et l'ordre est donné de fouiller les docks de fond en comble. Ensuite, le commissaire envoie un inspecteur vérifier auprès de l'immigration que les papiers du Hongrois sont authentiques. Un autre inspecteur va recueillir auprès de ses employeurs, de ses compagnons de travail, de son logeur, le maximum de témoignages. Puis le commissaire appelle le bureau central national d'Interpol à Wiesbaden : en demandant une enquête dans le village dont parle le Hongrois, pour savoir ce qu'il y a de vrai dans son histoire. Enfin, le commissaire fait venir un expert pour examiner la photo, mais l'homme de l'art se déclare incompétent, car la mauvaise qualité, le vieillissement du cliché et les distorsions dues à l'objectif ne permettent pas de déterminer s'il s'agit d'une photo du Hongrois lui-même ou d'une autre personne qui lui ressemblerait.

Cela fait, le commissaire n'a aucune raison de retenir le Hongrois dont la déclaration est dûment enregistrée. Mais, lorsqu'il lui annonce sa mise en liberté sous réserve de rester à disposition de la police, l'homme se débat comme un beau diable :

« Mais je ne veux pas m'en aller ! Je suis sûr que mon frère me guette. Je vous ai dit qu'il était armé.

— C'est bon, dit le commissaire. On va vous reconduire chez vous en voiture.

— Je ne veux pas sortir ! Si mon frère me retrouve, je serai obligé de le tuer, ou, alors, c'est lui qui me tuera ! Je vous en supplie gardez-moi ici.

— C'est bon, dit le commissaire. Nous allons attendre encore un peu. Lorsqu'on aura fini de fouiller les docks, si on a trouvé le cadavre, vous irez en prison. Mais si on ne trouve rien, il faudra bien que vous partiez. Je ne pourrai pas vous garder plus longtemps. »

Dans l'après-midi, les docks sont fouillés une nouvelle fois de fond en comble sans résultat. Pas même une goutte de sang. De nos jours, le commissaire disposerait d'un nouveau moyen pour retarder la mise en liberté du Hongrois : l'examen psychiatrique. On peut toujours procéder à un examen psychiatrique. Cela ne fait ni bien, mais pas mal. Mais, en 1954, au commissariat des docks du port de Hambourg, ce genre de chose n'est pas encore entré dans les habitudes. Il faut bien que l'homme s'en aille. Et le commissaire regarde le Tartare aux yeux bleus sortir précautionneusement du commissariat, emmitouflé jusqu'au menton dans sa houppelande verdâtre. Il va retrouver le décor sinistre et noir des docks, ruisselants de bruine, emplis du grincement des grues et des wagonnets. Son regard bleu est indéchiffrable : haineux ou terrifié, on ne sait. En deux enjambées, il gagne la voiture où l'attendent les policiers qui vont le ramener chez lui. Et personne à vrai dire, pas même le commissaire, ne s'attend à le revoir. C'est une histoire invraisemblable de plus à classer dans les archives du commissariat des docks.

Mais les rouages d'Interpol se sont mis en mouvement. Et deux enquêteurs ont quitté Budapest pour interroger les habitants du village où est né le Hongrois.

Au village, on se souvient de lui, car il n'y a pas si longtemps qu'il en est parti. Les enquêteurs retrouvent deux de ses frères et une de ses sœurs. Il s'avère exact que leur frère Melchior a été condamné à quatre années de travaux forcés. Exact que les deux hommes se ressemblaient. Toujours exact, qu'avant-guerre, dans ce village, on avait sur l'honneur des idées d'un autre âge. Mais personne n'a jamais rien su de ce serment qu'aurait exigé la mère : « Tu tueras ton frère »... L'enfant avait onze ans lorsqu'elle est morte. Et, vingt et une années ont passé depuis. Peut-on tuer son frère, vingt ans après, pour un serment que l'on a fait étant enfant ? D'autre part, le frère, Melchior, passe pour mort depuis longtemps car personne n'a jamais entendu parler de lui.

Le commissaire ne peut rien tirer de concluant de ce rapport, sinon qu'une partie de l'histoire de ce Hongrois étrange est bien réelle. Le commissaire rondouillard continue donc de tremper ses tartines de saindoux dans son thé très fort tous les matins. Et un matin on frappe à sa porte. L'un des policiers de garde entre, l'air ahuri, et le képi de travers :

« Commissaire, c'est le type de l'autre jour, le Hongrois !

— Qu'est-ce qu'il veut ?

— Il dit qu'il a tué son frère !

— Encore ! »

Voilà donc le Tartare aux yeux bleus, toujours aussi impénétrable, assis dans le bureau du commissaire. Lequel commissaire se demande à quelle étrange et nouvelle histoire il aura droit cette fois-ci. Et il écoute patiemment le récit du Hongrois :

« Ce matin, vers cinq heures, je me suis rendu à mon poste de travail au quai numéro dix. J'ai entendu un déclic derrière moi, comme si on armait un revolver. J'ai compris que c'était mon frère. Il n'osait pas tirer parce qu'un groupe de dockers passait à vélo. Je me suis retourné et j'ai compris qu'il s'était caché derrière une pile de caisses. J'ai fait le tour tellement vite que, lorsqu'il s'est retourné, il était trop tard. J'avais eu le temps de le frapper entre les côtes avec mon couteau. Je lui ai arraché son revolver et il a reculé en me regardant, la bouche ouverte, jusqu'au bord du quai, et il est tombé. »

Ce nouveau récit est encore plus dramatique que le premier, mais pas plus que la première fois, le commissaire ne le prend au sérieux. Il se contente de demander d'un air innocent :

« Vous croyez qu'il était blessé à mort ?

— Sûrement. J'ai frappé dans le dos, mais j'ai dû toucher le cœur.

— Et il est tombé dans le port ?

— Oui. Et mon couteau était encore dans son dos.

— Et où est-il tombé ?

— Entre l'écluse 7 et l'écluse 8. Vous pouvez chercher, vous trouverez son corps, et moi je suis un assassin.

— C'est à la police d'en décider ! dit le commissaire. Vous serez un assassin quand on aura retrouvé le corps. »

Et en lui-même, il pense : « On ne trouvera rien, mais le bonhomme sera peut-être débarrassé de son obsession, une fois pour toutes. »

Le Hongrois, toujours enveloppé de sa houppelande verdâtre, est donc gardé à vue toute la journée au commissariat des docks, tandis qu'on drague le canal entre l'écluse 7 et l'écluse 8. Mais le soir venu, on n'a rien trouvé, et le commissaire va trouver le Tartare aux yeux bleus qui attend dans la salle d'accueil :

« Cette fois, mon ami, vous êtes libre et j'espère ne plus vous revoir. Maintenant que vous avez fait ce que vous aviez à faire, vous devez vous sentir soulagé. Votre frère est définitivement mort. Alors, bonne chance ! »

Et il ouvre la porte. Une bouffée d'air froid entre dans la pièce. Le poêle ronfle un peu plus fort. Le Hongrois se lève :

« Vous ne me gardez pas ?
— Non.
— Pourtant j'ai tué mon frère. Je suis un assassin !
— Vous avez tenu votre parole. Tant mieux. Mais, pour moi, vous n'êtes pas un assassin puisque je n'ai pas retrouvé le corps... Si vous voulez absolument être enfermé, je peux faire venir un médecin et il vous enverra peut-être dans un asile psychiatrique. Mais c'est tout ce que je peux faire. »

Le Hongrois lève alors jusqu'à ses yeux le col de sa houppelande verdâtre, sort lentement du commissariat, regarde à droite et à gauche comme s'il ne savait où aller. Après avoir parcouru environ cinquante mètres, il se retourne et crie au policier de faction :

« Dites au commissaire que c'est pas la peine qu'il me cherche. Je m'en vais quitter l'Allemagne. »

Et sa haute silhouette disparaît définitivement dans le sombre univers des docks.

Trois jours plus tard, l'hélice d'un charbonnier, sortant du port de Hambourg, a fait remonter dans un remous le cadavre d'un homme. Il n'avait aucun papier sur lui, mais son visage était parfaitement reconnaissable : c'était le sosie exact du Tartare aux yeux bleus. Ou le Tartare lui-même. Ou son frère, ou la victime, ou l'assassin... Ou le justicier... Personne ne l'a jamais su. Personne ne le saura jamais.

LA ROUTE DE KATMANDOU

En septembre 1971, la police arrête dans un luxueux hôtel d'Athènes trois hommes et deux femmes dont les âges s'échelonnent entre vingt et un et vingt-trois ans ; ils ont les cheveux longs, portent des jeans effrangés, sont de nationalité indéfinie et d'identité incertaine : l'Arabe a un nom anglais, le Chinois un nom français, la Française est égyptienne, et de toute évidence, leurs passeports sont faux. Par acquit de conscience, la police grecque demande à Interpol des renseignements les concernant.

Au service des documentations, on compare les photos et les empreintes digitales, mais l'examen ne donne rien. On classe donc soigneusement ces informations. Sachant par expérience qu'elles seront utiles plus tard, dans d'autres pays peut-être et sous d'autres noms, mais un jour ou l'autre, on en aura sûrement besoin. Interpol ne se trompe pas. Trois ans passent. Aux Indes, la police s'intéresse brusquement à un nommé Charles Sobhraj, qui vient d'être libéré après quelques mois de prison pour grivèlerie. Le corps d'un chauffeur de voiture de location a été retrouvé dans une rivière. L'homme serait mort des suites d'une injection de drogue mortelle. Les Indiens s'adressent à Interpol : « Aurait-on des renseignements sur ce Charles Sobhraj ? Il est soupçonné d'avoir tué le chauffeur en question il y a deux ans, pour voler sa voiture. De là, il aurait gagné la Grèce, après en avoir falsifié les plaques. »

Au secrétariat général d'Interpol, le chef de la division de police fait étudier le signalement. Le criminel est exceptionnellement beau. Il s'agit sans doute d'un Eurasien, un splendide garçon au visage ouvert et intelligent, à l'allure très décontractée. Des yeux vifs, des lèvres charnues, la peau bronzée, 1,70 mètre de muscles et d'assurance tranquille : c'est un champion de karaté qui parle six langues, parmi lesquelles le japonais.

Et c'est en comparant les signalements, qu'un rapprochement s'opère avec l'un des jeunes touristes arrêtés à Athènes trois ans plus tôt. L'homme avait présenté un passeport turc au nom de Charles Gurmukh. Mais Interpol apprend que Charles Gurmukh a réussi à disparaître d'Athènes quelques jours après son arrestation. C'est dommage car la façon de tuer, utilisée par cet homme, se retrouve dans plusieurs affaires non classées, restées très mystérieuses. C'est ce que l'on appelle en terme policier (autant que latin) le *Modus Operandi :* manière de procéder.

C'est d'abord en Afghanistan, un touriste japonais qui se retrouve complètement dépouillé, après avoir été drogué par un voyageur de rencontre. C'est ensuite un couple de commerçants parisiens que l'on conduit dans un hôpital d'Istanbul : un voyageur, utilisant le passeport de la précédente victime japonaise, les a drogués sous la menace d'un revolver pour les voler. C'est plus tard à Salonique, un Japonais qui rencontre un soi-disant commerçant parisien. Celui-ci, prétextant que l'eau de Salonique est dangereuse pour la santé, lui fait absorber des comprimés qui le rendent inconscient. Lui aussi est dépouillé. C'est enfin dans une chambre de l'hôtel Hilton d'Athènes, un touriste égyptien qui est cambriolé après avoir été drogué par un Japonais de rencontre. A chaque fois, le malfaiteur utilise l'identité de la précédente victime pour commettre, dans un nouveau pays, un nouveau forfait. Et pour la première fois Interpol vient de mettre un nom sur le personnage : Charles Sobhraj... Alias Burmukh, alias Tokumoto, alias René Marsan, alias Sasaki Hajimu, alias Anouar Baouil, que tous les bureaux d'Interpol au Moyen-Orient entreprennent de rechercher.

Or, un électronicien français du nom de Denis Gauthier a fait la connaissance à Hong-Kong de Charles Sobhraj. Celui-ci a réussi à s'approprier son passeport et quelques milliers de dollars qu'il va encaisser à San Francisco. Et c'est à San Francisco que Charles Sobhraj poursuit son activité de voleur et d'escroc, fournissant aux voyageurs les adresses de femmes faciles et des bijoux de contrebande, menant une petite vie confortable avec son soi-disant diplôme d'ingénieur, les six langues qu'il parle couramment, et son charme de play-boy métis, doué pour les dames et le karaté.

Il est installé au bar d'un hôtel de San Francisco, à demi tourné pour surveiller la salle. Apparemment indifférent à ce qui l'entoure, il observe les gens, plus facile. Il la repère cette proie. Elle est aussi belle comme un fauve cherche dans un troupeau la proie la que facile. C'est une jeune femme, presque une jeune fille. Elle a, ou veut se donner des allures contestataires. Brune avec un visage triangulaire et d'énormes lunettes noires, pas assez noires cependant pour cacher ses grands yeux noisette. Le regard du fauve et de la proie se croisent. Le fauve se présente :

« Je m'appelle Denis Gauthier.
— Et moi, Marie L...
— Je suis français.
— Et moi canadienne.
— Qu'est-ce que vous faites à San Francisco ?
— Je voyage pour mon plaisir, et vous ?
— Je suis aux States pour affaires. Mais je vis en Asie.
— C'est intéressant, on peut vous demander ce que vous faites en Asie ? »

Dialogue classique qui a remplacé apparemment le traditionnel : « Vous habitez chez vos parents ? »... Charles Sobhraj laisse planer un long silence qu'il souligne d'un sourire énigmatique et amusé. Pour lui, la séduction des femmes est une technique aussi précise que celle des ordinateurs. A ce stade de la rencontre, il faut donner la meilleure impression possible de soi-même, à la fois rassurante et chargée de mystère.

« Je suis censé vendre du matériel électronique... D'ailleurs, j'en vends. J'en vends même beaucoup. Mais j'ai d'autres préoccupations qui sont plus captivantes. Et vous ?
— Moi, je suis une championne de la seringue. Je sais merveilleusement faire les piqûres.
— Vous êtes infirmière ?
— Oui. Enfin, je l'étais. J'en ai eu assez, c'est pour cela que je voyage. »

Nouveau silence, nouveau sourire amusé de Charles Sobhraj. Il sait qu'il n'a rien de plus à faire. Il sait que son visage parle pour lui, que ses meilleurs avocats sont ce mélange de traits européens et asiatiques, ce sourire sympathique, ce teint mat, ces rides naissantes. On sent chez lui l'homme toujours prêt à aider et qui en est capable parce qu'il a tout vu, parce qu'il connaît tout des hommes, leur grandeur et leur misère, parce qu'il sait vivre et vivre partout.

C'est probablement à ce moment que la petite Canadienne Marie L..., vingt-neuf ans, qui n'a jamais fait de mal à une mouche, contestataire parce que trop timide, tombe amoureuse, tout d'un bloc.

En aurait-il été de même si Charles Sobhraj lui avait dit qu'il y a cinq ans, à Paris, il était secrétaire après avoir été chef de rang dans un restaurant et représentant de commerce ? S'il avait osé dire qu'il a été condamné pour vol, défaut de permis de conduire, évasion, coups et blessures volontaires, chèques sans provision, escroquerie et grivèlerie et qu'il a dû quitter la France parce qu'il y était soupçonné de meurtre ? Enfin, s'il avait avoué qu'il a oublié sa femme quelque part dans une prison du Pakistan ? Mais il n'a rien dit de tout cela et l'union de cet escroc sans envergure et de cette petite Canadienne en quête de sensations fortes va donner naissance à un couple monstrueux.

En septembre 1975, après un long voyage en Malaisie et de retour à Bangkok, où Charles Sobhraj possède un appartement, les amoureux constatent que leurs fonds sont en baisse. Alors, ensemble à la fois en s'aidant et en se provoquant mutuellement, ils vont moderniser une forme de crime très ancienne, l'organiser comme une profession : l'assassinat et le vol des voyageurs.

C'est Charles Sobhraj qui met au point la technique. Il repérera les bonnes affaires, Marie jouera les rabatteuses et maniera la seringue. Pour commencer on choisit deux Australiens : un frère et sa sœur qui, descendus dans un grand hôtel de Bangkok, s'offrent des tournées coûteuses dans les boîtes de nuit de la ville. La scène se passe sur l'immense, l'interminable plage de Pattaya en Thaïlande. Ce n'est pas un endroit perdu, mais une station à la mode, avec palaces et boîtes de nuit. Le roi de Thaïlande y possède une villa, ainsi que toute la bonne société de Bangkok. La rencontre a lieu à bicyclette. La conversation s'engage sur la plage à propos du chien que promènent Charles et Marie.

« Oh ! La belle bête, s'exclament les Australiens.

— C'est un samoyède.

— Où l'avez-vous eu ?

— Sur le marché de Bangkok. Nous avons l'intention de le ramener en France. Mon mari a un chenil en Sologne. Il donnera d'excellents produits. Ces chiens-là valent très cher. Cela vous intéresse ?...

— Je me présente, dit Charles Sobhraj. Je m'appelle Jean Belmont. Ma femme Monique. Voulez-vous boire un verre au Tropicana ? »

On ne se méfie jamais assez des gens qui aiment les bêtes. Au Tropicana qui borde la plage, les Australiens sont ravis. Ils ont trouvé des amis qui connaissent le pays. Il faut dire que Jean Belmont et Monique forment un couple merveilleux, et enthousiasmant. Le soi-disant Belmont vend aux deux Australiens des pierres précieuses de contrebande. Et la prétendue Monique s'arrange pour enfiler son maillot devant l'Australien. Il est envoûté. Le frère et la sœur ne refusent pas une promenade dans une ville des environs, où ils couchent dans un motel luxueux. Le jour suivant, baignade et farniente. Mais le lendemain, les Australiens vont plutôt mal. Ils ne peuvent rien avaler, Jean Belmont connaît cela. Il recommande de ne boire que du lait concentré.

Très serviables, Jean et Monique préparent les boissons. L'Australienne trouve que c'est un peu amer et se réveille à l'hôpital avec son frère, trente-six heures après. Ils ont été sauvés de justesse par le personnel de l'hôtel qui les a découverts, inanimés, sur la natte en bas de leur lit. Le couple merveilleux a disparu, emportant les pierres précieuses que leur avait vendues le soi-disant Belmont, 500 dollars en chèques et les passeports.

A la fin de l'été, Charles et Marie quittent la Malaisie en compagnie d'un jeune étudiant turc dont ils viennent de faire la connaissance.

« Si les pierres précieuses t'intéressent, tu devrais nous suivre jusqu'à Bangkok, déclare Charles en serrant le bras de son nouvel ami. Tu sais, là-bas, je connais toutes les combines. Et si tu veux acheter des pierres, tu les auras au meilleur prix. Je sais où se trouvent les mines. »

Dans le regard du jeune Turc, brille une admiration sans borne : ce Français de trente-deux ans, au type asiatique, n'est vraiment pas comme les autres. Depuis cinq ans qu'il roule sa bosse dans toute l'Asie, il est normal qu'il soit au courant de tout. Et puis il parle six langues. Rien de pire pour éblouir un étudiant qui veut voir le monde.

« J'ai de la chance de vous avoir rencontrés, murmure le jeune Turc, timidement. Avec vous, j'apprendrai beaucoup de choses ! »

Il obtient, pour toute réponse, un regard langoureux et plein de promesses de la belle Marie dont le corps mince et bronzé est à peine dissimulé par une robe légère. Le jeune étudiant a le cœur en bandoulière. Il pressent que son voyage à Bangkok sera plein d'enseignements pratiques.

Quelques jours plus tard, au décollage de l'avion, le jeune Turc, les yeux clos, la nuque bien calée contre le dossier de son siège, sent le coude de Marie frôler son avant-bras.

« Il n'y a pas que les pierres qui sont intéressantes, lui dit-elle. Si tu as assez d'argent, tu pourrais aussi acheter des bijoux et des bronzes.

— Il me reste plus de 3 000 dollars en travellers chèques », répond le jeune homme en tapotant la petite sacoche de cuir retenue à sa taille par sa ceinture.

Marie échange un regard rapide avec Charles. C'est tout ce qu'ils avaient besoin de savoir. Et ils l'apprennent toujours avec une étonnante facilité. Voici pourtant que se présente un léger problème. Le Turc avait une amie française de dix-huit ans, au courant de ses projets. Inquiète d'être sans nouvelles, elle téléphone sans cesse à Sobhraj, et fatiguée de ses réponses évasives, se rend à son appartement de Bangkok où l'Eurasien, toujours charmant, lui raconte leur voyage.

« Formidable cette visite de la mine. Votre ami a ramené quelques cailloux. Au retour, il a voulu absolument lézarder sur la plage. »

A moitié rassurée, la jeune Française demande l'adresse de l'hôtel et un numéro de téléphone. Charles Sobhraj utilise alors la méthode numéro deux : « Je suis l'homme qui comprend les affres de l'amour juvénile. » Et il propose d'aller ensemble faire une visite à ce petit veinard d'étudiant...

Le 15 décembre, on retrouve le corps de la jeune fille sur la même plage, en bordure d'une petite crique. Sa robe d'été à fleurs rouges est relevée au-dessus de la taille, elle porte un bikini de la même couleur. Sur la nuque, des traces d'étranglement qui font penser à une prise de karaté, mais elle est morte noyée. Un mois plus tard, un paysan retrouve un cadavre inconnu, à moitié carbonisé près de la plage de Pattaya, enterré au voisinage du terrain de golf : celui du jeune Turc.

C'est au tour de deux Hollandais, Hank et sa fiancée Cornélia, vingt-six et vingt-neuf ans, de rencontrer Charles à Hong-Kong. Ce ne sont pas des hippies, mais des touristes classiques. Chimiste, Hank est sur le point de passer une thèse de doctorat. Là encore quelques pierres précieuses servent d'appât. On prend ensemble l'avion pour Bangkok où le couple logera chez l'aimable Charles. Le climat de Bangkok les déçoit tout d'abord. Nausée et dysenterie dès le premier jour. Un matin, ils se réveillent en bas du lit, mais continuent à accuser le climat. Un peu plus tard, Charles, apprenant la profession de Hank, lui parle d'installer un laboratoire de drogue. L'autre refuse, mais on reste bons amis. Une nuit, des voisins voient Charles transporter des corps dans sa voiture et revenir, les bottes maculées de boue, tenant à la main un jerrycan. L'autopsie révélera que les Hollandais, drogués, hurlant et se débattant, sont morts brûlés vifs. L'horrible carnage continue et les demandes d'identification de cadavres inconnus affluent à Interpol.

On a en effet trouvé, enterré dans la plage de Pattaya, le corps d'une autre jeune fille de dix-huit ans qui, après avoir été droguée, a été étranglée et brûlée avec de l'essence. Un Français des Sables-d'Olonne, malade des suites de la drogue, est hébergé près de deux mois à Bangkok par un certain Denis Gauthier. Durant ce temps, le dénommé Gauthier encaisse les chèques du malheureux à l'aide de son passeport sur lequel il a fixé sa propre photo. Interpol a réussi à identifier l'un après l'autre les cadavres souvent grâce à leur système dentaire. L'étau se resserre autour du couple assassin, tandis que les plaintes continuent d'affluer en provenance des familles et des ambassades. Un mandat d'arrêt international est enfin lancé.

Une descente effectuée début mars 1976 dans l'appartement de Charles et Marie, en plein centre de Bangkok, ne donne pas de preuve directe sur les crimes. Mais il y a là amplement de quoi leur faire passer quelques années en prison : des passeports volés, de l'argent et de la drogue, beaucoup de drogue. Mais Charles et Marie sont connus à Bangkok sous un autre nom et présentent des passeports américains. L'ambassade des Etats-Unis demande donc la prolongation de la garde à vue, le temps de vérifier. Mais les polices locales sont souvent débordées, longues à s'émouvoir. Au lieu de le garder à vue, on demande simplement au couple de revenir le lendemain matin. Ils reviennent, paient une caution de 25 000 francs et disparaissent. C'est raté.

Et le temps passe encore, qui ne permet qu'un détail : l'identification du meurtrier : il s'agit de Sobhraj Hotchand Bhawhani, de nationalité française, né à Saigon en 1944 d'un père malais et d'une mère vietnamienne. Mais c'est en vain que l'on adresse son signalement à toutes les polices. En vain que l'on fait diffuser sa photo dans la presse mondiale, et fait publier ses identités d'emprunt. Elles sont au nombre de trente ou quarante ! C'est en vain, toujours, que les journaux préviennent les jeunes Français, Canadiens, Australiens, Allemands : « Attention, méfiez-vous de cette grande fraternité du voyage, de ces rencontres internationales du bout du monde. Peut-être allez-vous croiser sur votre route un type formidable, beau et plein de charme et sa merveilleuse compagne. Ils vont vous proposer de vous aider, de vous dépanner, de vous promener dans ce pays qu'ils connaissent mieux que personne. Ils vont vous fasciner par le récit de leurs aventures, par leur façon de vie libre, luxueuse, assurée, tranquille. Méfiez-vous, ce sont des monstres. »

« Maintenant, ils tuent sur la route de Katmandou par over-dose et c'est Marie L... la belle Canadienne, qui prépare les cocktails et qui tient la seringue. Partout ils trouvent des complices, partout ils soudoient des policiers marrons. »

Tout cela est publié en vain. Le cadavre de Laurent Carrière, touriste de nationalité canadienne, est trouvé sur le bas-côté d'une route du Népal. Il porte une blessure dans la partie inférieure de la gorge et le corps, en partie brûlé, est méconnaissable.

Le cadavre de Connie Bronzich, touriste américaine, est découvert près de Katmandou, blessé de trois coups de couteau, le visage partiellement brûlé avec de l'essence.

Celui du touriste israélien Alan Jacob est trouvé dans sa chambre dans un hôtel de Varanazi, aux Indes. Aucune trace de lésions ni de blessures. Le décès est dû à un empoisonnement.

Trois touristes français sont drogués au cours d'une excursion, puis dévalisés près de la ville de Karwar, aux Indes.

Bien que Sobhraj et Marie L... changent sans arrêt d'identité et brouillent les pistes, Interpol, en examinant les plaintes des rescapés, en rapprochant les demandes de recherche de disparus des demandes d'identification de cadavres, parvient à suivre à la trace le couple infernal. On sait qu'ils disposent maintenant d'une quantité importante de bijoux volés ou achetés grâce aux cartes de crédit dérobées à Hong-Kong à un touriste américain. Tous les bijoutiers d'Europe et des Etats-Unis reçoivent alors le signalement des assassins et la description des pierres précieuses, car ce n'est pas en Asie qu'ils pourront en tirer le meilleur prix.

D'ailleurs Sobhraj et Marie L... en ont eu assez du Népal et des hippies désargentés. Après Hong-Kong, les voici à Goa. Ils y rencontrent trois Français : deux garçons et une fille. L'ancienne colonie portugaise est une étape classique de tout routard. Là, veillent des statues de Civa, Vichnou et les vierges de bois des anciennes églises portugaises. Les trois jeunes Français ne comptent pas parmi les plus désargentés. Ils ont deux voitures, une Ford Transit et une Land Rover. La connaissance se noue sur la plage. Ils ont le coup de foudre pour Charles et Marie. Ils s'embarquent tous les cinq dans les véhicules pour Amadadi, plage bordée de cocotiers. On loue un bungalow et sur le sable un grand feu de camp est allumé, pour un soi-disant anniversaire de Marie. Charles prend toutes les initiatives. Dans de grandes gourdes, il mélange jus d'orange, whisky et vodka, et fait lui-même le service. On discute, on chante, on danse même avec la jolie Marie. Respectueusement, car on ne « drague » pas la compagne d'un aussi chic type. Puis les cocktails font leur effet.

On a pu reconstituer l'activité des assassins. Ils chargent les corps dans la Ford, nettoient les lieux, font la vaisselle. Puis Sobhraj veut masquer le crime. Il prend le volant de la voiture pour la jeter, accélérateur bloqué, avec son chargement inconscient contre un arbre. Les flammes attirent les paysans du voisinage qui dégagent les corps. Là encore, les victimes se réveillent à l'hôpital, sauvés de justesse.

Heureusement, cette suite ininterrompue de crimes touche à sa fin. Encore deux, trois empoisonnements : ici, espion américain, là adepte de Bouddha, ailleurs professeur de yoga ou conseiller en diététique, voici Charles Sobhraj, le 2 juillet 1976 à Agra. Un groupe de touristes le rencontre avec Marie. C'est la dernière rencontre mais ils ne s'en doutent pas. Ivres de leur réussite. Trop pour se méfier. Trop pour se croire invulnérables. Ils se présentent sous de fausses identités et proposent de servir d'intermédiaire pour l'achat de pierres précieuses. Le 5 juillet 1976, Sobhraj distribue, durant le dîner à l'hôtel de New Delhi, des médicaments destinés, dit-il, à combattre la dysenterie. Un certain nombre de touristes est immédiatement incommodé et la police est avertie. Vingt-deux personnes sont hospitalisées ! Vingt-deux personnes cette fois, c'est trop ! Le tourisme en Inde est menacé.

L'enquête immédiate du bureau indien d'Interpol permet d'établir la véritable identité des malfaiteurs.

Sobhraj est arrêté dans la nuit. Marie L... est trouvée en possession des drogues qui ont incommodé les touristes, et de quelques-uns de leurs bijoux. C'est le flagrant délit, enfin. Mais on ne saura jamais le nombre réel des victimes. Sobhraj et Marie L... sont accusés de douze crimes, vingt chefs d'inculpation sont retenus contre eux. A l'heure où paraît ce livre, Charles Sobhraj n'est encore condamné qu'à une quinzaine d'années de prison, car chaque crime ou méfait commis dans des pays différents suppose des jugements différents. Et l'ensemble des procès durera des années et des années. C'est un peu déprimant quand on songe que toutes les pièces, toutes les preuves sont là, à Saint-Cloud, soigneusement classées au secrétariat général d'Interpol.

CRIME SUR ONDES COURTES

Lorsque, à l'issue d'une longue journée de labeur, Ernest V. rentre chez lui, son unique plaisir est de regarder le chat faire ses griffes sur le canapé du salon. Tout le reste ne l'amuse plus depuis longtemps. Ses enfants : trop grands, partis vers un avenir meilleur. Sa femme : usée et sans mystère. Les spectacles : pas de spectacle dans cette petite ville lugubre où l'unique cinéma a fait faillite. Dépourvu de passion, sans hobby, Ernest V. regarde donc le chat faire ses griffes sur le canapé du salon, en ronronnant de plaisir. Et le plaisir du chat fait plaisir à Ernest V. Diaboliquement plaisir. Premièrement parce qu'il déteste ce canapé. Un canapé de velours parsemé de marguerites jaunes ! N'importe quoi selon lui. Deuxièmement Ernest V. déteste sa femme, et troisièmement sa femme déteste le chat. Le tout réuni fait donc le bonheur d'Ernest V., depuis bientôt cinq ans, l'âge du chat.

Cela peut paraître stupide, voire enfantin, mais les griffes du chat sur ce canapé sont le symbole de la vie ratée d'Ernest V. et de sa femme. Ils en ont fait l'unique prétexte de leurs querelles de ménage quotidiennes. Car ni l'un ni l'autre n'ont véritablement rien d'autre à se reprocher. Ernest V. n'est ni joueur, ni alcoolique, ni fainéant. Il possède un magasin d'outillage radio dont les bénéfices sont corrects. Sa femme Erica a toujours bien tenu la maison et proprement élevé les enfants. Elle n'a pas spécialement mauvais caractère, et son mari non plus. Au début de leur mariage, il y a bientôt trente ans, ils étaient moyennement heureux, ce qui a donné naissance à deux garçons. Depuis combien de temps ne le sont-ils plus ? Peut-être bien cinq ans. L'âge du chat. Lorsque Ernest a ramené ce chat, il s'est produit à son sujet une sorte de cristallisation. Il a brutalement représenté tout ce qui n'allait pas, de façon diffuse et n'avait jamais été exprimé, ni par Ernest ni par Erica. De là à dire que ce chat est un porte-malheur, non. Même s'il est noir, même s'il a l'œil orange. Tout ce que l'on peut dire c'est qu'il s'obstine à faire ses griffes sur le canapé. Là, et pas ailleurs. Comme s'il avait compris son rôle de catalyseur.

« Non mais c'est infernal, tu ne peux pas l'empêcher de faire ça ? On dirait que ça t'amuse, il finira par le mettre en pièces !

— Un chat doit faire ses griffes quelque part, c'est un besoin.

— Mets-le dehors !

— Un chat a besoin d'une maison, il est chez lui, je ne vois pas pourquoi je le mettrais dehors...

— C'est ça, alors c'est moi qui ne suis plus chez moi ! »

Etc. Car peu importe le prétexte finalement, quand un couple a décidé de poursuivre une scène de ménage, c'est facile, et tristement classique.

Voici donc posée la situation de départ. Et voici venir bientôt le crime parfait. Car crime parfait il y aurait eu si... le hasard et Interpol ne s'en étaient pas mêlés. Ernest V. et sa femme habitent une petite ville frontière entre la Norvège et la Suède. Pour qui veut passer d'un Etat à l'autre, en faisant son marché, c'est simple. Le boulanger est en Suède, le boucher en Norvège. Le magasin d'outillage et de radio d'Ernest V. est en Norvège. Son appartement également. Le chat aussi.

Un jour d'hiver particulièrement morne et ennuyeux, Ernest V., bricolant à son magasin, reçoit la visite d'une cliente étrangère, une Suédoise. Et tout son univers va basculer. Ernest n'est pas beau. Il a cinquante-quatre ans, une paire d'oreilles en chou-fleur, de grandes dents, et le front étroit. La cliente n'est pas belle non plus, la quarantaine indéfinissable, un nez long, la bouche mince, et une silhouette assez banale. Il serait difficile d'écrire un roman sur ces bases-là. Ils vont pourtant tomber amoureux l'un de l'autre. Sans coup de foudre, et d'une manière étrange.

La cliente, Ulla, est entrée dans la boutique d'Ernest pour y faire l'emplette de deux lampes spéciales destinées à un poste de radio amateur. Ce n'est pas une marchandise courante. Ernest vient de découvrir une passion à laquelle il n'avait pas songé. En discutant avec Ulla, il lui vient à l'idée de s'y mettre aussi. Il est bricoleur, il a l'habitude de la radio, de la télévision, il en répare assez souvent, il connaît bien sûr les rudiments nécessaires à la pratique du radio amateur, et de fil en quartz, il installe un poste dans son magasin. Sa première liaison se fait automatiquement avec Ulla, qui lui a confié son indicatif. C'est un bonheur nouveau pour Ernest et désormais il va se consacrer à cette nouvelle passion. Tous les soirs, il bavarde sur ondes courtes avec sa nouvelle amie. Ce qui a pour conséquence de lui faire quitter le magasin très tard. Et les discussions à propos du chat et du canapé ne l'intéressent plus tellement.

Si les choses s'arrêtaient là, un observateur étranger pourrait croire la paix revenue dans le ménage. Ernest, au rez-de-chaussée, dans l'arrière-boutique, jouant au sans-filiste, Erica, sa femme, au premier étage, poursuivant le chat à coups de torchon. Mais, au rythme des messages : « X 25 roseau bleu à X 3 camélia blanc comment me recevez-vous ? » il naît bientôt sur ondes courtes ce que l'on appelle un tendre sentiment. Chacun devant ses boutons et son micro. Seul d'un côté et de l'autre de la frontière. C'est d'ailleurs un peu bête, quand on songe que la frontière ne représente que 500 mètres de séparation. Alors « X 3 camélia blanc » vient de Suède faire la causette de vive voix à « X 25 roseau bleu » dans son magasin norvégien. Et c'est un adultère particulièrement risqué si l'on songe que les deux amants ne peuvent se rencontrer qu'à l'heure du déjeuner, pas plus d'un quart d'heure en général, et ce faisant, d'une manière qui n'a rien de romanesque : Ulla pénètre dans le magasin comme une cliente normale. Ernest ferme la porte. L'appartement étant situé à l'étage au-dessus, un ascenseur le relie au magasin. Ernest bloque l'ascenseur. Ces deux précautions ont pour effet d'empêcher les clients de pénétrer dans le magasin, et sa femme d'y descendre. L'ascenseur n'est pas grand, mais c'est un nid d'amour sans danger.

En effet, si par hasard un client met le nez à la vitrine, il ne peut rien voir à l'intérieur de l'ascenseur, placé dans un recoin. Et si par hasard l'épouse voulait l'utiliser, une sonnerie avertit les amants. Ernest n'a qu'à crier : « Une minute, j'arrive », faire sortir Ulla, et gagner le premier étage comme si de rien n'était ! Ce qui peut représenter un exploit, il faut bien le reconnaître.

Le romantisme est réservé aux conversations sur ondes courtes, entre « roseau bleu » et « camélia blanc ». On ne peut tout avoir en même temps.

De son côté, l'épouse est nerveuse, les discussions à propos du chat et du canapé se sont raccourcies mais envenimées chaque jour un peu plus. Comme si le chat avait deux fois plus de griffes à user et Erica en perd l'appétit. Elle se sent fatiguée et elle s'ennuie. Mais ce n'est pas grave, tout simplement un peu d'anémie dit le docteur qui ordonne un petit traitement. Des piqûres pour le foie, une par jour, et du repos.

Désormais donc, chaque soir, une brave infirmière viendra administrer à Erica V. une bonne piqûre d'extrait de foie. C'est une bonne infirmière de l'hôpital voisin, d'une conscience professionnelle irréprochable. Et de l'extrait de foie en bonne et due forme, en provenance de la pharmacie du coin.

Cette nouvelle rapportée par « X 25 roseau bleu » à « X 3 camélia blanc » sur ondes courtes, un soir de juin 1957, par-dessus la frontière suédo-norvégienne, provoque un petit silence de la part de « camélia blanc » qui inquiète « roseau bleu » :

« X 3 camélia blanc, tu me reçois ? »

X 3 camélia blanc reçoit très bien. Cinq sur cinq. Elle reçoit si bien qu'elle a une idée.

« Rendez-vous avancé, demain matin à l'ouverture, j'ai une idée. »

Les radios amateurs sont des passionnés, de véritables mordus, capables de passer des heures à l'écoute du monde. C'est un plaisir extraordinaire pour eux de se faire des amis inconnus, en échangeant un indicatif. Car la plupart du temps ils n'échangent que des informations banales du genre : qui êtes-vous ? Quel temps fait-il, et rendez-vous demain à la même heure.

Jorgen Irge est un sans-filiste acharné, et d'autant plus passionné qu'il habite un endroit isolé. Il exerce en effet le métier de forestier. Le jour il parle aux arbres, le soir il discute sur ondes courtes. Mais surtout il aime écouter. Les écouteurs rivés sur les oreilles, ses doigts fixés aux boutons de son poste, il écoute passionnément les voix inconnues qui traversent la nuit et il imagine. Ce soir-là, comme d'habitude, Jorgen Irge laisse traîner ses oreilles à l'écoute du monde. Il a le temps, il a rendez-vous avec un lointain correspondant à vingt-deux heures précises, alors il musarde sur les ondes. Pour plus de facilité, Jorgen enregistre toujours sur magnétophone ses émissions. La bande ronronne à côté de lui, et n'enregistre pour l'instant que des crachotis sans intérêt. Tout à coup, au milieu des crachotis, Jorgen entend distinctement :

« Je répète, je n'ai pas compris... A toi... »

Un ou deux crachotis, dans l'intervalle, et la réponse arrive :

« X 25 roseau bleu, je répète : elle a eu sa dose, cela fait de l'effet, elle se sent plus mal ! »

Et à nouveau des crachotis. Curieuse cette phrase. Jorgen reste à l'écoute, il voudrait bien entendre l'autre correspondant, mais impossible de comprendre ce qu'il dit. Jorgen tatonne, règle, fouille le silence, retombe sur les crachotis, rien à faire. Alors il se rabat sur la bande enregistrée : « X 25 roseau bleu, je répète : elle a eu sa dose, cela fait de l'effet, elle se sent plus mal ! » Qu'est-ce que c'est que cette phrase ? Qu'est-ce qu'elle veut dire ? Pourquoi cette contradiction : « Cela fait de l'effet, et, elle se sent plus mal. » Jorgen se demande si un mot ne lui a pas échappé. Il réécoute attentivement sur le magnétophone, la phrase complète, les crachotis sont avant et après, mais la phrase est complète. Il n'y a pas de doute c'est une phrase entière, isolée et étrange.

Deux soirs plus tard, Jorgen capte à nouveau la conversation de X 25. Et cette fois, il entend distinctement :

« Ça ne va pas durer longtemps, elle ne se lève plus. »

Et la réponse, quelques secondes après :
« Sois prudent. »

Aucun doute, c'est la voix de l'autre jour, et son correspondant qui a répondu : « Sois prudent » est une femme... C'est anormal. C'est bizarre, c'est même inquiétant, si l'on rapproche les deux émissions... « Elle a eu sa dose, cela fait de l'effet, elle se sent plus mal, cela ne va pas durer longtemps, elle ne se lève plus. » Conclusion : « Sois prudent. »

Pour Jorgen c'est évident, X 25 roseau bleu, et sa correspondante, dont il ignore l'indicatif, sont en train de tuer quelqu'un. Mais qui ? Et que faire ? Identifier X 25 est un jeu d'enfant, mais après ? Prévenir la police, bien sûr, mais pas par radio. Si les autres entendaient, tout serait fichu.

Il est dix heures du soir, Jorgen n'a plus qu'une chose à faire, prendre sa voiture et filer jusqu'à la ville, une bonne trentaine de kilomètres, avec sa bande magnétique. Avec la neige, il en a pour une bonne heure. Et sur la route il a le temps de penser. Qui est cette femme, cette « elle » qui a eu sa dose et qui n'en a plus pour longtemps ? Qui va peut-être mourir, qui meurt peut-être en ce moment ? La femme de X 25 ? Sûrement. L'équation est facile à résoudre. Un homme et une femme complice, tuant une autre femme, ça ne peut être que la femme de l'homme. Et s'il parle de dose, c'est qu'il s'agit de poison. Voilà, c'est tout simple. C'est si simple, que Jorgen manque de passer pour un fou exalté en débarquant au poste de police :

« Un homme, X 25, est en train d'empoisonner sa femme, j'ai la preuve là. Et sa maîtresse est sa complice. Il s'appelle roseau bleu, il émet de Norvège, à moins de 100 kilomètres d'ici. Dépêchez-vous !

— Oh ! là, oh ! là, doucement. »

Au bout d'un quart d'heure d'explication, on réveille le commissaire pour lui faire écouter la bande amenée par Jorgen. Il la trouve effectivement troublante. Mais c'est vrai aussi que le commissaire de police est impuissant. Impuissant parce que Suédois, et que X 25 roseau bleu est Norvégien. Son indicatif d'émission le confirme. Et Jorgen n'a pas eu la chance d'identifier la correspondante. Dommage, puisque camélia blanc, elle, est Suédoise. Seulement le commissaire l'ignore.

Alors il y a Interpol. Interpol aussi a son réseau radio, qui n'est pas amateur celui-là, et dont la fréquence est hors de portée des criminels amateurs justement. Entre Oslo et Stockholm, un radio-télégramme raconte l'aventure de Jorgen et réclame l'identification du correspondant de X 25, cela ne prend que quelques instants. C'est camélia blanc. Interpol à Oslo informe ensuite la police locale de la ville morne et triste où Ernest V. s'ennuyait jadis, tandis que son chat griffait le canapé du salon. Ernest est bien connu de la police locale, c'est un commerçant honorable, et il faut peu de temps pour compléter son dossier. Sa femme est malade, une brave infirmière lui fait chaque soir une piqûre. Mais elle est insoupçonnable. Et le médecin confirme qu'il n'a prescrit que de l'extrait de foie, en ampoules de verre. Le brave officier de la police locale n'est pas habitué à résoudre de pareils problèmes, mais il a sa petite idée et demande à Oslo « de se renseigner sur les possibilités d'introduire un poison quelconque dans une ampoule d'extrait de foie ».

Il s'est passé quarante-huit heures depuis que Jorgen a surpris le dernier message. Mme V. va plus mal, et les amants sans-filistes mis sur table d'écoute n'ont pas donné d'informations supplémentaires. Ils ont continué à se parler ces deux derniers jours, mais sans rien dire de plus que : « Tu vas bien ?... Oui, et elle ?... Ça continue ! Bon courage... »

Le bureau d'Oslo demande à son tour conseil au secrétariat général de Paris et la réponse arrive enfin, assortie d'un conseil. L'introduction d'un poison dans une ampoule de verre contenant un médicament connu est possible. On a répertorié à Interpol une manière de procéder que l'on nous pardonnera de ne pas indiquer ici. Et le conseil est le suivant : demander à l'infirmière de faire un échange d'ampoule sans le dire. Injecter à la malade de l'extrait de foie en provenance d'une boîte remise par le médecin traitant, et ramener à la police l'ampoule provenant de la boîte conservée au domicile de la malade. Continuer ainsi en attendant les résultats de l'analyse. Il n'y a rien d'autre à faire pour l'instant.

Ce qui est dit est fait le soir même. Et la première ampoule subtilisée par la brave infirmière, tremblante de côtoyer le crime d'aussi près, est envoyée d'urgence à l'analyse.

C'était ça. Depuis onze jours exactement, la brave infirmière en question empoisonnait régulièrement sa malade à chaque piqûre mais sans le savoir ! Elle s'en est évanouie de peur rétrospective.

Ernest V. était un bon bricoleur. Il avait dans son matériel radio ce qu'il fallait pour remplacer l'extrait de foie revigorant par un extrait de cactus, un poison insidieux, lent, mais efficace, qui aurait fait dire au médecin quelques jours plus tard :

« Mme V. est morte d'une anémie pernicieuse. »

De plus le suc de cactus avait le triste avantage de prendre une couleur brun rougeâtre au contact de l'air, la même que celle de l'extrait de foie. La pauvre infirmière ne pouvait y voir que du feu. Erica V. serait morte de sa main. Le crime était parfait. Presque parfait. Il aurait pu être parfait. Mais Ernest V. était aussi bête que méchant, et beaucoup trop bavard, même sur ondes courtes. Et comme il était bavard, il a tout avoué bien gentiment. Même le mobile. Les discussions à propos du chat qui griffait le canapé violet à marguerites jaunes étaient devenues insupportables, paraît-il.

« Pas du tout, a ronchonné sa femme, qui allait beaucoup mieux, Dieu merci. Pas du tout ! Ça l'amusait ! Et depuis quelque temps ça ne l'amusait plus, j'avais trouvé ça bizarre. »

LES NOCES D'OR
DU PROCUREUR

M. DE ROEM, haut fonctionnaire du gouvernement, demeurant à Liège, vient demander la main de Mlle Céleste à ses parents grands diplomates à Bruxelles, pour son fils Charles-Edgard. Charles-Edgard, le futur, est promis à un bel avenir dans la magistrature. Céleste, la fiancée, amènera dans la corbeille de mariage une dot honorable, et son titre de baronne. Le mariage aura lieu en mai de l'année 1910, pour le meilleur, pour le pire, et surtout pour les conventions. Ce sera un beau mariage, un solide mariage catholique pour la vie. Il va durer cinquante ans. De 1910 à 1960. Car on ne divorce pas dans la famille. On ne défraie pas la chronique des faits divers. On ne connaît pas la police, elle ne sert qu'à faire traverser les enfants et arrêter les voleurs de grands chemins. On est comme ça chez les Roëm. Et Charles-Edgard dans son habit de jeune marié, offre son bras à Céleste, en robe de dentelle. Le bras seulement. Pas le cœur. C'était au soir d'une cérémonie guindée, tous deux pénètrent dans l'hôtel particulier offert par la famille, et la porte se referme sur eux. Pour cinquante ans.

Cinquante ans plus tard, la maison a vieilli, et ils

sont toujours là. La façade est devenue grise, on dirait qu'elle a rétréci, encadrée par les nouveaux immeubles, et le béton environnant. Charles-Edgard, quatre-vingt-un ans, a eu son bel avenir de magistrat. Il est procureur à la retraite. Et Céleste, quatre-vingt-quatre ans, lui a donné une fille unique. Mais cet effort a épuisé la baronne qui souffre depuis des années de maladies diverses autant que mystérieuses. Mlle de Roëm la fille unique a quarante-cinq ans, et ne quitte pas ses parents. Tout porte à croire que c'est par affection pour sa mère. Famille heureuse, honorable, sans problème... Mais où est la faille ? Où est la lézarde sur cette façade honorable de cinquante années de bonheur officiel et sans histoire. Par où va sortir le scandale ?

Mlle Charlotte vient de prendre son petit déjeuner. Il est un peu tard ce matin-là, car la veille, la famille de Roëm a fêté les noces d'or de ses parents avec tout le cérémonial dû à une pareille réussite. Charles-Edgard a offert à sa femme une alliance en diamants et un prie-Dieu. Quand il lui a baisé le front sous les applaudissements de la famille, Mlle Charlotte a versé deux larmes d'émotion. Un neveu a pris des photos du vieux couple, un oncle prêtre les a bénis, c'était beau. Le matin même, Mlle Charlotte se drape dans sa robe de chambre, et va frapper à la porte de sa mère. A son âge, une soirée pareille est éprouvante, et Mlle Charlotte entrebâille la porte, et jette un œil précautionneux en direction du lit. Maman dort. Tout va bien, et pénétrant dans la cuisine, Mlle Charlotte annonce à la domestique :

« Maman dort, ne la réveillez pas avant onze heures, elle doit être lasse. Où est père ? »

La domestique ne sait pas. Charles-Edgard de Roëm, malgré ses quatre-vingt-un ans, a l'habitude de se lever tôt. Depuis quelques années d'ailleurs, il a aussi l'habitude de disparaître plusieurs jours sans dire où il va. Cela ne regarde pas la domestique, et cela ne regarde personne apparemment, car ni la fille, ni la mère n'en parlent autrement qu'à mots couverts, ou dans l'intimité. A onze heures, Mlle Charlotte va réveiller sa mère, comme prévu, et comme d'habitude. C'est-à-dire qu'elle prépare un plateau de médicaments divers, gouttes, cachets et tisane. La chambre est sombre, tendue de velours grenat. Près du lit, le prie-Dieu des noces d'or : acajou du XVIIIe, tapisserie française, un bijou. Sur la table de chevet, dans son écrin de soie, l'anneau de diamants symbolique. Et dans le lit, visage pâle, nez pointu, la vieille dame de Roëm, enfouie sous les édredons. Mlle de Roëm n'a sûrement jamais hurlé de sa vie. On ne hurle pas dans cette maison. C'est pourquoi la domestique la trouvera évanouie sur la descente de lit. La vieille demoiselle a ôté l'édredon, et n'a pas supporté le spectacle. Sa mère est morte, poignardée de trois coups de couteau. L'arme est encore là, fichée au côté gauche.

M. de Roëm étant absent, la domestique, affolée, prend ses jambes à son cou, et porte la nouvelle jusqu'au commissariat le plus proche. Aussitôt une armée d'inspecteurs envahit l'hôtel particulier. Un crime chez le procureur de Roëm se traite avec toute la célérité et le respect dû à la magistrature, même à la retraite. Hélas ! l'enquête s'annonce momentanément difficile. La domestique ne sait rien, M. de Roëm est parti très tôt, on ne sait où. Quant à Charlotte, le médecin a bien du mal à la sortir de son évanouissement. D'ailleurs, elle ne sait rien de plus. Elle bégaie, et s'offre la crise de nerfs de sa vie. Rien n'a été volé. Aucune effraction. Mais le couteau est un couteau de cuisine, la domestique l'a reconnu. Il a servi la veille, ironie macabre, à découper le gigot de l'anniversaire de mariage.

L'inspecteur principal n'aime pas ça du tout. S'il n'y a pas eu effraction, s'il n'y a pas eu vol, tout porte à croire que l'assassin est un familier. Or qui sont les familiers ? Le procureur, quatre-vingt-un ans, sa fille, quarante-cinq ans et une domestique sans âge. Le médecin légiste annonce ses premières constatations : la mort remonte à quelques heures à peine. Aux environs de sept ou huit heures du matin. Ce qui restreint les possibilités et les confirme en même temps. Il y a pire. De l'avis du médecin, l'assassin est un homme, car les coups ont été portés avec force, à trois endroits vitaux. Trachée, poumons, cœur. Conclusion : le premier suspect est le mari, le procureur, le seul homme de cette maison, dont tout le monde connaît la haute stature, et la force, malgré son âge. De plus, il a disparu tôt le matin, de plus son lit n'est pas défait. Soigneusement examiné, le couteau révèle des empreintes digitales assez nettes, que l'on retrouve dans la chambre du procureur, sur ses objets de toilette par exemple. C'est donc lui l'assassin.

Drôle d'histoire. Pourquoi un noble vieillard de quatre-vingt-un ans a-t-il poignardé sa femme de quatre-vingt-quatre ans, après cinquante ans de mariage et au lendemain de leurs noces d'or ? Un crime passionnel ? Ridicule. Un crime d'intérêt ? Ridicule. Un accident ? Une bagarre ? Ridicule. Tout est ridicule. Jusqu'à la manière de tuer, et l'absence de précautions. Venant d'un magistrat de sa qualité, ancien procureur et habitué aux affaires criminelles, c'est de la provocation : un couteau de « sa » cuisine, avec « ses » empreintes. Ou alors, cela n'avait plus d'importance. Mais pourquoi ?

En fin d'après-midi, il est évident pour les enquêteurs que M. le procureur a disparu, et que cette disparition est liée à la mort de la baronne son épouse. L'avis de recherches est diffusé avec le maximum de discrétion, la presse est informée succinctement. Et le commissaire chargé de l'enquête doit attendre patiemment d'interroger Mlle Charlotte, que le médecin a dû endormir pour la calmer. Or, interroger Mlle Charlotte sur la vie privée de ses parents n'est pas une mince affaire. L'essentiel de ses réponses pincées devant tant d'indiscrétion, se résume à une litanie :

« Mère était une sainte. Elle souffrait beaucoup. Père et elle étaient très unis. »

Pour les détails, le commissaire est donc contraint de s'adresser ailleurs. Et notamment au médecin de famille.

Selon lui, l'état de santé de la vieille dame était alarmant. Une congestion cérébrale, il y a trois semaines, a bien failli l'emporter. Depuis, elle marchait avec difficulté, et n'avait plus toute sa tête. Toujours de l'avis du médecin, Mme de Roëm n'avait guère longtemps à vivre. Une affaire de mois, de semaines peut-être. Cet interrogatoire rend le crime encore plus mystérieux. Pourquoi tuer quelqu'un qui va mourir ? Euthanasie ? Le médecin hoche négativement la tête :

« Sûrement pas. Au couteau ce serait pour le moins étrange. Mme de Roëm était environnée de drogues et de somnifères. Il aurait suffi d'augmenter la dose. D'ailleurs, la famille est très catholique et l'euthanasie est impensable chez eux. »

L'euthanasie est peut-être impensable, mais pas le crime apparemment. Avec la domestique qui a passé quarante ans dans la famille, le commissaire en apprend un peu plus sur le caractère des personnages. Selon elle, Madame était méchante, méchante avec tout le monde. Elle l'a toujours été. Sauf avec sa fille.

« Et avec vous ?

— Oh ! non pas moi. Je ne l'intéressais pas assez. D'ailleurs, je m'en moquais bien et elle le savait.

— Alors, qui est-ce tout le monde ?
— Monsieur ! Elle était méchante avec Monsieur !
— Par exemple ?
— Je ne peux pas dire, elle ne l'aimait pas, et lui non plus à mon avis.
— Depuis quand ?
— Depuis toujours. En tout cas, depuis que je les connais.
— Ils n'ont jamais parlé de divorce ?
— Jamais monsieur, un divorce chez eux ? Ça aurait fait un beau scandale. »

Cinquante ans de mariage et ils ne s'aimaient pas depuis toujours dit la domestique.

Mais pourquoi un homme attendrait-il cinquante ans pour tuer une femme qu'il n'aime pas. Pourquoi attendrait-il d'avoir quatre-vingt-un ans ? Et pourquoi la tuer alors que tout porte à croire qu'elle va mourir ? Seul le procureur pourrait répondre à ces questions, s'il est coupable. Or il est introuvable depuis une semaine maintenant, et si la presse reste discrète, si on le qualifie toujours de « présumé coupable », un certain nombre d'informations curieuses voient le jour dans les colonnes des grands journaux. Les « on-dit » fleurissent en l'absence de l'ancien magistrat. Des « on-dit » que le commissaire vérifie bien entendu, et qui une fois vérifiés ne servent qu'à épaissir le mystère. Depuis sa mise à la retraite en 1957, l'ancien procureur se conduisait parfois d'une manière étrange. Par exemple : sa qualité de magistrat nommé à vie, lui donnait droit au transport gratuit sur toutes les lignes d'autobus. Et il usait de ce droit régulièrement, car il avait horreur des voitures. Or, à plusieurs reprises les contrôleurs de sa ligne habituelle, avaient été surpris de son comportement. C'était à un clochard qu'ils demandaient de montrer sa carte de transport gratuit. Et les contrôleurs n'en croyaient pas leurs yeux. Un procureur, un haut fonctionnaire, riche, habillé comme un misérable ! Etrange tout de même.

On l'a surpris également mendiant à la sortie d'une église. Enfin, Mlle Charlotte veut bien reconnaître que son père faisait des fugues. Où allait-il, elle ne sait pas. Et la domestique non plus. Mais il disparaissait pour plusieurs jours. Certains de ses collègues l'ont aperçu se promenant dans les environs de Liège, au bord de la Meuse. Il semblait aimer ce paysage de marécages, de genêts et de bruyère. Quelle solitude traînait-il ainsi. Quel désespoir incommunicable à ses proches ?

Pour la police, M. de Roëm toujours introuvable, a dû se suicider en se jetant dans la Meuse. Mais le courant est rapide au printemps, et le corps a pu gagner la mer. C'est même certain, car plus de quinze jours ont passé, et on l'aurait déjà retrouvé. Le mystère que le procureur a emporté probablement jusqu'en mer du Nord, c'est le mystère d'une adresse en France. Interpol à qui on ne cache rien la découvre pour le commissaire liégeois, qui s'y rend avec curiosité. Mais à cette adresse il n'y a plus personne depuis six ans. La dame qui habitait là, est morte. Elle avait soixante-dix ans, elle n'était pas mariée, et pourtant elle avait une fille. C'est en la retrouvant au collège où elle est professeur de philosophie à trente-cinq ans, que le commissaire connaît enfin la vie privée de M. de Roëm :

« Ma mère est morte il y a six ans. Ils s'aimaient depuis quarante ans. J'ai rarement vu mon père, ses voyages étaient toujours courts, et je suis allée très tôt en pension. Mais ma mère l'adorait, et lui aussi je crois. Pendant toutes ces années, il a beaucoup souffert de ne pas vivre avec elle. Mais chaque fois qu'elle parlait de divorce, il avait toujours la même réponse : « Dans ma famille, on ne divorce pas. » Ces dernières années, il venait plus souvent, mais nous n'avons jamais su où vivait l'autre famille. Il ne m'a même pas donné son nom. A dire vrai je crois que ma mère est morte de chagrin. Et lui a très mal supporté sa disparition. Il me disait toujours : « Je n'ai pas fait ce qu'il « fallait pour vous rendre heureuses. Je suis un « lâche. » Il voulait vivre près de moi, les derniers temps. Mais il n'arrivait jamais à s'organiser. C'était ce qu'il disait.

— Votre mère n'a jamais manqué de rien ?

— Jamais. Sinon de sa présence. Elle l'attendait. Elle passait sa vie à l'attendre. Chacune de ses visites était une fête pour elle, et chaque fois qu'il partait elle se cachait pour pleurer. Moi je n'aurais pas pu. Une fois nous nous sommes même disputées à ce sujet. Je lui ai reproché d'être trop passive, et d'avoir gâché sa vie. Elle m'a répondu qu'on ne gâchait pas sa vie à aimer. C'était sa manière à elle d'aimer. Dans la soumission totale. Sans exigence.

— Croyez-vous que sa femme légitime était au courant ?

— Je crois que oui. Maman m'a toujours dit que ma naissance avait failli provoquer le divorce. Failli seulement. Et les derniers temps, quand il venait me voir il était bizarre. Il s'habillait comme un clochard.

— Pourquoi ?

— Il me disait que cela l'aidait à passer inaperçu pour venir ici. Moi je crois qu'il avait l'impression d'être un autre homme, en faisant cela. D'ailleurs depuis la mort de ma mère, il avait beaucoup changé.

— Quand l'avez-vous vu pour la dernière fois ?

— Il y a trois semaines environ.

— Comment était-il ?

— Triste. Il m'a dit : « Bientôt je ne retournerai « plus là-bas. Je ne peux plus. Que ta mère soit morte « alors que « l'autre » vit encore, est insupportable.

« C'est avec ta mère que j'aurais dû fêter mes noces
« d'or. C'est ici que je dois vivre, avec toi. »

— Il a parlé de suicide ?

— Non. Il m'a dit : « Au revoir et à bientôt, la pro-
« chaine fois je ne te quitterai plus. »

— Vous l'avez cru ?

— Non.

— Pourquoi ?

— Il disait cela depuis quarante ans, vous savez. »

Il disait cela depuis quarante ans à une femme qu'il aimait et le lui rendait bien. Et il supportait depuis cinquante ans une femme qu'il n'aimait pas, et qui le lui rendait bien aussi.

Le corps du procureur n'a jamais été retrouvé. Et si le dossier, vieux de plus de dix ans maintenant, peut être classé, il ne peut l'être que sous l'appellation de crime passionnel. Appellation totalement incontrôlée bien entendu.

UNE NUIT DANS MANHATTAN

Les rues de Manhattan, la nuit. Dans les fumées qui montent des trottoirs, les sirènes de police, lointaines, ininterrompues, un homme marche. Il longe les vitrines closes, courbé comme un ivrogne, balbutiant comme un ivrogne. Les passants le croisent indifférents ou peureux, s'écartant par réflexe ou par prudence. Maintenant l'homme s'assoit par terre, adossé à la vitrine d'un magasin, et ramène frileusement sur lui les pans d'un imperméable froissé. La nuit à Manhattan, un homme assis par terre n'est pas un spectacle insolite. C'est un ivrogne, un drogué ou un clochard de plus, tassé dans un coin d'ombre. Cet homme-là pourtant n'a rien bu depuis vingt-quatre heures, et rien mangé non plus. Une drogue quelconque, lui ferait présentement le plus grand bien. Et sous sa chemise, sale, il porte cinq mille dollars en billets de cent. Il n'ose pas entrer dans un snack-bar, il n'ose pas demander de l'aide aux passants. Il n'ose même pas prendre une chambre d'hôtel. Il vient de s'évanouir doucement, les jambes allongées, la tête tombant sur la poitrine. Une balle a pénétré son flanc droit, elle est ressortie dans le dos juste sous la dernière côte. Il a le nez tuméfié, la pommette ouverte, et une bonne dizaine de contusions multiples. Depuis trente ans qu'il est né, il n'a jamais eu aussi mal, ni aussi peur de sa vie.

Il y a quelques semaines encore, Philipp D. menait une existence sans problèmes, mais sans but précis. Vendeur de voitures, représentant en pharmacie, camelot sur les marchés, employé d'assurances, gérant malheureux d'une station-service, barman, plagiste, trente-six métiers, trente-six misères.

La condition de chômeur professionnel ne lui convenant pas, Philipp a toujours eu l'air d'être prêt à tout, et de faire n'importe quoi pour gagner sa vie. Il habite un meublé à Marseille, et ne possède en propre que deux valises. A trente ans, c'est loin d'être la réussite, mais il n'a pas la mentalité d'un truand, et n'a jamais crevé de faim au point de voler un croûton de pain. Son casier judiciaire est donc vierge. La vue d'un policier à un carrefour ne lui pose pas plus de problème qu'à quatre-vingt-quinze pour cent des Français. La politique est pour lui lettre morte, et s'il a gardé un mauvais souvenir de la guerre d'Algérie, il n'est pas le seul. Ni médaille, ni fierté, simplement l'impression d'être un homme un peu différent. Qui a appris à se battre, et côtoyé la mort sans l'avoir voulu. Il y a quelques semaines donc, Philipp se demandait quoi trouver pour assurer le quotidien. Tout l'été il avait loué des parasols et des pédalos, louvoyé entre des corps enduits de produits solaires. L'ennui était venu avec l'automne, l'insouciance était partie avec le soleil. Vaguement, Philipp s'inquiétait de l'avenir. Une rencontre allait en décider. Un type qui propose d'un air innocent :

« Cinq mille dollars, et un aller pour New York, ça t'intéresse ? »

D'abord Philipp sourit et fait non de la tête. Il a trente ans, il lit les journaux, il va au cinéma, ce n'est pas à lui qu'on va faire le coup du petit transport discret. C'est trop gros. Ça n'arrive qu'aux autres dans les romans de gare. Il sourit et fait non de la tête, mais un petit frisson le secoue. Ça existe donc vraiment ce genre de choses ? Il y a donc vraiment des gens qui jouent à ça ? Il répond tout de même :

« Moi, tu sais, c'est pas mon genre. Et en plus, on se fait toujours prendre. »

Et l'autre rétorque :

« On ne parle que de ceux qui se font prendre. Pas de ceux qui réussissent. »

Philipp en convient volontiers. Mais il n'aime pas ça. C'est trop dangereux ces histoires de drogue.

« Qui te parle de drogue ? Moi non plus je ne touche pas à ces trucs-là.

— Ah ? Alors c'est quoi ton truc ?

— Si ça t'intéresse on en parle. Sinon pas la peine. D'ailleurs, c'est pas moi qui décide. »

La prudence voudrait que Philipp s'en aille. Qu'il paie la tournée et oublie ce type qu'il n'a d'ailleurs rencontré que deux ou trois fois, dont il sait tout juste le nom, et qui tout à coup n'est plus aussi sympathique qu'il y a quelques minutes. Mais l'ennui et la curiosité, le besoin aussi de ne pas avoir l'air d'un trouillard, ou d'une poule mouillée, maintiennent Philipp et le poussent à continuer la conversation. Il apprend ainsi, qu'il s'agirait, en principe d'œuvres d'art. Des bijoux anciens, très anciens, achetés par un amateur, et qui ne doivent en aucun cas supporter des droits de douane. Sinon l'affaire ne serait plus intéressante. Là encore, on ne prend pas Philipp pour un nouveau-né. Bijoux anciens, il n'y croit pas. Bijoux volés oui ! Mais l'autre ne se démonte pas :

« Tu crois ce que tu veux. Mais de toute façon ça ne regarde pas le passeur. Tout ce qu'il a à faire, c'est de prendre l'avion avec le paquet dans sa poche. A l'arrivée quelqu'un l'attend. Il donne le paquet, prend son argent et disparaît. Où est le risque ? On ne fouille pas les touristes ! »

Alors Philipp croyant marquer le point final demande ce que demanderait n'importe qui à sa place :

« Et pourquoi ne le fais-tu pas, au lieu de le proposer à d'autres ?

— Parce que ce genre de voyages, il vaut mieux ne le faire qu'une fois. Je l'ai fait. J'ai gagné beaucoup d'argent, je ne veux pas entrer dans le circuit, c'est là qu'on finit par prendre des risques. »

Cinq mille dollars pour une fois. Une petite fois. Des millions de gens fraudent la douane régulièrement pour des misères. Qui n'a pas caché une bouteille d'alcool ou une cartouche de cigarettes en plus. Où est la différence ?

La différence, elle est énorme. La différence, c'est la marge qu'il y a entre un père de famille en vacances, et un gangster ! Entre une tablette de chocolat suisse et un paquet de pierres précieuses. Entre une amende de cent francs et dix ans de prison ! Philipp ne se rend pas compte qu'il a déjà commencé à céder en réfléchissant au problème. Et l'autre le sait bien. Et c'est un peu comme ça, bêtement, que Philipp s'est retrouvé dans un avion pour New York, avec un petit paquet sous sa chemise, un drôle de petit paquet presque plat, de la dimension d'un paquet de cigarettes. Le voyage s'est passé sans histoire. Juste un petit frisson en récupérant passeport et valise. Mais le regard du douanier n'était soupçonneux que par habitude.

Ensuite tout s'est précipité. Comme dans un film à vitesse accélérée. Un homme dans le hall attendait Philipp. L'homme l'a entraîné dans un coin, a pris le paquet, donné l'argent, et disparu.

Philipp sort de l'aéroport et accomplit tout le circuit compliqué de bus, et de taxi qui l'amène dans le centre de Manhattan, jusqu'à un hôtel que lui a indiqué son employeur du moment. L'employeur a même ajouté, qu'il avait intérêt à y séjourner jusqu'au lendemain, car il y recevrait la visite de quelqu'un qui lui proposerait la même affaire pour le retour en France. De quoi doubler sa mise.

Arrivé dans sa chambre, Philipp pose donc sa valise, cache l'argent sous sa chemise, sort, tourne deux coins de rues, et deux hommes lui sautent dessus à bras raccourcis, pour l'entraîner dans une voiture. La voiture file, pendant que Philipp prend des coups de poing. Arrivé dans une sorte de garage, à peine trois minutes plus tard, Philipp réussit à se dégager en sortant de la voiture et met KO l'un de ses agresseurs, d'un coup de pied sournois. L'autre sort une arme, la lutte est courte, il tire, Philipp sent comme un coup de poing au côté droit et s'effondre. Il entend vaguement l'homme galoper, et la voiture repartir. Ensuite le noir total. Un réveil brumeux dans une mare de sang, et personne. Ils ont dû le croire mort. Philipp trouve un passage, puis la rue, et depuis il marche.

Mais que voulaient-ils ? L'argent ? Ils ne l'ont pas pris. Peut-être n'ont-ils pas eu le temps, mais Philipp n'arrive pas à comprendre. D'ailleurs il arrive tout juste à réfléchir. Il n'ose pas entrer dans une pharmacie, car pour tout arranger il ne parle pas un mot d'anglais. Il a vu son visage dans les glaces des vitrines. Même rafraîchi à une fontaine publique, il a l'air d'un monstre : lèvres tuméfiées, œil fermé. Nez en sang. S'il n'y avait que ça, il aurait pu inventer une histoire d'agression et se faire soigner dans un hôpital quelconque. Mais il y a la blessure au côté droit. Un médecin verrait tout de suite qu'elle est l'œuvre d'une balle, même si la balle n'y est plus. Alors police, enquête, questions. Et l'argent ? On lui demanderait d'où vient cet argent. Il serait facile de vérifier qu'il a atterri le jour même à *Kennedy Airport*, et qu'il n'a pas changé autant de dollars.

Voilà pourquoi Philipp s'est traîné de rue en rue toute la nuit, la tête tourbillonnante, plié en deux par la douleur. Il a beaucoup saigné, et pour comprimer la plaie, il a improvisé un pansement avec son mouchoir, ses chaussettes et sa cravate pour tenir le tout. Que faire ? Où aller dans cette ville immense où il ne connaît personne ? S'évanouir sur le trottoir, est une solution provisoire et dangereuse, mais les forces de Philipp ont leurs limites.

Il est quatre heures du matin, ce 20 septembre 1957, et les passants ne voient sur le trottoir qu'un ivrogne endormi. Si l'avenir est sombre pour Philipp, il a la chance d'avoir encore le temps d'y réfléchir. Mais s'il savait ce qui se trame dans les bureaux de deux polices du monde, la française et l'américaine... S'il savait que son signalement est déjà diffusé par Interpol, que l'on a déjà perquisitionné sa chambre d'hôtel, où un policier l'attend vainement depuis des heures, il en conclurait qu'il n'a plus d'avenir du tout, et il aurait raison.

Pour l'instant, il vient de reprendre conscience. Il ne sait pas combien de temps il est resté évanoui, une minute ou deux sûrement. Car il a un voisin. Une espèce de gringalet, mal peigné, s'est assis près de lui, une bouteille de bière à la main, et lui tient un discours incompréhensible. Philipp voudrait se lever et partir, mais l'autre l'en empêche, en parlant toujours. Il a l'air de poser des questions, de demander si ça va. Alors Philipp fait signe qu'il ne comprend pas et dit :

« Français. Comprends pas... »

Ce qui a pour effet de déclencher un grand sourire chez le gringalet. Le gringalet connaît le français. Enfin il en est persuadé. En réalité il parle un français petit nègre, avec un accent si épouvantable, qu'il s'agit presque d'une langue inconnue. Mais Philipp arrive à comprende quelques mots, l'autre aussi. « Bagarre » par exemple. « Oui », dit Philipp, qui de toute façon aurait du mal à le cacher, vu l'état de son visage. Mais cela n'a pas l'air d'impressionner le gringalet, et au bout de quelques minutes d'un dialogue pénible, Philipp se laisse aller à quelques confidences prudentes. Il dit qu'il n'a pas d'argent et pas de chambre, et l'autre lui propose immédiatement de le conduire chez lui. Pourquoi pas. Le seul problème est de ne pas montrer l'argent, il ne manquerait plus que de se faire dévaliser. Le gringalet n'a pas l'air méchant, mais un type aussi sale, qui n'a pas peur de s'asseoir par terre pour discuter avec un inconnu, à tête de boxeur KO, n'est sûrement pas recommandable lui-même. La méfiance de Philipp l'emporte tout de même sur la perspective d'un abri, et peut-être d'un lit. C'est fou ce que le besoin d'un lit peut devenir obsessionnel dans ces cas-là.

A quelques rues de là, dans un immeuble crasseux, au bout d'un escalier interminable, derrière une porte sans nom, il y a un lit. Philipp s'y écroule avec précaution, après avoir bu un verre d'eau. Comme il grelotte de froid, le gringalet lui donne une couverture, et annonce d'un air entendu :

« Dormir. »

Cela dit, il disparaît dans une autre pièce, et pour Philipp, c'est le trou noir. Ce n'est que plus tard dans la matinée du lendemain, qu'il découvre l'appartement. C'est celui d'un peintre ou d'un musicien. Il y traîne partout des toiles et des instruments de musique. C'est sale, en désordre, pratiquement dépourvu de meubles, mais il y a un cabinet de toilette. Ayant constaté que son hôte ronfle comme un sonneur dans la pièce voisine, Philipp entreprend de récupérer figure humaine. L'argent est toujours là. La blessure aussi, pas trop vilaine, mais douloureuse en diable. La chemise, déchirée, fait un pansement propre. Philipp trouve du sparadrap, de quoi se laver, et emprunte à son nouvel ami un pull-over informe. Sa veste est trouée mais a tenu le coup, et l'imperméable cache le plus gros du désastre. Philipp se sent le courage d'affronter la civilisation. Manger, avaler de l'aspirine, boire un café, trouver une solution à cette situation de fou. Si quelqu'un s'inquiète de son visage qui tourne au violet, il parlera d'un accident. L'essentiel est de marcher, de réfléchir et d'essayer de se soigner. Avec des papiers d'identité et de l'argent un Français peut se débrouiller à New York.

Philipp a presque oublié sa panique de la veille. Un peu de repos, et une journée neuve lui font voir les choses différemment. Après tout, que risque-t-il ? Ses agresseurs ne savent pas où il est, il n'y a plus qu'à gagner la France par le premier avion. Il n'y a qu'à oublier Marseille et ses gangsters. Se perdre dans Paris par exemple, et voir venir. Voir venir avec cinq mille dollars, c'est possible.

Sur la pointe des pieds, Philipp quitte l'appartement, laissant le gringalet accueillant cuver sa bière dans un coin. Les heures qui suivent lui redonnent confiance. Finalement, ce n'est pas si terrible de se faufiler dans une foule américaine, d'acheter des vêtements et de la pharmacie dans un drugstore et d'avaler un hamburger à un comptoir. Il va beaucoup mieux, et se sent capable de tenter le tout pour le tout : un taxi et l'aéroport.

Pour compléter sa silhouette, un chapeau, une paire de lunettes et une valise où il bourre n'importe quoi, dans une boutique free-taxes. Trois heures d'attente avant le vol pour la France. Un vol direct pour Paris. Philipp s'absorbe dans un journal français, et peu à peu la sensation d'être un homme traqué s'estompe. Il s'endort même un moment, ne se réveillant que pour changer de position, et déplacer la douleur qui tiraille toujours son côté droit. Il n'a pas vu l'homme à l'autre bout de la salle. L'aurait-il vu d'ailleurs qu'il n'aurait pas pensé à un policier car l'homme lui tourne le dos. Et pourtant il est allé s'assurer de la liste des voyageurs. Il a identifié son « client », il attend lui aussi l'avion de Paris, surveillant Philipp du coin de l'œil à travers les grandes vitres de la salle de douane. L'homme est un agent du Narcotic Bureau. La veille il attendait déjà Philipp à l'aéroport. Il a observé sa rencontre, et la remise du paquet. Philipp a été filé sans s'en douter jusqu'à l'hôtel, et ce n'est pas de sa faute si la police a perdu sa trace. Son enlèvement a été si rapide ! Autre chose que Philipp ne sait pas. L'homme qui lui a remis les cinq mille dollars, son complice, a été arrêté dix minutes plus tard, dans son appartement new-yorkais. Il était porteur du petit paquet, qui contenait bien des diamants, lesquels diamants étaient censés régler une précédente livraison de drogue. Formule inhabituelle dans ce genre de trafic, qui intéresse particulièrement Interpol.

Et que s'est-il passé ensuite ? Les nouvelles de l'arrestation d'un truand vont vite, même exécutée avec le maximum de discrétion. Le milieu réagit très vite. On a arrêté X, qui venait de rencontrer Philipp à Kennedy Airport, c'est donc que Philipp est un donneur. Donc on va éliminer Philipp, d'où l'agression dont il se sort par miracle. On peut même dire que si l'opération n'avait pas été tentée dans l'affolement, elle aurait réussi. Et ça c'est au tour de la police à ne pas le savoir, ayant perdu la trace de Philipp depuis son départ de l'hôtel. Après une conférence au sommet, et des accords téléphoniques entre Paris et New York, il a donc été décidé de mettre un agent « en planque » à l'aéroport, car il était évident que Philipp allait repartir. Ordre a été donné à l'agent de le suivre jusque dans l'avion, et de passer le relais à un collègue français à

Orly. Un détail technique, entre autres, motive cette filature d'aussi près. Philipp est inconnu au fichier d'Interpol, et les photos prises de lui à son insu, alors qu'il était encore à Marseille, n'ont pas la qualité des photos anthropométriques... Ensuite la police se doute qu'il s'agit d'un amateur et les amateurs ont des réactions inattendues dont les professionnels se méfient.

Et le professionnel justement, de faction dans le hall d'attente, à cinquante mètres de Philipp, se pose des tas de questions au sujet de son « amateur ». Il a remarqué le visage tuméfié, la démarche raide, et les crispations involontaires de la bouche, tous signes révélateurs de quelqu'un qui souffre. Et il se demande ce qui a pu se passer. Règlement de compte ? Déjà ? Mauvais pour l'enquête ça. Il se pose tellement de questions, le policier, qu'il va d'ailleurs les poser directement à ses chefs, d'une cabine téléphonique, sans perdre Philipp de l'œil. Le voilà rassuré, et nanti de nouveaux ordres.

« S'il monte dans l'avion, montez avec lui sans vous faire repérer comme convenu. Mais une fois en l'air, prenez contact directement, franchement. C'est psychologique. Allez-y d'un coup, proposez-lui le marché.

— Et s'il s'affole ? Il est peut-être armé ?

— Ça nous étonnerait. Ce n'est pas le genre. Prenez-le sur le ton confidentiel mais menaçant. Ne l'arrêtez que s'il y a du grabuge. Pas question de mettre les passagers en danger, mais il devrait marcher. Il doit marcher, c'est peut-être notre seule chance. Si on le met au trou, c'est fichu, les autres ne bougeront plus. »

Voilà les ordres. Et l'avion est là. Les passagers montent, l'escalier s'éloigne, les moteurs ronflent, l'énorme Boeing s'arrache du sol avec bruit. Paris est au bout du ciel, Philipp respire. Les passagers de ce vol-là, ne l'ont jamais su. Ils ne le sauront jamais. Rafraîchissements, musique douce, bavardages. Personne ne s'occupe de ces deux hommes qui parlent à voix basse. L'un a le visage penché, l'autre lui tient le poignet fermement.

« Ecoutez-moi bien. Ne bougez pas. Police, Narcotic Bureau, ma carte. On vous a repéré depuis le début, pas de chance mon vieux, la filière est surveillée depuis des mois. A New York, c'est fini ou presque. Il nous manque l'autre bout à Paris. Ou vous collaborez et on en tiendra compte, vu vos états de service tout neufs, ou on vous arrête à l'arrivée, même ici dans l'avion. J'ai des ordres. Ça fera bien dix ans pour vous mon vieux. La drogue c'est cher ! »

Philipp a compris. Il n'est pas si bête. Et presque soulagé. Il ne tente même pas de protester. De la drogue ! Il s'est fourré dans une histoire de drogue, abruti qu'il était. Alors il raconte l'agression, les cinq mille dollars, sa nuit dans Manhattan. Il raconte parce qu'il est fatigué. Il accepte parce qu'il n'en peut plus, et que c'est la première fois, et la dernière.

C'est psychologique avaient dit les professionnels de la police. Philipp accepte de collaborer, il comprend qu'il n'a pas le choix. A Paris, il reprendra un vol sur Marseille, il retournera à son adresse, et il essaiera de provoquer le contact. C'est dangereux il le sait, tout le monde le sait. Mais il y a un homme quelque part en France, que la police n'a pas encore tout à fait identifié. Il manque une preuve. C'est lui le « gros bonnet » comme on dit. Voilà ce que Philipp va faire.

Le Boeing entre dans le brouillard parisien et amorce sa descente vers Orly. Philipp a peur de nouveau.

« Et s'ils m'ont repéré eux aussi ? Qui vous dit que dans l'avion il n'y a pas un type à eux ? Cette fois ils me descendront c'est sûr !

— Personne. On a vérifié la liste des passagers. Et à Paris, je vous lâche, Interpol a prévenu mes collègues.

Vous êtes libre, ils ne peuvent pas se méfier de vous pour l'instant. Surtout ne changez rien à vos habitudes. On vous dira comment prendre contact. Et n'oubliez pas que vous n'êtes qu'en sursis. Pour l'instant, c'est une collaboration. La justice fera ce qu'elle voudra, après, ça ne nous regarde plus. A vous d'améliorer votre dossier. Peut-être même de le faire oublier complètement, qui sait ? »

Paris, Marseille. Un jour, deux jours, trois, quatre, huit, dix-sept jours de sursis pour Philipp D.

Et puis le suicide de Philipp D. C'est cher pour un voyage à New York. C'est raté pour une collaboration psychologique. Sauf que tout de même, le « gros bonnet » n'y a gagné que quelques mois de sursis, car le « suicide » de Philippe D., c'était quand même une grosse erreur.

VINGT ANS APRÈS

Il y a une chose à laquelle on ne pense pas toujours en jugeant un homme, c'est à son âge. Un assassin de trente ans sera-t-il toujours un assassin à cinquante ans ? Le même assassin ? Non, puisqu'il ne sera plus le même homme. Et c'est une drôle de chose de penser que même le crime vieillit. Dans les dossiers d'Interpol il y a quelques-uns de ces vieux crimes poussiéreux et impunis. Ils ont perdu leur horreur. Ils ne sont plus que des dossiers non classés, mais classés tout de même. Et dans l'un d'eux il y avait une photo. Celle d'un bellâtre, qui voici vingt ans tenait la une des journaux français : chasse à l'homme, photo et empreintes digitales diffusées dans le monde entier, contrôle aux frontières et plus rien. Le temps qui passe et l'oubli.

Or, il y a vingt ans... Léonard Willot regarde défiler le Front populaire en 1936. Il se moque bien des problèmes sociaux. Il ne comprend même pas que l'on puisse crier dans la rue, une pancarte à la main en réclamant du travail et la lumière sur l'affaire Stavisky. Car Léonard Willot est un marginal. Et son terrain d'action c'est le bal musette. Il a l'œil de velours qu'il faut. La raie au milieu sur des cheveux calamistrés, un magnifique costume pied-de-poule, et un feutre mou du plus bel effet. Il ne fréquente ni le grand monde, ni le petit. Il ne côtoie que le monde du milieu. Mais il le côtoie c'est tout. Aucune bande de truands organisés ne peut dire que Léonard Willot travaille pour elle. Aucun gangster ne peut dire qu'il le connaît. Aucun souteneur ne boit l'apéritif en sa compagnie. Aucun policier ne s'en sert comme indicateur. Et pourtant, Léonard Willot a des revenus non déclarés. Pas de profession, et il échappera plus tard aux filets policiers avec une grande facilité. Une étonnante, une curieuse facilité.

Ce soir de juin 1936, donc, Léonard Willot chasse la gourde, dans les bals musette. Il a décidé de ne plus vivre en célibataire. Et il lui faut une gourde. Ce qu'il appelle une gourde, c'est une jeune fille, tendre, jolie, fraîche, naïve et manquant totalement d'expérience sur le plan masculin. Point de ces professionnelles qu'il connaît trop. Point de ces jeunes garçonnes libérées aux cheveux courts. Non. Léonard Willot veut se mettre en ménage en toute tranquillité. Il n'a rien à faire d'une discuteuse, d'une suffragette, ou d'une danseuse de java. Une gourde, c'est une gourde qu'il lui faut, et il en voit une. Elle ne sait pas qu'elle est gourde, car tout dépend de la manière dont on voit les choses. Henriette est une jeune fille tendre, jolie, fraîche, naïve et qui manque totalement d'expérience sur le plan masculin. Dans son milieu, on n'appelle pas cela une gourde. Henriette a été bien élevée par des parents ouvriers, qui sont fiers d'avoir une gentille fille comme elle. Elle est coiffeuse dans un salon des boulevards à Paris. On y apprécie sa douceur, son talent à frisotter les cheveux des dames, et elle est si jolie, si patiente. Dans ce bal musette du samedi soir, Henriette est une proie toute désignée pour Léonard Willot, qui fait son œil de velours pour demander :

« Vous venez souvent ici ? »
Qui se fait enveloppant pour insinuer :
« Vous habitez chez vos parents ? »
Qui se fait désarmant pour susurrer :
« Je n'ai jamais rencontré une femme comme vous. »
La statistique l'a démontré, il suffit de traiter une jeune fille de « femme » pour qu'elle ait envie de le devenir, donc de succomber. C'est ainsi, à peu de chose près, que la jeune Henriette tomba dans les vilains bras de Léonard Willot en 1936. On pourrait s'étonner qu'un individu aussi louche et indéfinissable que Léonard Willot se consacre à une femme et à une seule, au point de l'épouser. Il suffit de voir la suite pour ne plus s'étonner du tout. Léonard Willot a tout simplement décidé de faire de sa femme une prostituée travaillant pour lui. Ainsi, pas d'ennuis avec la police, pas de problème de domicile, une petite industrie artisanale, sans frais généraux. La pauvre Henriette n'y a rien compris, et deux mois après son « mariage d'amour » avec le beau Léonard, elle a encore du mal à comprendre.

Alors commence une ronde infernale qui va durer deux ans. Henriette est battue, elle se sauve, Léonard la rattrape. Il va la chercher partout, chez ses parents, ses amis. Il la ramène par les cheveux, lui tape dessus à coups de matraque, il va même jusqu'à menacer ses parents d'une carabine, si on ne lui rend pas sa femme. Les parents déposent plainte, mais la police a autre chose à faire. Et puis Henriette doit vivre avec son époux au domicile conjugal, c'est la loi. Comment se défendre à l'époque ? En 1936 pas de M.L.F. pas de Libération de la femme, pas d'association des femmes battues. En 36, une femme comme Henriette se débrouille ! Alors Henriette utilise l'astuce des faibles. Puisque son mari veut la prostituer, elle va céder, et se faire prendre en flagrant délit pour le dénoncer comme souteneur ! Léonard va donc en prison pour quelques mois, et Henriette respire. Mais elle en profite pour tomber amoureuse. C'est pour elle une rencontre inespérée : un diplomate hongrois. Un homme bien né, calme, fortuné, séduit par le charme triste de cette jeune Française. Il lui fait une cour discrète. Elle n'ose pas parler de son époux en prison, et il la croit divorcée. Henriette à vingt-deux ans rêve d'une autre vie. Mais vient le soir du 19 novembre 1938 : Henriette a accepté de dîner avec son diplomate, le cœur chaviré d'avance. Elle est redevenue malgré ses expériences brutales, une petite jeune fille naïve. Tout est beau, comme au cinéma. Le diplomate a envoyé une boîte d'orchidées. Henriette met sa plus jolie robe et sort de chez elle, ce 19 novembre 1938, à huit heures du soir. Mais chez elle, c'est encore le domicile conjugal. Et tandis qu'elle appelle un taxi, une ombre guette sur le trottoir d'en face. Elle ne la voit pas. Elle ne se méfie pas. L'horrible Léonard est en prison. Elle est en sursis de bonheur. Le taxi la dépose devant un grand restaurant des boulevards. Elle ne voit toujours pas l'ombre qui descend d'un autre taxi. Il est vingt heures trente, le diplomate a baisé la main d'Henriette, il a commandé du champagne, et fait sa demande de mariage, dans les règles de la courtoisie et du romantisme le plus absolu. Le maître d'hôtel jette un œil attendri sur la table neuf. Il raconte, en cuisine, que le client a sorti une petite boîte de sa poche, et a glissé au doigt de la jeune femme un brillant somptueux qui l'a fait pleurer d'émotion. C'est joli, c'est réconfortant, et tout le personnel du restaurant s'en souviendra.

A vingt et une heures, le maître d'hôtel apporte le dessert, et se penche pour servir, un bon sourire aux lèvres. Personne n'a vu entrer une silhouette sombre en pardessus, mains dans les poches. Léonard Willot, libéré de prison à six heures du soir, se plante devant la table neuf, à vingt et une heures trente, ce 19 novembre 1938. Il sort de sa poche un revolver, l'appuie sur la poitrine de la jeune femme, tire trois fois, et disparaît. La scène a duré quelques secondes. Henriette a eu le temps de crier : « Léonard, non ! » Elle est morte, touchée au cœur par la deuxième balle. Chasse à l'homme, photo et empreintes digitales sont diffusées à toutes les frontières en quelques heures, pour rien. Léonard Willot disparaît pour vingt ans. Il est condamné à mort par contumace et son dossier dort dans les archives de la police française, orné d'une photo, celle de l'avis de recherches.

On y voit un bellâtre de trente ans, aux cheveux calamistrés. L'œil genre Rudolph Valentino. Et on l'oublie d'autant plus facilement qu'on est en 1939. D'autres assassins préoccupent le monde.

En 1956 à Montréal : un grand hôtel de luxe. Dans ce grand hôtel de luxe, le bureau du propriétaire, M. Lucien Lebrun. C'est un quinquagénaire aux cheveux grisonnants, dont l'estomac est aussi rond que le compte en banque. M. Lucien Lebrun a le front dégarni, une petite moustache d'homme d'affaires et des lunettes d'écaille. Il porte smoking et nœud papillon. C'est un homme honorable. Très honorable. Extrêmement honorable. Sa vie est ouverte. On sait qu'il a fait fortune dans une mine d'or du Canada. Non pas en cherchant de l'or, mais en ouvrant tout simplement une cantine pour chercheurs d'or. Puis un hôtel, bar, restaurant pour chercheurs d'or arrivés. M. Lebrun est un homme d'affaires, pas un aventurier de pelle et de pioche, et les banquiers lui font confiance. M. Lucien Lebrun n'a qu'un problème, et c'est une jolie femme. Il l'a rencontrée cinq ans auparavant, et lui a offert une vie de princesse. Fourrures, bijoux, appartement de luxe, elle a tout, il lui promet et lui donne tout, sauf le mariage, qu'elle réclame à cor et à cri. Et pourtant, il est amoureux, terriblement. Mais chaque fois qu'elle parle mariage, il détourne la conversation. Aujourd'hui en cette fin d'année 1956, M. Lucien Lebrun fait entrer dans son bureau directorial, un nouveau souci. C'est un jeune inspecteur des Impôts, une espèce de fouineur plein de zèle qui semble mettre en doute ses déclarations de bénéfices pour les cinq dernières années écoulées. Or, M. Lucien Lebrun est un homme d'affaires ni plus ni moins dissimulateur que les autres. Cela veut dire que sur le conseil de son avocat, il a évité de déclarer au fisc quelques broutilles sans importance, dont le réajustement ne devrait pas aller plus loin qu'une légère amende. Mais le jeune inspecteur des Impôts, parce qu'il est jeune justement, s'est mis en tête de dépouiller minutieusement la fortune des quelques milliardaires que l'opinion publique canadienne considère comme des profiteurs de guerre. Dans les années 50, au Canada comme en France, on a tendance à soupçonner tout homme ayant fait fortune dans les années difficiles, d'être un profiteur de guerre.

Le plus extraordinaire pour l'instant, est que la fortune de Lucien Lebrun ne doit rien à une « combine » de ce genre. Il est vrai que Lucien Lebrun est un homme honnête, dans la mesure où il a réalisé des bénéfices à force de travail, d'astuce et de sens des affaires. Normalement donc, la conversation entre l'inspecteur des Impôts et Lucien Lebrun devrait être claire et l'enquête devrait conclure à un simple réajustement, ce qui arrive tous les jours. Mais Dieu sait pourquoi, l'attitude de cet homme bedonnant et grisonnant derrière son bureau, paraît curieuse au jeune inspecteur des Impôts. L'homme n'a pas l'air sûr de lui, il étale des papiers, des factures, des dossiers, des livres de comptes, avec une aisance suspecte. D'autant plus suspecte que le numéro de son registre du commerce semble surgir du néant au début de l'année 39.

Où était-il auparavant ? Dans une petite ville du Canada, dit-il, où ses parents sont morts et où il a fait quelques études dans un collège dont curieusement il ne se souvient pas du nom. Or, par coïncidence, le jeune inspecteur des Impôts est lui-même originaire de cette ville, il y a fait ses études, et il comprend mal qu'on ne se souvienne pas du nom de l'unique collège qui porte le nom fort connu au Canada et pour cause de Jacques Cartier. Alors le jeune inspecteur des Impôts rentre dans son ministère, et non content d'avoir attribué à M. Lucien Lebrun une légère amende pénale de quelques milliers de dollars canadiens, le voilà qui entreprend de vérifier l'identité de son client. Surprise ! Un Lucien Lebrun est bien né dans la ville en question, où il a vécu fort peu de temps, puisqu'il est mort à l'âge de cinq ans sans avoir eu le temps, bien entendu, de faire fortune et de payer des impôts. Le richissime Lucien Lebrun propriétaire d'une chaîne d'hôtels à Montréal, a donc emprunté cette identité pour des raisons que la police canadienne ignore et dont elle ne s'est jamais doutée.

L'homme parlant correctement le français nettement teinté d'accent parisien, il vient à l'idée de la police canadienne qu'il pourrait s'agir d'un réfugié politique, ou d'un collaborateur évadé de France, avant, pendant ou après la guerre. On consulte donc à Montréal l'ambassade de France, et c'est ainsi que d'administration en administration, la photo, les empreintes digitales de Lucien Lebrun, cinquante ans, homme d'affaires canadien, arrivent un jour dans les bureaux d'Interpol, et vont rejoindre un dossier poussiéreux vieux de vingt ans, celui de Léonard Willot, assassin en fuite, condamné à mort par contumace en 1938. Les autorités canadiennes font droit à la demande d'extradition formulée par le gouvernement français et Lucien Lebrun, arrêté, retrouve la France le 7 novembre 1956 pour y être jugé vingt ans après la mort de sa femme Henriette. Les témoins ont disparu, balayés par la guerre, les parents de la jeune femme sont morts, le diplomate hongrois, témoin principal du meurtre, est introuvable de l'autre côté du rideau de fer. Léonard Willot est donc seul devant des juges, quelque peu déconcertés d'avoir à juger le crime d'un jeune souteneur de trente ans, transformé en quinquagénaire apparemment inoffensif.

Effectivement, l'accusation ne se base que sur les procès-verbaux d'interrogatoires des témoins absents. Il y a vingt ans, une amie de la jeune Henriette affirmait qu'elle avait été témoin de menaces de mort. Il y a vingt ans, les voisins affirmaient que Léonard contraignait Henriette à la prostitution. Il y a vingt ans, le maître d'hôtel du grand restaurant sur les boulevards, avait vu précisément les gestes du meurtrier. Aujourd'hui en 1956, tout cela a l'air d'une vieille histoire, d'un vieux roman sordide, et Léonard Willot reprend courage au fur et à mesure des débats. Il croit avoir trouvé un système de défense imparable.

« Monsieur le président, dit-il, il s'agit d'un crime passionnel, j'étais jaloux ! Elle me trompait ! J'avais sorti cette fille du ruisseau et des maisons closes, j'en avais fait ma femme ! Elle m'avait fait condamner injustement, je n'ai songé qu'à me venger. Ce soir-là, son amant était armé, quand il m'a vu il a sorti un revolver et j'ai tiré par réflexe. C'est un accident ! J'étais jaloux mais je n'avais pas l'intention de tuer ! Il m'a provoqué ! Henriette est morte à cause de lui. »

Mis à part ce plaidoyer malhonnête, Léonard Willot comptait également sur le talent de deux des plus grands avocats parisiens, spécialistes du crime passionnel, dont il avait les moyens bien entendu de s'offrir les services. Or il se passa une chose étrange ce jour-là, aux Assises de Paris. Il se passa que les douze jurés ne crurent pas un seul des arguments ni une seule des pleurnicheries de Léonard Willot. Sous l'apparence de ce petit-bourgeois honorable à la larme facile, les douze jurés virent clairement, distinctement, se dessiner la silhouette de l'ancien bellâtre, veule, lâche, calculateur et méprisable. Ils ne se laissèrent pas tromper par son faux air de retraité accablé par un retour de manivelle imprévisible, et ils furent aidés en cela par un mystère : il y a vingt ans, Léonard Willot avait réussi une évasion spectaculaire. Comment avait-il échappé au contrôle de frontière ? Comment avait-il échappé à la diffusion immédiate de son signalement sur tout le territoire ? Comment, libéré de prison le jour même de son meurtre, sans argent et sans amis, prétendait-il, comment avait-il trouvé une arme pour tuer, de l'argent pour disparaître, comment ?

A tous ces « comment », Léonard Willot n'apportait aucune réponse. Il parlait de chance, de voyage clandestin sur un bateau, dans un port sans donner de noms, ni de précisions, avec un air d'en savoir plus. Et les douze jurés n'aimaient pas ça. Ils avaient nettement l'impression de ne découvrir qu'un minuscule coin du voile. Cette disparition miraculeuse, en bref, leur paraissait trop chanceuse pour être honnête. D'ailleurs, sur une question précise formulée par l'accusation : « Avez-vous bénéficié de complicités ? » Léonard Willot baissa sa tête grise, retira ses lunettes, les essuya d'un air satisfait et répondit : « Ce sont des complicités dont on ne parle pas. »

Malheureusement, on n'en sut pas davantage, car pour la justice ce n'était après tout qu'un détail. Léonard Willot condamné à vingt ans de travaux forcés a peut-être fini ses jours en prison. Peut-être a-t-il été libéré pour bonne conduite. Peut-être est-il aujourd'hui un vieillard retraité, dans son Canada d'adoption. Mais il a échappé ainsi à une sanction beaucoup plus grave, celle du tribunal militaire. Car évadé en 1938 il n'avait pas répondu à la mobilisation de 39, bien sûr, et la justice militaire elle, le recherchait pour désertion devant l'ennemi. Or, même vingt ans après, pour les militaires et vu le passé de Léonard, c'était la peine de mort.

Mais, lorsque les autorités militaires réclamèrent Léonard Willot aux autorités civiles en 1956, il leur fut répondu par une note de service : « C'est nous qui avons réclamé l'extradition, c'est nous qui avons retrouvé cet homme, c'est nous qui allons le juger, vous, vous n'y avez pas droit. Il fallait arriver avant nous. » L'Administration est intraitable.

LE CHIRURGIEN
AUX MAINS BLANCHES

On a tendance à considérer dans notre vieille Europe que tout ce qui est extraordinaire se fait en Amérique. Depuis Christophe Colomb, les plumes des Indiens et Hollywood, l'Amérique est restée le pays des grandes merveilles comme des grandes horreurs. Elle ne nous a que rarement déçu, il faut bien le dire.

Et même si l'énergie de l'Amérique se dégrade un peu, en même temps que son dollar, nous ne voulons pas le savoir. Aux Amériques il se passe des choses qui ne se passent pas chez nous. C'est convenu.

Un exemple : Harvey Consentius J. Stoneley... Personne en Europe ne s'appelle Harvey Consentius J. Stoneley, d'abord. L'individu européen se contente de moins en général. Cet homme-là est né d'une mère mexicaine, elle-même issue d'un mélange d'espagnol et d'indien. Et également d'un père américain, lui-même dérivé de philippin et de new-yorkais. Un tel produit sur le plan ethnologique serait irréalisable chez nous. En Amérique c'est un Américain moyen.

Au début de son ère, Harvey « etc. », courait dans les rues de New York, et ne promettait guère de devenir ce qu'il est. C'est-à-dire un chirurgien réputé et riche à millions. Il l'est pourtant devenu indiscutablement en 1955.

Les preuves de sa réussite sont au bas de ses notes d'honoraires, elles sont au bord de sa piscine en Californie, dans le jardin de sa maison mexicaine, sur la terrasse de son appartement new-yorkais, dans le regard des femmes qui le croisent. De la pointe de ses cheveux argentés, à celle de ses souliers, Harvey Consentius J. Stoneley est un symbole de la réussite individuelle, à l'américaine. Petit médecin accoucheur, après ses études il a choisi ensuite la clinique esthétique, beaucoup plus rentable. Ses clientes l'appellent « l'homme aux mains blanches ». Ces mains-là sont en effet très blanches, fines, extrêmement habiles à raccourcir le nez, débrider les yeux, arrondir les poitrines, sculpter la cellulite et effacer les rides. Harvey Consentius J. Stoneley, à cinquante ans, n'a aucun mal à séduire les femmes.

Il est bel homme, mais il est surtout capable de rendre belle à peu près n'importe quelle femme. A peu près, car il s'agit d'argent bien entendu. Il n'est pas le seul aux Etats-Unis, où la chirurgie esthétique a fait des progrès considérables. On peut même dire que dans une certaine mesure, la chirurgie dite de réparation, pour les grands brûlés par exemple, a bénéficié de cette vague d'esthétique, fleurie dans les années 50. C'est à qui se fait refaire le nez, couper le menton, ou rattacher les oreilles. Ces divers complexes coûteux à recoudre ont quand même permis de faire quelques progrès et si Harvey n'est pas le seul aux Etats-Unis, il n'en est pas moins rempli de talent, en ce domaine.

Voilà bien des années qu'il n'accouche plus les femmes. Cette basse besogne était bonne pour ses débuts. Et il faut lui reconnaître une grande intelligence, pour avoir brillamment passé entre trente et quarante ans, toutes les spécialités nécessaires à la chirurgie, alors qu'il n'y était pas préparé.

De tout cela, il ne parle guère d'ailleurs. Harvey préfère oublier son passé médiocre pour la fréquentation du bottin mondain de New York ou de Mexico. Dans sa merveilleuse villa, au bord de sa merveilleuse piscine, le docteur Harvey reçoit quelques amis.

Il y a là, la jeune femme d'un homme politique, qui hier encore abordait la cinquantaine, et promène aujourd'hui un visage sans rides et sans âge. Un couple d'industriels, un acteur de cinéma en rupture de succès, une comtesse quelconque, dont le nez, cent fois raboté, ressemble à celui de son pékinois, et une dizaine d'autres personnes, avocats, propriétaires d'haciendas, etc. C'est une sorte de garden-party, où chacun s'ennuie avec élégance. Le docteur Harvey, impeccable dans son smoking blanc, ses deux mains blanches posées sur les épaules de sa compagne du moment, est le point de mire de la fête. Et la plupart des femmes papillonnent autour de lui, dans l'espoir d'un vague conseil antirides.

L'une d'elles pourtant ne participe pas à ce déploiement bavard. Elle guette le moment d'aborder en particulier le docteur Harvey. Mais ce n'est pas à propos de ses rides. Mme Coraces porte son âge comme elle a toujours porté sa vie. Avec morgue et distinction. C'est une femme d'un certain âge, au visage mat encadré de cheveux noirs. Elle et son mari sont de riches propriétaires terriens, et leur maison est voisine de la villa du docteur Harvey.

« Harvey, accordez-moi cinq minutes, mon cher, je voudrais vous parler de quelque chose de grave. »

Mme Coraces a prononcé cette phrase, les dents serrées, et en souriant à la cantonade. Car il est très important pour elle, que personne ne se doute de la démarche qu'elle va tenter. Donc, prenant l'air de bavarder de chose et d'autre, elle entraîne le docteur Harvey à l'écart, de l'autre côté de la piscine et va droit au but.

« Harvey, vous connaissez ma fille Isabelle. Cette petite idiote est enceinte ! »

Le docteur Harvey compatit élégamment.

« Je suppose que vous allez devoir la marier très vite, chère amie.

— La question n'est pas là. Isabelle ne sait même pas qui est le père !

— Ah ! bon ?

— Deux flirts en même temps ! Et bien entendu aucun des deux digne de faire un mari. Des traîne-savates !

— Et que puis-je faire pour vous aider ?

— La faire avorter, c'est la seule solution.

— Mais, chère amie, ce n'est pas mon métier, il y a certainement parmi mes confrères...

— Il n'en est pas question. La chose se saurait dans les minutes qui suivent, et Isabelle est fiancée, il n'est pas question que ce mariage rate.

— Et le fiancé ne peut pas endosser cette paternité ?

— Impossible. D'ailleurs il est incapable de tricher dans tous les sens du terme. Il ne connaît Isabelle que respectueusement, et elle est enceinte de quatre mois !

— Evidemment. Mais de toute façon, c'est bien tard, il aurait fallu intervenir plus tôt !

— Je sais. Et justement vous êtes le seul capable de faire cette opération. Sans risques et avec toute la discrétion nécessaire. Je paierai ce qu'il faudra. Faites-la entrer dans votre clinique nous dirons qu'il s'agit d'une cicatrice à faire disparaître, n'importe quoi.

— C'est impossible voyons, je ne fais pas d'avortements.

— Harvey, vous mentez, ne jouez pas au plus fin

avec moi. Je sais qui et quand est passé dans votre clinique pour les mêmes raisons. Combien ?

— Je prends des risques, et elle aussi. A quatre mois, ce n'est plus une opération simple.

— Justement, combien ?

— Mille dollars.

— Quand ?

— Demain matin. Chaque jour compte. »

On peut bien sûrement se demander pourquoi, le docteur Harvey Consentius J. Stoneley, riche à millions, accepte de pratiquer ce genre de choses même pour mille dollars. Il n'a guère besoin de cet argent. Et pourtant ce n'est pas la première fois, ni la dernière. Mais peut-être a-t-il le sentiment d'être le maître de cette microsociété. En refaisant les nez qui ne conviennent plus, en supprimant les enfants qui ne conviennent pas. En étant le dépositaire de tous les petits et grands secrets de ses semblables, peut-être prend-il une revanche sur un passé médiocre.

Mme Coraces, de toute façon s'en moque. L'essentiel est que sa fille Isabelle reste bonne à marier, et ne détruise pas l'association financière complotée entre sa famille et celle de son futur époux. Nous sommes au XXe siècle en Amérique du Sud, mais ce XXe siècle-là ressemble étrangement au XIXe siècle de notre vieille Europe. Le lendemain donc, comme prévu, à huit heures du matin, Mme Coraces et sa fille Isabelle pénètrent dans la clinique du docteur Harvey, le chirurgien aux mains blanches. Isabelle est un peu pâle. Sa vie de jeune fille riche et insouciante ne l'a guère préparée à ce genre d'épreuve. Elle a la lâcheté, la peur physique devant le mal, des gens habitués au confort et à l'égoïsme. Elle a dix-neuf ans. Dieu sait pourtant que la clinique du docteur Harvey est un modèle de confort. Alors, Mme Coraces mère pousse légèrement sa fille par les épaules. Il n'est plus temps de reculer. Il fallait y penser avant, dit-elle. Et Isabelle disparaît dans la salle d'opérations, où par mesure de discrétion, le docteur Harvey fera seul, l'anesthésie et seul l'opération. Autrement dit, il est le seul dépositaire de ce mensonge mondain.

Depuis bientôt une heure, Mme Coraces attend. Mais la porte de la salle où opère le docteur Harvey est toujours close. La mère tourne en rond dans le bureau climatisé du médecin, puis décroche le téléphone sur le bureau et appelle son mari. Elle n'est pas véritablement inquiète. Elle avait simplement demandé d'envoyer le chauffeur à midi, et s'inquiète de savoir s'il n'a pas oublié. Rassurée sur ce point, elle raccroche. Son objectif essentiel est de rester le moins possible à la merci des ragots ; d'emballer sa fille comme un paquet, et de l'enfermer à la maison jusqu'à complet rétablissement. Point d'attendrissement, ni de câlins. Pas de remontrances non plus. De l'efficacité.

Mme Coraces est-elle un monstre ? Pas du tout. Sinon un monstre d'inconscience. En effet, car une heure de plus s'étire, avant que le docteur Harvey ouvre la porte de la salle d'opérations. Deux heures pour un avortement c'est beaucoup. Cela suppose des difficultés, ou des complications. Mais le docteur est calme, ses longues mains blanches dissimulées par des gants de caoutchouc, sa blouse impeccable. Il est calme, à peine ennuyé.

« Chère amie, je crains des complications. Je viens de demander une ambulance, pour faire transporter Isabelle à l'hôpital.

— A l'hôpital ? Mais c'est de la folie ! Tout le monde saura pourquoi elle y entre...

— Chère amie, il y a des limites à tout. Je ne veux pas risquer la vie d'Isabelle. Or, pour l'instant, c'est le cas. Je ne suis pas suffisamment équipé en réanimation. Le cœur flanche. Il m'est impossible de prendre seul une telle responsabilité. Comprenez-moi, ce serait la fin de ma carrière, et l'accident pour Isabelle. D'ailleurs, j'ai donné des ordres, l'ambulance est déjà partie. Je me doutais de votre réaction, mais rassurez-vous, j'ai mon idée.

— Qu'allez-vous faire ?

— La laisser à l'hôpital le temps de juguler le danger. Vingt-quatre heures pas plus. Ensuite, je la ferai transporter chez moi à New York.

— A New York ? En voilà une idée, et pourquoi ?

— Je ne vous ai pas tout dit. Une infection s'est installée. Je l'ai découverte en opérant. Elle risque gros. Alors dès que l'hôpital aura fait les premiers soins d'urgence, je la prends chez moi pour la suite du traitement. Elle partira avec moi, n'ayez crainte. Et si vous ne voulez pas de remous, ne vous manifestez pas. Confiez-la-moi, en toute sécurité. Je vous la rendrai dans trois semaines au plus tard, toute neuve. »

C'est ainsi que Mme Coraces quitte la clinique du docteur Harvey, dans sa Cadillac avec chauffeur, sans plus se poser de questions sur le sort de sa fille, sans même l'avoir vue, sans même s'inquiéter, le lendemain, ni le surlendemain. Pourvu que personne ne sache, c'est l'essentiel et personne ne saura, si elle n'a pas l'air de savoir non plus !

Le docteur Harvey, lui, quitte le Mexique. Officiellement il va s'occuper de son cabinet new-yorkais. Et nul ne s'inquiète de le voir annuler ses rendez-vous. Les nez, les rides et les mentons attendront son bon vouloir.

Quinze jours passent, trois semaines, puis un mois ! Un mois avant que Mme Coraces décroche enfin son téléphone et appelle à New York le cabinet du docteur Harvey Consentius J. Stoneley.

« Votre fille ? Mais je ne l'ai pas revue ! Elle m'a quitté, voyons, il y a une dizaine de jours environ. Tout allait bien. Mais si, mais si, je vous assure, chère amie, aucun problème, aucun. »

Mme Coraces raccroche, perplexe. Isabelle n'est pas du genre fugueur. Isabelle a trop besoin de son environnement naturel. Pourquoi n'a-t-elle pas téléphoné ou écrit ? Partie depuis dix jours ! C'est insensé ! Où est passée cette gamine ? Que raconter au fiancé, à la famille du fiancé, aux amis ? L'histoire de la petite cicatrice a fait long feu. Et d'ailleurs il n'est pas question d'inventer autre chose. Mme Coraces tient donc un conciliabule avec son époux, d'où il ressort qu'un voyage à New York s'impose. Leur premier point de chute est bien évidemment le cabinet du docteur Harvey. Il est vide. Une plaque sur la porte c'est tout. Plus de secrétaire, plus de téléphone, le docteur Harvey a disparu. Disparu aussi de son appartement de luxe. Et il n'a pas reparu au Mexique. Et que pense Mme Coraces ? Que sa fille est morte ou en danger ? Que cette disparition du médecin est par trop étrange ? Qu'il faudrait prévenir la police ? Point du tout. Mme Coraces pense, imagine, se convainc d'une seule chose, qu'elle est victime d'un scandale de plus ! De toute évidence, cette petite gourde d'Isabelle s'est enfuie avec le docteur Harvey ! A six mois de son mariage avec la plus grosse fortune disponible à l'horizon des Coraces, la sale gamine a fugué avec son avorteur ! Voilà ce que pense la mère d'Isabelle.

C'est pourquoi tant de temps s'écoule avant la découverte de la vérité. Et c'est pourquoi Mme Coraces, et la police, ne sont pas du tout à l'origine de cette découverte.

Le docteur Harvey, lui, est en Europe. Avec une bonne partie de sa fortune, et il a déjà ouvert un cabinet prometteur en Suisse. Il est accompagné d'une jeune et jolie femme, et ce n'est pas Isabelle. Quatre mois après l'intervention pratiquée sur cette dernière, dans sa clinique mexicaine, un plombier fait une constatation étrange. Hernando Salides, le plombier, est un brave père de famille. La directrice de la clinique l'a appelé pour remettre en état le cabinet de toilette attenant au bureau du docteur Harvey. Elle s'est aperçue que les conduits étaient bouchés. Cela n'a rien d'urgent, puisque le docteur n'est pas là, et que le cabinet en question ne sert qu'à lui. Mais en prévision d'un retour du docteur, et de la reprise de ses activités, il convient de remettre les choses en état.

Hernando Salides, le plombier, entreprend d'examiner l'installation et s'aperçoit qu'il faut démonter tous les conduits d'écoulement pour comprendre ce qui se passe. Et il démonte. Et il comprend vite. Et ce qu'il voit, ce qu'il découvre, est beaucoup trop horrible pour le décrire en détail. C'est ce qu'il reste d'Isabelle et de ses dix-neuf ans. Il fallait la technique d'un chirurgien, pour découper un corps avec autant de minutie. En si petits morceaux. Et il fallait la bêtise d'un criminel prétentieux, pour penser que les égouts feraient disparaître entièrement la victime. Un chirurgien est souvent un très mauvais plombier.

Que s'était-il passé ? *A priori*, Isabelle avait succombé à une opération d'avortement trop tardive, et le chirurgien s'était affolé, par peur d'un scandale. Mais pas trop affolé pour entamer, dans la salle d'opérations et dans le cabinet proche, un découpage monstrueux et précis de médecin légiste. Et ce, à dix mètres à peine de la mère d'Isabelle, qui attendait dans son bureau, le retour de sa fille. Il faut un sang-froid de serpent pour ce genre d'acte. Deux mois après cette découverte et l'identification du corps, Interpol localisait en Suisse le chirurgien aux mains blanches, et les Etats-Unis demandaient son extradition.

Mais le docteur Harvey Consentius J. Stoneley bénéficia de la liberté sous caution de cinquante mille dollars. Il s'installa à Indianapolis et, en attendant son procès, se lança dans les affaires. Deux ou trois ans passèrent. Et vint l'heure de payer. Le procès dura quarante-huit heures. Le chirurgien aux mains blanches plaida d'abord non coupable. Puis, sur les conseils de l'un des plus grands avocats new-yorkais se décida à plaider coupable, pour meurtre au second degré. C'est-à-dire homicide involontaire. Ce qui pour l'observateur est déjà plus satisfaisant. Mais ce qui ne l'est pas vraiment c'est le verdict : dix ans de réclusion, trois années de remise de peine, donc sept ans de prison pour avoir découpé une jeune fille de dix-neuf ans, selon les règles de l'esthétique du chirurgien aux mains blanches. On a l'impression d'avoir un peu les mains sales, à ce tarif.

FORTUNATO
PREND SA RETRAITE

CORTINA D'AMPEZZO est une station touristique, c'est une affaire entendue, dans les dépliants d'agences de voyage. C'est beau, c'est riche, et on y passe des vacances délicieuses. Mais le touriste ne trouvera sur aucun dépliant le merveilleux site que voilà : « Notre asile de vieillards, sa chapelle, son cimetière »... Cela n'intéresse d'ailleurs pas les touristes. Cela n'intéresse que les vieillards et il faut reconnaître le côté démoralisant de la chose : l'asile, la chapelle, le cimetière. Comme le chemin de croix inévitable.

Et Fortunato est démoralisé. Fortunato a quatre-vingt-onze ans, et sa famille vient de lui conseiller gentiment de s'offrir un petit séjour à l'asile, car il devient trop encombrant, trop capricieux. Un nouveau-né a besoin de sa chambre. C'est en tout cas la raison officielle. Voilà pourquoi Fortunato Cristovitch, Italien, né en Autriche, d'origine russe, et vieillard de surcroît, est démoralisé car de toutes les fenêtres du dortoir de l'asile, on a une vue imprenable sur le cimetière. La certitude de n'avoir qu'un court chemin à faire pour dormir de son dernier sommeil, n'a rien de réconfortant en soit. Et Fortunato, à quatre-vingt-onze ans, ne se sent pas vieux. La vie est toujours aussi belle, il a toujours autant d'appétit, l'œil clair et la jambe alerte. Seulement voilà. Il n'a pas d'argent, et un vieillard sans argent ne peut aller qu'à l'asile. Le voilà donc à l'asile, maugréant comme un gamin mécontent.

« C'est sale, y'a que des vieux, mon lit n'est pas dans le bon sens, je suis sûr que vous mettrez du lait dans mon café, qu'on mangera de la bouillie et de la compote, je déteste ça ! et je veux une armoire pour moi tout seul ! »

La mère supérieure, mère des Anges, est une directrice remarquable. Elle a par contre la fâcheuse habitude de traiter les vieillards comme des bambins de cinq ans.

« Eh bien, eh bien, nous n'allons pas faire une colère n'est-ce pas ? Nous allons être sage, et remercier Dieu de nous accueillir dans cette petite communauté, où nous nous ferons des amis. Vous verrez. Allons, nous allons prendre une bonne douche, et nous mettre au lit bien gentiment. Le docteur viendra voir si tout va bien. »

Pauvre mère des Anges. Elle ne peut pas savoir à qui elle a affaire. Et elle qui craint tant le diable, va faire sa connaissance. Car Fortunato c'est le diable, et il n'a pas du tout envie de prendre sa retraite à quatre-vingt-onze ans.

Bon gré, mal gré, il est passé par la douche, on lui a offert une jolie camisole, et intimé l'ordre de se mettre au lit, en attendant le médecin. Une infirmière l'aide à s'installer, et le vieillard grogne :

« Mais je ne suis pas malade !

— Bien entendu vous n'êtes pas malade, mais c'est le règlement !

— Quand est-ce qu'on mange ici ?

— Vous dînerez à six heures du soir, coucher à sept heures, extinction des feux à huit heures.

— Quelle heure est-il ?
— Cinq heures.
— J'ai faim, je veux manger.
— Allons grand-père, soyez raisonnable !
— Ah ! ne m'appelez pas grand-père, hein ! Non mais qu'est-ce que ça veut dire. Je ne suis pas un vieillard gâteux. Et je ne suis pas raisonnable, j'ai dit que j'avais faim, et je vais manger, non mais sans blague ! »

Et voilà les débuts de Fortunato, à l'asile de Cortina : un vieillard courant en chemise dans les couloirs, à la recherche de la cuisine, poursuivi par une infirmière affolée. Inutile de préciser que le médecin qui arrive tout de même à l'examiner, ne trouve rien d'anormal dans l'état de santé de ce vieillard alerte. Rien d'anormal en effet, sauf, un œil égrillard. Est-ce normal ? Fortunato a quatre-vingt-onze ans. Il n'est pas interdit à quatre-vingt-onze ans d'avoir l'œil égrillard. Cependant, dans une institution de vieillards, dirigée par des religieuses, servie par des infirmières orphelines et méritantes, c'est ennuyeux à constater. D'autant plus que cet œil égrillard n'est que la face visible de l'iceberg, en quelque sorte. Le médecin, un brave homme de médecin, considère donc qu'il s'agit d'une affaire d'hommes, et n'en fait part à personne, sauf à l'intéressé qui rétorque noblement :

« Je ne suis pas encore mort, et un homme est un homme pas vrai ? »

Quoi qu'il en soit, Fortunato est bien obligé de se plier au règlement minimum : sortie interdite. Interdiction de courir dans les maisons closes. Il faut être un vieillard digne. Et Fortunato s'ennuie.

Le 1er novembre 1961, une vieille dame rejoint la communauté, et en l'apercevant au réfectoire, Fortunato se dit :

« Il ne manquait plus que ça. Ma belle-mère ! »

La tradition veut que gendre et belle-mère soient toujours à couteaux tirés, mais dans le cas de Fortunato, c'est encore pire. Premièrement, sa belle-mère est plus jeune que lui, elle n'a que quatre-vingt-deux ans, et c'est irritant. Deuxièmement, sa belle-mère a toujours raconté à la terre entière, qu'il avait fait le malheur de sa fille. Troisièmement, le deuxièmement est parfaitement exact.

Fortunato, marié et père de cinq enfants, s'est montré mari indigne, père indigne, et même grand-père indigne. Sa pauvre femme en est morte de chagrin. La belle-mère ne lui a jamais pardonné, or la voilà, à deux mètres, mangeant sa soupe de vermicelle au réfectoire de la maison de repos. Le 30 novembre 1961, Anna Scofonato, la belle-mère, rend son âme à Dieu, à l'heure du petit déjeuner. Son passage n'a été que de courte durée.

Fortunato retrouve le sourire. Et Fortunato promène maintenant un œil égrillard sur l'infirmière de service. Elle a vingt-quatre ans, le nez pointu et les jambes maigrichonnes, mais elle a vingt-quatre ans. La vieille Alma Geddina, quatre-vingt-six ans, s'en étrangle d'indignation, en voyant Fortunato faire des ronds de jambe dans les couloirs :

« Vous n'avez pas honte, vieux décati ! »

Mais le 28 décembre 1961, Alma Geddina rend son âme à Dieu, à l'heure du petit déjeuner.

Fortunato et son œil égrillard suivent à nouveau de près la jeune infirmière au nez pointu, lorsque Annibal, un voisin de lit, qui a du mal à marcher, demande gentiment l'aide de l'infirmière pour gagner la salle de repos, lui apporter son journal. La jeune infirmière va jusqu'à distraire quelques minutes de son temps précieux pour lui remonter le moral. Fortunato n'aime pas ça. Il est jaloux. Mais le 17 janvier 1962, Annibal rend son âme à Dieu, à la faveur d'un infarctus, toujours au petit déjeuner.

Anna la belle-mère, Alma, Annibal, trois décès en trois mois, trois cortèges funèbres sur les 500 mètres qui séparent la maison de repos de son cimetière. A vrai dire cela n'inquiète personne. L'âge, n'est-ce pas ! Guido, soixante-dix-sept ans, sollicite à son tour les soins particuliers de l'infirmière au nez pointu. Une piqûre par jour est nécessaire au bon fonctionnement d'un rein défectueux. Fortunato observe d'un œil jaloux ce petit cérémonial. Cela n'a rien de romantique, on s'en doute bien, mais Fortunato aimerait tellement être à la place de ce vieux Guido. Ça l'énerve, ça l'énerve de voir les jolies mains tamponner d'alcool ce vieux derrière ridé ! Mais le 27 février 1962, hélas ! Guido rend son âme à Dieu, à l'heure du café au lait. Pendant ce temps, les affaires de Fortunato n'avancent guère. Il a beau se dépenser en compliments, aligner les entrechats, accumuler les sous-entendus, la jeune infirmière au nez pointu poursuit impassiblement son chemin pavé de vertu.

Elle se dévoue pour Albertino, quatre-vingt-dix ans, que les rhumatismes ont plié en deux. Mais le 6 mars 1962, Albertino rend son âme à Dieu, après le petit déjeuner. Elle soigne Giancarlo, quatre-vingt-six ans, atteint d'eczéma et l'aide à faire sa toilette. Mais Giancarlo rend son âme à Dieu, le 22 avril 1962, après le petit déjeuner. La voilà qui promène Roberto, paralysé, dans les jardins de l'asile. Pas longtemps, car ce pauvre Roberto rend son âme à Dieu le 15 mai 1962. Le malheureux Estevo sollicite à son tour l'aide attentive de la jeune infirmière, ses pauvres yeux ne sont plus ce qu'ils étaient. Estevo les ferme pieusement, et rend son âme à Dieu, le 23 juin 1962.

Par contre, tout va bien pour Fortunato. Bon pied bon œil, premier à table, dernier au lit. Son seul regret, est de ne pouvoir y inviter la jeune infirmière au nez pointu, dont la vertu est décidément un roc. Alors Fortunato décide le grand jeu. C'est l'été à Cortina, et les soirées sont douces, la jeune infirmière accepterait-elle d'accompagner Fortunato, pour contempler le panorama, sur la promenade des touristes ?

« Monsieur Fortunato soyez sérieux. Vous n'avez pas besoin de moi pour vous promener.

— Un homme a toujours besoin d'une jolie femme, Giuseppina, pour se promener. Et pour le reste hein ? Qu'en dites-vous ?

— Oh ! Monsieur Fortunato, vous devriez vous confesser ! »

Et Giuseppina, la charmante infirmière au nez pointu, s'en va consoler un pauvre pensionnaire qui n'a plus de famille et dont c'est justement l'anniversaire aujourd'hui. Gustavo fêtait ses soixante-quinze ans au fond de son lit. A soixante-quinze ans et un jour, le lendemain, Gustavo rendait son âme à Dieu en s'étranglant avec sa tasse de café au lait.

Anna, Alma, Annibal, Guido, Albertino, Giancarlo, Roberto, Estevo, et Gustavo, neuf ! Neuf âmes rendues en quelques mois, à l'heure de la tasse de café au lait.

« C'est bizarre, dit l'infirmière, tout à coup songeuse.

— C'est bizarre », répond le médecin, qui cette fois hésite à délivrer le permis d'inhumer, demande une autopsie, et l'analyse du café au lait. Pour voir, comme ça, sans idée préconçue.

Il est évident que la dernière tasse de café au lait avalée par Gustavo au lendemain de son anniversaire est responsable de sa mort. L'analyse le confirme, c'est du poison. Un insecticide concentré, mélangé à du produit de sulfatage des vignes.

Et les autres ? Les huit autres ? Les huit cafés au lait précédents ! Arrêt cardiaque, avait déclaré le médecin sur le permis d'inhumer ! Le voilà bien obligé, en toute conscience, d'avertir la police, et la police est bien obligée en toute conscience de demander l'exhumation. Qui dit poison, dit assassin : Giuseppina, la jeune infirmière au nez pointu, se voit suspectée par le commissaire de police décidé à mener rondement l'affaire.

« Allez, avouez mon petit. J'en ai vu d'autres des infirmières envoyer *ad patres*, les pensionnaires d'un asile. Pour l'héritage, hein ? Ces vieux qui n'ont plus de famille ? »

Guiseppina cherche dans sa tête désespérément. Et le dénominateur commun à toutes ces morts subites lui apparaît soudain...

« Monsieur le commissaire, c'est Fortunato. J'en suis sûre, il est jaloux. Il ne supporte pas que je m'occupe des autres, il fait des scènes. Et puis, il me fait la cour, c'est un vieux diable.

— Un grand-père de son âge ? Trouvez autre chose, mon petit.

— Je vous jure qu'il m'a fait des propositions. Il a un drôle de regard, il est méchant. Vous pouvez demander à tout le monde, on le déteste. Il ne parle que de « ça ». C'est un sadique ! »

Sans y croire, mais par mesure de précaution, le commissaire demande au fichier de vérifier si le nommé Fortunato Cristovitch a déjà eu maille à partir avec la police. Car en dehors de l'infirmière, il n'a pas de suspect.

Le premier rapport est surprenant : Cristovitch, Fortunato, né en 1869. Déserteur de l'armée austro-hongroise en 14-18, réfugié à Bergame. Condamné à trente ans de prison pour le meurtre d'une femme, meurtre commis en 1908, jugement prononcé à Messine en 1919. Incarcéré, il est un des rares survivants de l'effroyable tremblement de terre qui détruit la ville. Il bénéficie d'une remise de peine pour ne pas avoir tenté de s'échapper en la circonstance. En 1924, il est donc libéré. 1925, condamné pour outrage aux mœurs. 1926, vol à main armée. 1928, viol... Accusation non prouvée, libéré. 1929, tentative de vol. 1930, outrage aux mœurs. 1934, 1935, 1940, 1947, vol, outrage à la pudeur, recherché, recherché, recherché par toutes les polices. Fortunato Cristovitch est fiché à Interpol, avec demande de diffusion rouge pour contrebande active entre le Maroc et l'Italie, susceptible d'être mêlé à la destruction par explosif de deux bateaux dans le port de Tanger. Etc. Au total, presque quarante ans de prison sur quatre-vingt-onze, c'est une bonne moyenne.

Le commissaire ne sait par quel bout prendre le dossier de Fortunato, quatre-vingt-onze ans, assassin, violeur et gangster patenté, réfugié tout bonnement dans un asile de vieillards. Mais le fait est qu'il dispose tout à coup, d'un suspect extraordinaire. Un suspect que ses hommes lui amènent menottes au poignet, un suspect qui vitupère comme un beau diable.

« C'est honteux de maltraiter un vieillard de mon âge ! »

Le voilà vieux tout à coup, et digne. Mais Fortunato ne peut faire illusion. Chapeau, cravate, costume noir, visage glabre, il a bien le visage de ce qu'il est : la bouche est mince, allongée de deux plis amers, le regard est dur et froid. Il a beau avoir quatre-vingt-onze ans, il n'est vieux que de rides.

« Alors grand-père, par quoi on commence ?

— Vous n'avez pas le droit de me traiter de cette façon, je ne suis plus en activité. J'ai pris ma retraite, je n'ai plus longtemps à vivre moi, j'ai le droit de me reposer. »

Fortunato le prend sur ce ton pendant deux ou trois heures, jusqu'au moment où un inspecteur ramène de sa perquisition à l'asile, une boîte de poudre bizarre. Il l'a trouvée dissimulée dans les chaussons de Fortunato, sous son lit. L'analyse révélera le mélange explosif, d'insecticide et de sulfate, dont il arrosait les petits déjeuners de ses victimes.

« Alors grand-père, pourquoi », demande le policier.

Dignement, Fortunato déclare :

« Monsieur, c'est un crime passionnel. Je réclame les circonstances atténuantes. Je suis amoureux de Giuseppina. J'ai supprimé tous mes rivaux !

— Et votre belle-mère ?

— Elle aurait pu révéler mon passé à Giuseppina.

— Et l'autre vieille dame ?

— Elle était jalouse !

— D'accord, Don Juan, à quatre-vingt-onze ans, hein ? L'intrigue amoureuse à l'hospice ! Vous voulez me faire croire que vous êtes gâteux ? »

C'est ce que voulait faire croire Fortunato. Ensuite il s'est rétracté, il a accusé n'importe qui, a mené une vie d'enfer dans sa cellule, tenu une conférence de presse, posé devant les photographes à son procès, rendu les juges à moitié fous, provoqué des interruptions d'audience, et fait s'évanouir Giuseppina de honte en prétendant qu'elle était l'infirmière la plus « sexy » de l'asile.

Un détail supplémentaire figure au procès. Si la famille de Fortunato ne voulait plus de lui, s'il avait échoué à l'asile de Cortina, c'est qu'il tournait de trop près autour d'une petite nièce de quinze ans. Il lui avait tout bonnement proposé de partir avec lui en Amérique.

Condamné à la prison à vie (la belle affaire à quatre-vingt-onze ans), il a réussi une évasion spectaculaire et du plus grand classicisme, en se cachant dans une camionnette de livraison, six mois plus tard. On ne l'a pas retrouvé. On n'ose cependant pas affirmer à l'heure d'aujourd'hui, en 1979, qu'il a rendu son âme au diable. Mais qui sait ?

LES VOYAGES DE M. THU

AUJOURD'HUI M. Thu part en week-end et, comme dit sa concierge, pour un étranger M. Thu est bien discret. Et comme ajoute sa concierge : pour un veuf, M. Thu mène une vie bien rangée. Si l'on demandait à la concierge de M. Thu, par exemple : quel âge a-t-il ? et de quel pays vient-il ? elle répondrait sûrement :

« Quel âge ? Sans âge, entre trente et cinquante, peut-être, allez donc savoir, ces Chinois ça n'a pas d'âge ? »

Et M. Thu aborde les cinquante-cinq ans, et il n'est pas Chinois du tout, il est Malais. M. Thu est né à Sumbava, d'un père hindou et d'une mère japonaise. L'Européen a tendance à confondre tous ceux qui ont les yeux bridés, et à les qualifier de Chinois sans distinction. Si l'on demandait encore à sa concierge de le décrire, elle en serait incapable. Pour elle, M. Thu est petit, et il a les yeux bridés, sans plus. Or, M. Thu a le teint jaune clair et la peau lisse, ni rides, ni barbe. Ses cheveux sont noirs et raides, ses yeux ne sont pas bridés, mais obliques, ses pommettes saillantes, et ses lèvres minces. Ce sont des détails qui ont leur importance sur une fiche de police par exemple. M. Thu parle malais, bien sûr, anglais évidemment, et français en plus, avec un léger zézaiement. Il est de religion bouddhiste, et a fui son pays lors de l'occupation japonaise, pendant la dernière guerre. En France, il est administrateur de société. Ce qui lui laisse du temps de libre. Ce que fait M. Thu pendant ce temps libre, sa concierge croit le savoir. M. Thu peint des éventails, des foulards et des paravents de soie. Il en a offert un à sa concierge. En dehors de cela, il part en week-end. Et si sa concierge savait en quoi consistent les week-ends de M. Thu, elle en aurait la chair de poule. Mais les concierges ne savent pas grand-chose en général, contrairement à une idée reçue.

M. Thu est sur le quai d'une gare, impeccable dans son pardessus bleu marine à col de velours, cravate de soie, chaussures vernies. D'une main, il tient une petite mallette de voyage en cuir noir. De l'autre une boîte de confiseries. M. Thu ne voyage qu'en première classe. Il s'installe dans la voiture à destination de Genève et attend sagement que le contrôleur poinçonne son billet. Il attend ensuite que ses compagnons de voyage aient gagné leurs couchettes, et qu'ils s'endorment à la faible lueur de la veilleuse bleue. Ensuite il se lève, doucement. Il n'a pas quitté son pardessus bleu, ni sa mallette, ni sa boîte de confiseries. Ayant refermé soigneusement la porte du compartiment de première classe, M. Thu inspecte le couloir où, par sécurité, il allume une cigarette à bout doré. Lorsque la voie est libre, il se dirige vers la voiture de deuxième classe, d'une allure tranquille et cherche une place dans un compartiment. Il la cherche avec soin, examinant attentivement les visages de ses futurs compagnons de voyage avant de s'installer poliment sur un siège libre, fait un petit sourire d'excuse et ne bouge plus. Comme dirait la concierge de M. Thu, « c'est fou ce qu'il est poli cet homme-là ». Et ainsi vont les week-ends de M. Thu, depuis des mois, des années peut-être. Du vendredi soir au dimanche : Paris-Genève, Genève-Paris, Paris-Genève, Genève-Paris. Une mallette, une boîte de bonbons, un billet de première, un voyage en seconde.

Etrange M. Thu. Le restant de la semaine, il fréquente assidûment le bureau de la grande société commerciale, où il est administrateur. Il a une secrétaire charmante et respectueuse, avec laquelle il entretient des rapports purement conventionnels. Elise a trente ans, et M. Thu cinquante-cinq. Elle est grande, belle et intelligente, et son patron est petit, jaune et insondable. Il n'est pas question d'idylle entre eux. Jamais au grand jamais Mlle Elise n'a eu à se plaindre de son patron. Il n'a qu'une petite manie agaçante, mais à vrai dire innocente, M. Thu frotte silencieusement ses mains. Il se tient immobile dans son grand fauteuil, son œil oblique n'exprimant rien de précis, et il frotte ses deux mains l'une contre l'autre en dictant. Ce qui énerve Mlle Elise, c'est qu'il ne fait pas de bruit. Ses doigts glissent bien à plat les uns contre les autres, sur toute leur longueur, et sans bruit, comme de la soie. Avec précaution et lenteur. Un geste qui pourrait exprimer la satisfaction, s'il ne durait que quelques secondes. Mais il peut durer des heures, et rien n'est plus éprouvant pour les nerfs. La vie parisienne de M. Thu est réglée comme du papier à musique. A cinq heures tous les soirs, il prend son parapluie, ajuste son chapeau et regagne son appartement. Il salue courtoisement la concierge, et va se plonger dans les délices de la peinture sur soie. M. Thu peint des oiseaux de paradis, des arbres de rêve et des fleurs étranges. Jamais de personnages. Les humains ne semblent pas l'intéresser. A huit heures et demie tous les soirs il gagne un petit restaurant où il dîne en silence. A dix heures, il est au lit. Lundi, mardi, mercredi, jeudi, et vendredi se ressemblent. Une suite de jours feutrés, comme les pas de M. Thu. Jusqu'au week-end Paris-Genève et retour.

Le 30 novembre 1954. Dans un petit hôtel de Genève justement, il arrive quelque chose de tout à fait étonnant, et qui n'a rien à voir avec M. Thu, puisqu'il ne s'agit pas de lui, que ce jour est un lundi, et que M. Thu est à son bureau parisien comme d'habitude. Il est dix heures du matin. L'hôtel est un hôtel correct, d'une vingtaine de chambres, dont quelques-unes donnent sur le lac. Une jeune femme regarde ce lac, de la fenêtre de la chambre douze, l'une des meilleures. Elle est ébouriffée, et frissonne un peu dans sa chemise de nuit, pas très réveillée. Elle s'appelle Christine, elle est française. Une jeune femme de chambre vient de la réveiller et a déposé sur le lit un plateau garni d'un merveilleux petit déjeuner suisse : petit croissant, beurre frais, confitures, toasts grillés, crème fraîche et jus de cassis. Il y a même une rose unique et fraîche dans un vase.

« Bonjour, madame, je vous souhaite une bonne journée.
— Pardon ?
— Je disais bonne journée, madame.
— Qui êtes-vous ?
— La femme de chambre, madame...
— Quelle femme de chambre ?
— Eh bien, la femme de chambre de l'hôtel.
— Ah !...
— Quelque chose ne va pas, madame ? Vous avez bien demandé le petit déjeuner à dix heures ?
— Moi ? J'ai demandé le petit déjeuner à dix heures ?
— C'est marqué sur votre fiche, madame, il y a peut-être une erreur ? »

Erreur ? Comment savoir s'il y a eu erreur ? Christine ne sait même pas où elle se trouve, et ce qu'elle fait là. Elle regarde la femme de chambre d'un air stupide.

« Où sommes-nous ?
— Mais à l'hôtel, madame.
— Quel hôtel, dans quelle ville ? »

Croyant comprendre que la nuit a été difficile pour cette jolie cliente, la femme de chambre répond sur un ton uni, qu'il s'agit de l'hôtel « machin » à Genève. Elle ajoute même que le soleil va briller, que la brume sur le lac va se lever, et que Madame n'aura qu'à sonner quand elle pourra faire la chambre. Cela dit, la brave femme prend discrètement la porte, et s'en va conter l'anecdote au patron de l'hôtel qui ne s'en émeut pas outre mesure. Ce en quoi il a tort. Environ dix minutes plus tard, une furie échevelée, en chemise de nuit de dentelle, l'agresse littéralement :

« Appelez la police ! Qu'est-ce que c'est que cette maison de fous ! Qui m'a amenée ici, où sont mes affaires ? Ça ne se passera pas comme ça... La police, je veux la police immédiatement. Escroc ! Voleur ! Je veux savoir ce qui se passe, qui êtes-vous d'abord ? »

Et autres insultes tout aussi étonnantes dans un hôtel de cette catégorie. Scandale. Jamais de mémoire d'hôtelier, le propriétaire n'avait vu une chose pareille. Une cliente en tenue légère, ameutant le monde, réclamant la police à cor et à cri, et ayant l'air de considérer son établissement comme l'antre des pires turpitudes. Il ne se fait guère prier pour appeler la police d'ailleurs, car il en va de sa réputation. Et il conseille à la jeune femme de se couvrir, car il en va de la sienne. On ne reçoit pas un commissaire de police, même suisse, avec cent francs de dentelles transparentes pour tout vêtement !

Lorsque le commissaire Bruner se présente à l'hôtel, accompagné de deux adjoints, il est trop tard pour profiter du charmant spectacle de dentelle, Christine P. a retrouvé sa valise dans l'armoire de la chambre, elle est vêtue de pied en cap, calmée, mais contemple avec angoisse les gens qui l'entourent.

« Que se passe-t-il, mademoiselle, vous avez des ennuis ?

— Je ne sais pas. Je n'arrive pas à comprendre comment je suis arrivée ici.

— Vous avez pourtant rempli une fiche dans la nuit de samedi à dimanche. Il y a tout, même votre numéro de passeport, je peux voir vos papiers, s'il vous plaît ? »

Simple formalité, car les indications portées sur la fiche correspondent exactement aux pièces d'identité de la jeune femme. Le propriétaire de l'hôtel ajoute que Christine P. était accompagnée d'un homme à son arrivée, lequel homme est reparti très tôt le dimanche, après avoir payé la note, et commandé le petit déjeuner pour dix heures. Christine a l'air étonné. Elle tente de rassembler ses souvenirs. Un homme ? Elle était avec un homme ? Elle ? Etrange. Elle se rappelle parfaitement être partie seule de chez elle.

« Vous alliez où ? demande le commissaire.

— Chez mes parents, à Lyon.

— Pourquoi êtes-vous descendue à Genève ?

— Je ne sais pas.

— Où est votre billet ?

— Là, dans mon sac, je suppose. »

Or, dans le sac de Christine P. il y a bien un billet de train, mais un billet Paris-Genève. Alors qu'elle voulait, dit-elle, descendre à Lyon.

« C'est impossible, je l'ai acheté moi-même, dans une petite agence près de mon bureau. J'ai payé un Paris-Lyon.

— Essayez de vous souvenir. Vous n'avez pas eu un accident, reçu un choc quelconque ?

— Commissaire, je ne suis pas folle. Je ne connais personne à Genève, je n'avais aucune envie d'y aller. Quelqu'un m'a amenée ici.

— L'homme qui est arrivé avec vous à l'hôtel ? Vous ne le connaissez pas ?

— Mais je ne me souviens de rien. De rien du tout. Je suis montée dans le train à Paris, je me suis assise, et je ne sais plus.

— Vous étiez seule dans le compartiment ?

— Non, il y avait, attendez, il y avait trois ou quatre personnes, deux ou trois femmes, je crois.

— Vous leur avez parlé ? Il s'est passé quelque chose de particulier, faites un effort, essayez de vous souvenir !

— Je ne vois rien de spécial, j'ai dû m'endormir.

— Vous avez bu quelque chose ?

— Non.

— Quelqu'un vous a accostée ? Quelqu'un vous a parlé ?

— C'est vague. Je n'ai pas fait attention. Ah ! si. Quelqu'un est entré alors que le train roulait déjà depuis longtemps. Un homme. Il a dit bonsoir et excusez-moi, c'est tout, je crois. Ah ! non, il a offert des bonbons.

— Et tout le monde en a pris ?

— Je crois bien.

— Après ? Qu'est-ce qu'il a fait après ?

— Je ne sais pas. J'ai dû m'endormir.

— Décrivez-moi cet homme.

— C'est difficile, je n'ai pas bien fait attention. On avait déjà éteint la lumière dans le compartiment. Un étranger, je crois. »

Christine secoue la tête, comme si elle cherchait le souvenir dans sa tête, quelque chose la tracasse tout d'un coup, elle frissonne.

« Commissaire. C'est, c'est drôle. J'ai l'impression

d'avoir rêvé. C'est irréel, et en même temps, je revois des images précises. Elles me reviennent lentement depuis mon réveil.

— Comme si on vous avait droguée ?

— C'est ça. Je me vois marcher. Il y a quelqu'un près de moi, qui parle, qui parle sans arrêt, mais je ne me souviens pas de ce qu'il dit. Je me vois manger. Je vois un restaurant.

— Toujours avec quelqu'un ?

— Je crois. Oui, il y a quelqu'un.

— Quoi encore ?

— C'est flou. C'est difficile. Et j'ai si mal à la tête. »

Christine P. tout à coup a l'air gênée. Elle se lève, marche de long en large, rougit, pâlit, se rassoit, se tord les mains, cherche, cherche. Mais ce qu'elle ressent est impossible à exprimer. Tout ce qu'elle trouve à dire, la gorge serrée, est pourtant révélateur.

« Commissaire... Cette chemise de nuit n'est pas à moi, j'en suis sûre. Et je désire porter plainte.

— Pour quelle raison ?

— On a abusé de moi, j'en suis sûre aussi.

— Comment en êtes-vous si sûre ? Vous dites vous-même que vous ne vous rappelez de rien !

— Je le sais, je le sens. Des images, des sensations. Je ne peux pas vous dire comment je le sais, mais je le sais.

— Avez-vous le souvenir de violences ? Portez-vous des marques de coups ?

— Non, non. Pas de violences. Un rêve. Je vous dis que c'est un rêve. »

Après avoir vérifié avec Christine P. qu'on ne lui a rien volé, le commissaire perplexe va vérifier la fiche remplie par l'homme qui l'accompagnait la veille, et qu'elle dit ne pas connaître. Le commissaire se méfie. Ce ne serait pas la première fois qu'une femme affirmerait qu'elle ne connaît pas « ce monsieur », alors qu'elle le connaît parfaitement. Mais pourquoi Christine inventerait-elle une histoire aussi abracadabrante ? Elle n'a pas l'air d'une hystérique. Mais au contraire d'une jeune fille tout à fait convenable.

La fiche remplie par l'homme porte un nom et un numéro de carte d'identité bidon. Le veilleur de nuit qui a accueilli Christine et son compagnon se souvient fort bien d'eux. L'homme était petit, élégant, il avait l'air riche et Chinois. Le Chinois et la femme semblaient en excellents termes. Il a demandé le petit déjeuner pour dix heures, et averti qu'il partirait plus tôt que la femme. Il a tenu à payer d'avance. Le couple est monté se coucher, il était minuit passé, plutôt une heure du matin. C'est tout. Pas de bruit, pas de cris, rien. Le calme.

Alors, où est le problème ? Il est que Christine a réellement pris un billet pour Lyon, où ses parents l'attendaient réellement, et se faisaient réellement du souci. Christine est bien partie seule, le contrôleur a bien poinçonné son billet pour Lyon, elle était toujours seule. Par contre, à Genève, au contrôle des passeports, elle était accompagnée d'un Asiatique, qui la tenait par le bras. Il lui parlait, elle répondait. Ils avaient l'air d'un couple comme les autres. L'homme s'est chargé des formalités, il portait une valise. Le douanier peut préciser le signalement mais guère plus, car tout était en règle. Un petit homme, sans âge, Chinois ou Vietnamien, vêtu d'un pardessus bleu marine à col de velours, et muni d'une mallette de voyage, que personne n'a inspectée. Qu'est-ce que c'est que cette histoire ? Espionnage ? Que viendrait faire Christine P. dans une histoire d'espionnage ? Une vendeuse en parfumerie, fiancée à un employé de bureau, qui allait rendre visite à ses parents lyonnais, n'a rien à voir avec un réseau d'espionnage.

Le commissaire Bruner de Genève a donc besoin

d'interroger Interpol. S'il y a quelque part en France ou ailleurs, quelque chose sur un Asiatique et des bonbons, Interpol le sait.

Il y a une vague plainte qui date de deux ans. Une histoire non éclaircie de voyage en train, entre Paris et Genève. Un homme a offert des bonbons à une femme qui a porté plainte le lendemain pour tentative d'enlèvement. Elle se prétendait droguée. L'affaire n'a pas abouti, car la femme a retiré sa plainte. L'homme a donc été gardé à vue, puis relâché. La police française n'a pas très bien compris, sinon que la femme était mariée et a dû avoir peur du scandale. Ou alors a inventé l'histoire pour couvrir une fugue quelconque. L'homme gardé à vue était un directeur de société, sans aucun antécédent, qui a prétendu que la femme était hystérique. Quant aux bonbons qu'il avait sur lui, ils étaient normaux. D'autres gens en avaient mangé, sans inconvénient.

Le dossier d'Interpol intéresse vivement le commissaire Bruner, et quelque temps plus tard, M. Thu reçoit sa visite et celle d'un inspecteur de police parisien. La secrétaire, Mlle Elise, a introduit les policiers dans le bureau de M. l'administrateur, qui se frotte doucereusement les mains, et répond d'une voix calme :

« Des bonbons ? C'est vrai, j'adore les bonbons, et j'aime en offrir. J'en ai toujours avec moi en voyage. Que dit cette dame ? Des bonbons drogués ? Quelle curieuse histoire. »

M. Thu ne perd pas son calme, pendant la confrontation avec Christine P. C'est Christine P. qui le perd. Voir, devant elle, le visage de cet homme fait brusquement jaillir des souvenirs, des images. Elle affirme que c'est bien lui, l'homme qui lui a offert un bonbon. Elle le revoit, elle le revoit la nuit, dans la chambre d'hôtel, ouvrant sa petite mallette, et lui offrant la chemise de nuit de dentelle. C'était horrible ! M. Thu nie tout bien entendu. Il a même le culot de supposer que si vraiment cette « chose » est arrivée à cette jeune femme, cela n'a rien de si horrible. Hélas ! pour M. Thu, l'enquête est prolongée, le temps nécessaire, pour retrouver une bonne douzaine de femmes, jeunes et jolies, qui veulent bien l'identifier. Qui veulent bien porter plainte. Mais qui n'avaient pas tellement insisté à l'époque, car ce ne sont pas des choses que l'on raconte volontiers.

C'était cela les week-ends de M. Thu. Toujours sur la même ligne, toujours avec une boîte de bonbons, dont un seul était drogué : le bonbon destiné à la dame de ses rêves, à la « complice » de son choix, pour une folle nuit d'amoureux, qui lui coûtait cher finalement. Un voyage aller et retour, Paris-Genève, une chemise de nuit de la plus fine dentelle, à chaque fois, et des bonbons délicieux. On est délicat, ou on ne l'est pas. Mais M. Thu a toujours nié. Bien que l'on ait trouvé chez lui une seringue et des poudres bizarres, et supposé qu'il injectait délicatement dans les bonbons fourrés, une dose d'un narcotique de sa composition. Lequel laissait sa victime endormie debout, et consentante, sinon au courant de la situation. Un narcotique sans danger pour la santé, sinon pour la pudeur. Et comme a dit la concierge de M. Thu, en apprenant la nouvelle :

« C'est pas croyable. Remarquez bien, tout compte fait, moi à leur place, je me serais méfiée. On a pas idée d'accepter un bonbon de n'importe qui par les temps qui courent ! »

SIX JAMBONS
ET DOUZE SAUCISSONS

C'est un matin de mai 1935 dans la salle commune d'une ferme en Allemagne. Deux hommes assis sur un banc de chaque côté d'une table rustique se mesurent du regard. D'un côté de la table, le propriétaire de la maison : le vieux August Munch, assisté de ses deux fils, le grand et le petit Munch. Le vieux Munch n'a que cinquante-cinq ans. De taille moyenne, c'est un costaud aux mains calleuses. Son visage porte déjà des rides profondes. C'est un travailleur économe à l'esprit quelque peu rudimentaire. Les fils : grand Munch et petit Munch sont le portrait craché de leur père, l'un en grand format, l'autre en plus petit.

En face d'eux, le menuisier Stanfen. Physiquement et moralement il est le contraire du vieux Munch. Grand et plutôt malingre. Le visage rond et rose, des cheveux presque longs, d'artiste fainéant, alcoolique et prodigue. Mais il est infiniment plus malin que le fermier.

Pour le moment, les deux hommes s'observent. Le menuisier est venu rendre visite au vieux Munch pour lui demander d'accepter le mariage de son fils petit

Munch avec sa fille Erna. Mais le fermier sans jeter un regard sur petit Munch, sans quitter des yeux le menuisier, sans dire mot, secoue lentement et négativement la tête. Le menuisier se tourne alors vers Mme Munch, qui dit simplement :

« Vous savez bien que c'est August qui décide et que je pense toujours comme lui.

— C'est bon, dit le menuisier dont les yeux deviennent froids, et dont les lèvres se pincent. Et vous pouvez me dire pourquoi ? »

Pourquoi ? Les Munch sont incapables de l'expliquer, ils ne savent pas faire de discours. C'est impossible, voilà tout. Ils ont une ferme qui a belle allure, deux fils en âge de se marier, ils hébergent un orphelin de quinze ans, Carl, un brave garçon d'origine polonaise, leur vie est tracée dans un sillon honorable.

Le menuisier, lui, n'est propriétaire ni de sa maison, ni de son atelier. Il n'a pour toute descendance que cette fille de quinze ans. Une belle fille certes, et qui a une certaine maturité, mais une aguicheuse. De plus, le menuisier vit au jour le jour. Il n'a pas comme les Munch un peu d'argent à la banque et une petite fortune dans l'énorme armoire qui bouche le mur de la pièce commune. Il n'a pas dans son garde-manger des jambons et des saucissons en réserve pour des mois et des mois. Et puis surtout, contre les Munch il n'y a rien à dire, ils ne doivent rien à personne. La justice n'a jamais entendu parler d'eux et les gendarmes n'ont jamais mis les pieds dans leur ferme. Ils y ont certain mérite. Il y a dix ans, un missionnaire s'est installé au village. Amadouant les fermiers par de saintes paroles, il se fit remettre leurs économies, soi-disant pour les faire fructifier en Suisse. Un beau matin, il s'en fut de l'autre côté de l'Atlantique et les Munch durent hypothéquer leur ferme et repartir à zéro. Ils ont travaillé, travaillé « jusqu'à la renverse » comme on dit dans le pays, pour racheter leur bien. Mais ils ne le doivent à personne.

Le menuisier Stanfen, cet ivrogne, a vu trois fois les gendarmes venir le chercher, et trois fois, il a été condamné à des peines de prison comme incendiaire. Dans ces conditions, il paraît inutile aux Munch d'expliquer pourquoi ce mariage est impossible. C'est l'évidence même. Et leur silence est une politesse. Mais le menuisier insiste :

« Donc, vous ne voulez pas me dire pourquoi ? »

Le fermier se contente de secouer à nouveau la tête.

« Mais je veux savoir pourquoi. »

Devant cette insistance, la femme du fermier tente de résumer la situation :

« Ce scrait le mariage de la carpe et du lapin, monsieur Stanfen. »

Alors le menuisier se lève, jette à la figure du fermier son verre de vin blanc et petit Munch traite son père d'imbécile. Ce à quoi le fermier riposte en saisissant le menuisier par le col pour le pousser hors de la ferme.

« Fiche le camp, incendiaire ! »

A partir de cet instant, les quatre hommes sont devenus des ennemis mortels. Vieux Munch et grand Munch d'un côté, petit Munch et le menuisier de l'autre. Depuis des semaines, le drame couvait chez les Munch. Pourtant, tout aurait dû être si simple : grand Munch, l'aîné, aurait la ferme, et petit Munch aurait l'argent qui lui permettrait d'épouser la fille d'un fermier. Dès qu'ils ont vu que petit Munch tournait autour de la fille du menuisier, ça n'a été qu'un seul cri du père et de la mère :

« Par tous les saints du paradis, ne touche pas à cette gamine ! »

C'était l'expression d'une psychologie tellement élémentaire, tellement instinctive, qu'elle ressemblait à de la superstition.

« Pourquoi ? répondait petit Munch, ce n'est pas une sorcière ! »

Les deux vieux ne savaient que répéter :

« Ne touche pas à cette gamine ! »

Le fermier, vraiment, n'était pas doué pour la discussion. Si cette rigidité sans commentaire avait réussi avec grand Munch, elle échoua complètement avec petit Munch. Car dans la soirée du 11 juin 1935, petit Munch frappe à la porte de ses parents. Erna devenue sa femme, est à sa droite et le menuisier devenu son beau-père est à sa gauche. Mais le fermier refuse de leur ouvrir sa porte, il perd ainsi définitivement son fils, mais il perd aussi sa ferme, qui brûle la même nuit de fond en comble. Au petit matin vieux Munch, sa femme, grand Munch et Carl, l'orphelin blondinet qu'ils hébergent depuis cinq ans, retournent du bout du pied les poutres noircies. Il ne reste qu'une petite grange, le fournil et le puits. Les villageois consternés, qui ont fait la chaîne toute la nuit pour se passer les seaux d'eau sans parvenir à éteindre l'incendie se tiennent quelques pas en arrière, curieux, silencieux, et circonspects. Déjà certains murmurent :

« Ce n'est pas un accident, c'est un incendie volontaire. »

C'est alors qu'apparaît un personnage aux cheveux en brosse sur un crâne et une cervelle de bois : le policier du village. Le policier du village a des principes : premièrement, tout le monde peut être coupable. Deuxièmement, ce sont les gens les plus respectables qui font les plus belles crapules. Troisièmement, il faut avant tout considérer à qui le crime profite. Or, dans cette affaire, à qui l'incendie profitait-il, sinon au fermier Munch, dont la ferme était assurée. Donc, ce pourrait bien être lui qui ait volontairement allumé l'incendie, selon le policier du village. Le voilà donc, qui interroge en premier l'orphelin blondinet. C'est un Slave que la mort brutale de ses parents et une enfance difficile ont rendu craintif. Il est impressionné par l'attitude du policier.

« Je ne sais pas ce qui s'est passé, j'étais dans la chambre que je partage avec grand Munch. On dormait tous les deux. Tout d'un coup on a entendu en bas, claquer une porte. J'ai ouvert les yeux, on voyait à travers la fenêtre, des arbres éclairés par les flammes. Alors on s'est levés et on a sorti les bêtes de l'étable.

— Et vieux Munch, qu'est-ce qu'il faisait ?

— Je ne me souviens pas bien. Je crois qu'il commençait à tirer de l'eau du puits. »

Puis le policier s'adresse au fermier :

« Il y a quelque temps vous avez assuré votre ferme. Maintenant qu'elle a brûlé, vous allez toucher la grosse somme ?

— C'est vrai, s'exclame le fermier, mais l'assurance ne me remboursera pas tout, et j'ai tout perdu dans cette affaire.

— Tout perdu, tout perdu, pas vos bêtes.

— D'accord, j'allais pas les laisser mourir pour vous faire plaisir ! D'ailleurs, ce sont les gosses qui les ont sorties. Et puis c'est tout ce qui me reste. »

Est-ce vraiment tout ce qui lui reste ? Pour vérifier ce détail, le policier se rend sur les lieux de l'incendie accompagné des autorités, du fermier et des villageois. Après quelques minutes de fouille minutieuse, on l'entend pousser un cri de triomphe.

« Tenez ! Là, regardez ! »

Et il montre la porte du fournil qu'on aperçoit plein de charcuterie. Il compte en les sortant l'un après l'autre :

« Un jambon, deux jambons, trois jambons, quatre,

cinq, six... Et les saucissons maintenant : un, deux, quatre, six, douze saucissons ! Ah ! Ah ! il disait avoir tout perdu. »

Et le policier, qui se sent devenu un grand détective, explique aux autorités ébahies et admiratives :

« Ça, c'est la preuve qu'il a mis le feu à la ferme. Et pour vivre en attendant que l'assurance paie, il a caché tous ses jambons et ses saucissons dans le fournil.

— Peut-être qu'il a eu l'idée de les mettre à l'abri quand il a vu éclater l'incendie, fait remarquer l'un des spectateurs.

— Non, puisque l'orphelin a dit que lorsqu'il est descendu le fermier était déjà en train de tirer de l'eau du puits. »

On cherche du regard dans l'assistance le fermier pour lui poser la question. Mais il n'est plus là.

« De toute façon, il mentirait, dit le policier. C'est l'orphelin qu'il faut interroger, c'est lui qui détient la clef de cette affaire. »

De retour au village, on cherche partout l'orphelin, le seul témoin de foi, qui peut infirmer ou confirmer la thèse du policier, selon laquelle, avant de tirer de l'eau du puits, vieux Munch n'a pas eu le temps de sortir les jambons et les saucissons de la maison pour aller les mettre à l'abri dans le fournil. Malheureusement, on ne trouve pas le gamin, on le cherche partout dans le village, puis on bat la campagne aux environs : il a disparu. Par contre, on trouve vieux Munch dans la taverne, attendant, la tête dans les mains, la suite des événements.

La suite des événements, ce sont les Assises de Munster un an plus tard, où le vieux Munch paraît fermé comme une huître, muet comme une carpe. Sa pauvre femme, affolée, regarde les juges, les avocats, les jurés et les greffiers avec une stupeur légitime.

L'aîné de leurs fils, grand Munch, copie conforme du vieux, se tient droit et impassible à leur côté : ils sont accusés tous trois d'avoir volontairement mis le feu à leur ferme et assassiné l'orphelin pour l'empêcher de témoigner contre eux.

C'est le policier à la tête de bois qui ouvre les hostilités et les jurés l'écoutent avec un certain étonnement, voire un certain amusement. Il est difficile de faire reposer des accusations aussi graves sur la présentation comme unique pièce à conviction de six jambons et douze saucissons. C'est donc dans un silence glacial que le policier à la tête de bois quitte la salle, vexé comme un pou, sa théorie dans la poche et son mouchoir par-dessus. Puis l'accusation présente comme principal témoin à charge, le plus jeune des fils, petit Munch.

« Vous avez déclaré à l'instruction être convaincu que vos parents et votre frère ont mis eux-mêmes le feu à leur ferme. Pourquoi ?

— Parce qu'ils me l'ont dit. Ils m'ont dit que, un jour, ils mettraient le feu à leur ferme pour toucher l'assurance.

— Mais pourquoi est-ce que tu dis ça ? hurle Mme Munch. Tu nous détestes à ce point-là ? »

Le vieux Munch, pâle, serre dans ses mains calleuses la rambarde du box des accusés. Grand Munch murmure dans l'oreille d'un avocat :

« C'est à devenir fou. »

Les jurés sont relativement scandalisés par l'attitude de petit Munch. Mais malheureusement, personne n'a l'idée de lui demander pour quelle raison il lance de telles accusations contre ses parents. Et personne n'essaie d'obtenir la moindre explication des trois pauvres bougres qui se taisent dans leur box. Il n'est donc question ni du menuisier incendiaire, ni du mariage de leur fils avec sa fille. Ce qui est fort dommage, pour la suite de l'histoire. Mais la démonstration du policier et l'accusation de petit Munch n'ayant pas convaincu le jury, et faute de preuve, les accusés sont acquittés.

Cependant, les Munch sont condamnés ultérieurement à trois mois de prison pour escroquerie à l'assurance : n'ont-ils pas omis de déclarer qu'ils avaient soustrait à l'incendie six jambons et douze saucissons ? Ensuite, lorsqu'ils retournent au village, c'est pour y retrouver cette fois, un ennemi mortel de plus : le policier à la tête de bois.

« Vous vous en êtes sortis cette fois-ci. Mais vous avez tué l'orphelin, affirme le bonhomme. Je le prouverai et je vous ferai pendre. »

Dans les vicissitudes, la famille Munch a toujours fait front courageusement, les trois Munch, qui ont respectivement cinquante-sept, cinquante-six et vingt-trois ans, reconstruisent leur ferme. Ils la construisent même un peu plus grande que la première, de façon à lui ajouter un petit logement que les deux vieux pensent habiter lorsqu'ils ne pourront plus travailler. En attendant ce jour, ils le louent à un mécanicien fraîchement venu au village et qui ne se soucie pas de leur mauvaise réputation. Et pour cause : c'est un cambrioleur qui exerce son art dans les châteaux des environs. Pris en flagrant délit, il conduit les policiers à son logement où l'on trouve une partie de son butin. Et le policier à la tête de bois n'a pas de peine à faire passer les Munch pour complices. Ne sont-ils pas déjà des incendiaires et des assassins ?

Pour recel, le fermier Munch est donc condamné à six mois de prison et sa femme à un an. Cette fois, si le fermier n'est pas vraiment vaincu, sa femme commence à perdre les pédales, ce dont va profiter dans le camp adverse son propre fils, le petit Munch. Petit Munch se rend à la prison accompagné de son beau-père. Toujours menuisier, toujours alcoolique et plus fainéant que jamais. Petit Munch s'adresse à sa mère en ces termes :

« Mère, vous croyez tous que je vous déteste. Ce n'est pas vrai. J'ai voulu me venger du mal que vous m'avez fait. Maintenant tout ça est fini. Vous êtes dans le malheur, je voudrais vous aider. »

Bien entendu, la seule pensée lucide de Mme Munch est pour la ferme.

« Comment va notre ferme ?
— Mal. Grand Munch n'a plus de goût pour s'en occuper. La terre ne donne pas. Une vache est morte et il n'a pas fini de poser la toiture : tout est inondé. Je pourrais m'en occuper si tu me signes ces papiers, moi je me sens capable de la sauver. »

La pauvre femme, à moitié folle de désespoir, signe. Et lorsque les Munch rentrent chez eux, la ferme est occupée par des gens inconnus, ils ne reconnaissent plus leurs bêtes, grand Munch travaille comme domestique dans une ferme voisine : petit Munch et son beau-père le menuisier, ont tout vendu. Et le policier à la tête de bois est toujours là. Petit à petit, avec le temps, il est parvenu à retourner le village. Cent kilomètres à la ronde, il n'est pas un paysan pour saluer les Munch, ne serait-ce que d'un signe de tête.

Mais le policier à la tête de bois ne s'en tient pas là. Il harcèle tant et si bien le procureur que celui-ci délègue un jour un commissaire. Ayant entendu les uns et les autres et vu les trois malheureux Munch, vivant comme des bêtes dans une cabane de planches, il conclut :

« Ce sont des gens inutiles et néfastes à votre communauté. Je vais m'appliquer à vous en débarrasser. »

Car nous sommes en 1936 et il y a dans l'air comme une odeur de S.S. Un second procès d'Assises a donc lieu à l'initiative de ce commissaire efficace. Les malheureux Munch récusent d'avance tout ce qui va être dit au cours de ce procès (leurs déclarations ont été falsifiées ou obtenues par la violence). Le défilé des témoins est une mascarade horrible. Certains venant déclarer que si l'on n'a pas retrouvé le cadavre de l'orphelin, c'est parce que les Munch ont dû le donner à manger à leurs cochons. Mais le tribunal se déclare toutefois convaincu qu'ils ont assassiné le gamin pour faire disparaître un témoin gênant. Toutefois ne pouvant en établir la preuve, il ne condamne les Munch qu'à dix ans de prison comme incendiaires.

Alors la vieille Mme Munch perd la raison et doit être internée dans un asile. Le vieux Munch et son fils errent de prison en camp de concentration et regardent le monde s'écrouler autour d'eux, avant de rentrer une fois de plus dans leur village au mois de novembre 1948. Et là, enfin, le regard des villageois n'est plus le même. Ils ont vu tant de drames, tant de souffrances, tant de morts et tant de criminels. D'ailleurs ces deux-là sont-ils vraiment des criminels ? Il y a dans le village, un nouveau policier, jeune, tout frais sorti des écoles. Un jour, le vieux menuisier Stanfen, complètement ivre lui donne une tape sur l'épaule.

« Faudra que je vienne vous voir un jour, je vous ferai des révélations sur l'incendie de la ferme Munch. »

Quelques semaines plus tard, le vieux menuisier fait appeler le jeune policier, qui arrive trop tard, le vieillard agonise. Alors, par curiosité, le jeune policier étudie l'affaire et arrive à la conclusion logique : les Munch ont été condamnés parce que l'on n'a pas retrouvé le jeune orphelin. Le dossier dit qu'on l'a cherché dans toute l'Allemagne. Mais hors d'Allemagne ?

C'est une idée qui n'est venue à personne ! Pourquoi

aurait-on cherché aussi loin ce gamin de quinze ans qui n'avait pas d'argent? Alors le jeune policier a l'idée d'envoyer à Interpol une fiche sur cet orphelin disparu il y a bientôt vingt ans. Et sans difficulté, sans recherche particulière, par le simple travail routinier de ses innombrables correspondants, Interpol le retrouve.

Il est marié et vit à Bergame, en Italie. S'il s'est enfui il y a vingt ans, c'est parce qu'il ne comprenait rien à ce qui se passait et que le policier à la tête de bois lui faisait peur.

« Est-ce que vous croyez que les Munch ont mis le feu à leur ferme ?

— Non, c'est absurde. Leur ferme, c'est ce qu'ils aimaient le plus au monde, je m'en souviens. »

Le policier tente d'aller plus loin dans ses souvenirs.

« Est-ce que, lorsque vous êtes descendu, le vieux Munch était déjà en train de tirer de l'eau du puits ? C'est loin je sais mais ce détail est important.

— Oui, c'est possible. Mais, avant, je crois bien qu'il a été dans le fournil, mettre à l'abri de la charcuterie. C'est la première image qui me revient en tout cas !...

— Je m'en doutais, conclut le policier en soupirant : six jambons et douze saucissons ! »

Un simple réflexe de paysan, en somme, qui avait coûté cher aux Munch. Le vieux avait mis sa charcuterie à l'abri, comme il avait récupéré son bas de laine avant de jeter le premier seau d'eau. C'est donc bien qu'il n'avait pas mis le feu lui-même à sa ferme. Pas à sa ferme, mais aux poudres.

UN HOMME
COMME LES AUTRES

Le décor est sordide. Sordide par l'horreur et le sadisme qu'il représente. Par le côté définitif de cette mort surprise. La femme est étendue, tête renversée, les yeux révulsés, dans un fouillis de draps et de linges froissés. Un sadique vient de la tuer. Au-dehors, c'est le printemps. C'est l'Italie. Celle des autoroutes, et l'on entend gronder au loin, l'autoroute de Gênes. Le commissaire Camogli vient d'être appelé à dix heures du matin dans ce grand appartement au troisième étage d'une maison bourgeoise de la banlieue. En passant du soleil éclatant à l'obscurité de l'appartement, il lui faut presque écarquiller les yeux pour deviner le médecin légiste et les spécialistes qui s'affairent à relever les empreintes et les indices, à photographier le cadavre sur toutes les coutures. C'est celui d'une femme de cinquante-cinq ans, bien conservée, dont le sobre maquillage a coulé avec quelques larmes. Ses cheveux noirs ne sont pas décoiffés.

Effondré sur une chaise, son fils — un homme d'une trentaine d'années — en pyjama, regarde ce va-et-vient avec étonnement :

« Mais pourquoi tout ça ? demande-t-il à plusieurs reprises. Puisque je vous dis que c'est Pierre. Je suis sûr que c'est Pierre. »

Le commissaire Camogli, qui ne connaît encore rien de l'affaire, demande qui est ce Pierre.

« C'est un nain. Enfin, il est tout petit, il m'arrive là. »

Et l'homme en pyjama qui n'est lui-même pas très grand, se lève et montre son épaule. Le commissaire se tourne alors vers le médecin légiste qui réfléchit quelques secondes avant de confirmer que la chose est possible. La femme a été étranglée à l'aide d'un soutien-gorge, le larynx est brisé et elle a des fractures du sternum et des côtes.

« Et vous croyez qu'un nain peut faire ça ? demande le commissaire au médecin.

— Bien sûr. Il y en a de très forts. D'ailleurs, d'après ce que dit Monsieur, ce Pierre ne serait pas forcément un nain comme on l'entend généralement. Il est difforme ou simplement petit ?

— Il est petit mais il est normal.

— Et il est fort ?

— Oui... très fort... Il fait de la gymnastique et du karaté.

— Vous voyez, commissaire, poursuit le docteur. Il peut parfaitement avoir étranglé cette femme. Les nains sont des gens comme les autres. Mais toute leur vie, par un moyen ou par un autre, ils essaient de surmonter cette infériorité, d'autant plus injuste qu'elle n'est qu'apparente et due à la bêtise des autres. Alors ils sont souvent d'une susceptibilité exacerbée. Même s'ils ont eu la chance d'avoir une enfance et une éducation parfaites, il est bien rare qu'ils s'en tirent sans complexe. C'est pour cela que nous sommes violemment contre l'abus de ces expressions : " nains " ou " nabots ". Elles désignent un homme qui est finalement comme vous et moi, simplement plus petit que la moyenne. »

Le commissaire, pendant les explications du docteur, furetait dans l'appartement. Il tombe en arrêt devant un tiroir ouvert.

« C'est exprès que ce tiroir est ouvert ?

— C'est exprès, monsieur le commissaire, explique un policier. On l'a trouvé comme ça. Il paraît qu'il y manque des choses.

— Oui, dit l'homme en pyjama. Le salaud m'a pris 100 000 lires, un canif, une montre, des papiers et mon permis de pêche. Et il a volé le bracelet-montre que maman avait au poignet. »

Le commissaire Camogli demande alors à l'homme en pyjama de le suivre dans la cuisine, s'assoit en face de lui et lui demande de lui raconter l'histoire en détail. Le garçon frissonne, redresse le col de son pyjama d'un geste dérisoire et triste, puis commence son récit.

« Hier, j'ai rencontré Pierre Boultrain tout à fait par hasard dans un café. C'est un Français que j'ai connu sur un bateau allemand. A l'époque, je naviguais et on était très copains. On ne s'était pas vus depuis sept ans. Il était si petit, à l'époque, que je l'avais imaginé plus grand après ces années et j'ai été surpris. Pourtant, il était devenu costaud et s'était laissé pousser une moustache. Je lui demandais comment il allait. Il m'a répondu qu'il allait " comme çi comme ça ", que depuis sept ans il avait fait des tas de bêtises, qu'il était toujours matelot et qu'il était à Gênes pour trouver à s'embarquer. Il n'avait pas trop l'air de savoir où aller. Je lui ai proposé de venir chez moi, où il n'y avait que maman, pour pouvoir bavarder tranquilles. Mais, hier soir, maman était fatiguée. Elle est serveuse dans un restaurant. Elle est debout toute la journée.

— Quel âge a-t-elle ?
— Cinquante-cinq ans... Mais vous avez vu, elle était encore très bien. »

Le commissaire laisse le garçon en pyjama pleurer quelques instants et, brusquement, l'interrompt :

« Ça suffit, mon garçon ! Il faut avoir du courage. Si vous voulez que le salaud qui a tué votre mère soit puni comme il le mérite, il faut m'aider, allez racontez-moi la suite.

— Je vous l'ai dit. Maman était fatiguée. Elle s'était étendue sur un divan. Tout ça est d'autant plus bête qu'elle a été très gentille avec Pierre. Elle le connaissait à peine, mais je ne sais pas ce qui s'est passé. Elle a eu pitié de lui, je crois. Elle l'a mis en confiance. Et voilà qu'il s'est mis à lui parler pendant des heures, à lui raconter sa vie... La vie d'un nain, enfin d'un homme aussi petit, c'est pas drôle. Moi, je n'écoutais pas. Je n'ai fait attention que lorsque maman s'est mise à parler de moi. Elle lui disait que tous les hommes avaient des problèmes. Que moi, par exemple, je buvais beaucoup trop, qu'un jour ça me jouerait des tours. Elle m'a crié : « Aldo, tu vois, tu devrais « prendre exemple sur Pierre. Il ne boit pas, lui ! » Peu après, maman m'a encore appelé : « Tu entends, Aldo, « Pierre fait de la gymnastique ! » Puis j'ai entendu Pierre qui me criait : « Tu devrais en faire aussi, au « moins une fois par semaine ! » Enfin, ma mère m'a appelé une dernière fois : « Viens voir, Aldo, ce qu'il « sait faire. » Quand je suis entré dans la pièce, Pierre était en train de faire des tractions tout en faisant le poirier. Il en était à la douzième. Après ça, il a fait des tractions sur le côté, sur un bras. C'était ridicule ! J'avais l'impression qu'il voulait épater ma mère. Sans arrêt, il me disait : « Tiens, est-ce que tu sais faire « ça ? » ou bien : « Je parie que tu ne peux pas ramas- « ser une assiette par terre avec tes dents ! » Cela avait quelque chose de gênant, d'écœurant, un côté cirque, un peu malsain. Alors je suis allé me coucher. Le lendemain matin, Pierre n'était plus là et j'ai trouvé ma mère comme vous l'avez vue. Je n'ai rien entendu. »

Le commissaire prend des précautions pour poser sa question :

« Vous n'avez aucune idée de ce qui a pu se passer ?
— Non. Enfin, j'imagine. »

On peut imaginer, c'est vrai. Point n'est besoin d'être devin. Devant la sympathie que lui témoignait la mère de son ami, Pierre a peut-être voulu pousser la compréhension un peu plus loin. Elle a refusé. Tout autre homme n'aurait pas insisté mais, pour lui, c'était une vexation gratuite. Si, quelques instants plus tôt, une femme le comprenait et l'admirait, pourquoi refusait-elle ensuite de faire l'amour ? Pour peu que, à bout d'arguments, la mère l'ait finalement traité de nain...

La photo du suspect est diffusée le soir à la télévision et publiée le lendemain dans l'ensemble de la presse italienne. Etant donné son signalement, il est difficile à Pierre Boultrain de se fondre dans la foule. Mais trois jours passent et il n'a été vu nulle part, le commissaire Camogli en déduit qu'il a peut-être gagné l'étranger, et sans doute la France puisqu'il est français et que c'est là que vit sa famille.

Une demande de recherches arrive à Interpol Paris. Et dans les archives de la documentation criminelle on trouve un dossier très épais. Si épais qu'un enquêteur est expédié chez les parents du suspect, immédiatement.

Chez les parents de Pierre, c'est une maison de mineurs. La mère, une femme de cinquante-cinq ans avec des cheveux blancs, le visage fatigué. Le père, un homme grand et sec, avec une voix gutturale et des manières sévères : ils ont six enfants, tous de taille parfaitement normale. Pourquoi le développement physique de celui-là a-t-il été insuffisant ? C'est pour eux un douloureux mystère. Ils ont fait ce qu'ils ont pu. Au début, lorsqu'il était tout petit, ils ne se sont pas rendu compte. Puis, au fil des mois, il leur a fallu admettre que Pierre serait petit et fragile. Les années passant, malgré la gymnastique, les piqûres et les fortifiants l'enfant accusait un retard de taille de plus en plus grand. Il grandissait, explique sa mère, mais si peu que, par rapport aux autres, il donnait l'impression de rapetisser. Moralement, il était tout à fait normal mais, deux ans de scolarité lui donnèrent tant de complexes qu'il fallut le mettre dans un établissement spécial. En sortant de l'école, Pierre est descendu dans la mine, comme son père le souhaitait. Mais, un an plus tard, la direction l'a congédié en raison de son mauvais caractère. C'était comme un engrenage sans fin. Comme il avait mauvais caractère, il se disputait. Et dès qu'il se disputait, on le traitait de « nain » ou de « nabot », ce qui lui donnait encore plus mauvais caractère. Jusqu'à l'âge de vingt-trois ans où il a rencontré le grand amour.

De l'avis du père, sa vie aurait pu être à peu près normale s'il n'avait jamais rencontré cette fille. Il avait vingt-trois ans. Elle en avait dix-huit. Elle était ravissante mais avait déjà un enfant de trois mois. Ils se sont épousés très vite, beaucoup trop vite. Le jour de ses noces, comme la fête s'éternisait et qu'il l'attendait, seul, dans la voiture, il est parti à sa recherche. Il a trouvé sa femme dans les bras d'un cousin, et n'a jamais pu l'oublier. Ce jour-là, après des reproches bien compréhensibles, Pierre s'est entendu dire qu'on l'avait épousé pour donner un père à l'enfant. Et que jamais sa femme n'avait eu l'intention de passer ses nuits avec une « demi-portion ». La douleur de Pierre fut une douleur rentrée, mais terrible. Il divorça quelques mois plus tard, et prit tous les torts à sa charge.

Il voulait tout oublier aussi vite que possible, et il est parti pour l'Allemagne.

Le policier veut savoir, au cas où Pierre se réfugierait chez ses parents, s'ils accepteraient de l'aider.

« Non, dit le père.

— Nous lui pardonnons comme nous avons toujours pardonné, dit la mère. Mais le revoir est au-dessus de nos forces. »

Alors il ne viendra pas se réfugier chez eux. C'est évident. Il est parti pour ne plus revenir. Et la suite de sa course slalom entre ses complexes et les affronts des autres se trouve dans le gros dossier d'Interpol.

Il se fait engager comme matelot et s'entraîne au karaté. On le voit dans les bars de la côte, de Hambourg à Endem où, pour se faire remarquer, il dépense l'argent à tort et à travers. Dans un café un jour, il plaque avec bruit son portefeuille sur le comptoir et s'écrie : « Je t'achète toute la baraque ! Combien est-ce qu'elle vaut ? » Et comme un soulard lui répond : « Puisque t'es si riche, donne-moi de l'argent ! », il lui glisse cent marks dans la poche. Pierre cherche à se prouver une puissance égale à la taille des autres.

C'est à Endem qu'il rencontre Madeleine Jung, âgée de trente-six ans, et mère de deux enfants. Elle tombe follement amoureuse du matelot Pierre Boultrain et l'installe chez elle. Comme il est alors sans travail, elle l'entretient complètement, bien qu'elle ait du mal à joindre les deux bouts. Ils vivent pendant trois semaines des nuits passionnées jusqu'à cette nuit de novembre où la femme, lassée de trop d'empressement, le repousse. Ils se disputent et Pierre manque de l'étrangler. La femme arrive à se libérer, parvient à la porte qu'elle ouvre en criant : « Tu es trop prétentieux pour un nabot ! Va prendre l'air, ça te remettra d'aplomb. » Puis elle prévient la police.

Aux Assises de Brême, Pierre est condamné à un an

et six mois de prison pour coups et blessures volontaires. Mais c'est sa deuxième chute en amour, et personne ne s'occupe de savoir jusqu'où il est blessé lui-même.

Et le dossier d'Interpol suit à travers l'Europe la course éperdue de Pierre. En prison il a laissé pousser une moustache trop longue. C'est une manière comme une autre de se cacher, et d'avoir l'air d'un homme. Il trouve du travail sur le port, à Anvers, en sortant de prison. Après quelques semaines, il fait la connaissance de Monica Van Lee, une splendide Flamande aux cheveux de lin. Malheureusement, leur première nuit est un désastre. Pierre ne parvient pas à la satisfaire. Et cet incident qui peut parfois prendre de l'importance, même chez un homme normal, plonge Pierre dans le gouffre d'un désespoir affreux. Monica a la stupidité de rire cette nuit-là en faisant une plaisanterie de mauvais goût : « J'aurais dû me douter qu'un nabot comme toi ne saurait pas aimer ! » Elle est là, sur le lit, grande, insatisfaite, méprisante, symbole vivant des angoisses de Pierre. Alors il arrache un lambeau de sa chemise de nuit et s'en sert pour l'étrangler. Aux Assises, le jugement déclare : l'accusé a tué cette femme parce qu'elle l'offensait. Pierre est condamné à quatre ans et demi de prison.

Dans les prisons belges, à force de gymnastiques diverses, le petit être fragile est devenu définitivement un athlète. Il ne mesure toujours que 1,38 mètre, mais il est trop tard : il vole, escroque, s'enivre et récolte en France dix mois de prison pour vol commis avec effraction. Alors, il revient chercher la paix chez les seuls êtres au monde qui ne le traiteront jamais de « nabot » : ses parents. Ceux-ci l'hébergent jusqu'au jour où il part pour Gênes, rencontre son ami Aldo et tue sa mère.

Le cercle est infernal. Il ne s'en sortira plus et il

faut l'arrêter avant qu'il ne recommence à tuer... Une semaine s'est écoulée depuis le meurtre de Gênes. Si l'on n'a pas retrouvé Pierre, il n'est pas très difficile de suivre sa trace. La police a pu établir que le soir du crime il a pris le train en direction de la France. Interpol le suit à la trace jusque sur la Côte d'Azur. Il est descendu à Monte-Carlo à deux heures du matin. Un inspecteur a retrouvé Mme Léontine Rivarolo, chauffeur de taxi, qui se souvient très bien avoir chargé à la sortie de la gare le « nain à la moustache », comme elle l'appelle. Elle a rapporté sous serment le dialogue qui s'est établi entre elle et son client. En montant dans le taxi, il a demandé : « Où est-ce qu'on peut s'amuser cette nuit ? » Elle a proposé le Jimmy's ou le Café de Paris. « Le nain, dit-elle, a choisi le Café de Paris et il m'a raconté qu'il venait de Gênes, qu'il s'était disputé avec une femme et avait failli la tuer. Il s'est vanté de faire du karaté et de ne plus sentir sa force dans les moments de colère. » Pour plaisanter, la conductrice du taxi lui a demandé s'il ferait la même chose avec elle, mais il a répondu galamment : « Non pas avec une aussi jolie femme que vous. »

Au Café de Paris, Pierre Boultrain semble vouloir attirer l'attention de tout le monde par ses vantardises et ses gestes spectaculaires. Il met un billet de banque dans le décolleté d'une serveuse, offre des cigares au gérant et des tournées à des inconnus. Il paie en lires italiennes et disparaît au petit matin. Et lorsque l'enquêteur arrive au Café de Paris, c'est pour s'entendre préciser tous ces détails, mais perdre la trace de Pierre en même temps.

Quarante-huit heures passent. Pierre Boultrain, dont le signalement a été distribué à toutes les polices, a été vu à Carmaux dans la journée, un inspecteur de police et le commissaire Camogli surgissent au petit matin au domicile de ses parents. Les policiers ne l'auraient pas cru capable de se réfugier là. Mais il va venir, c'est certain. Il n'est pas venu en ville pour autre chose. Mme Boultrain, ses cheveux blancs défaits, défigurée par l'angoisse, tel un automate, a fait du café comme tous les matins. Son mari demande au commissaire :

« Vous êtes sûr que c'est lui qui a tué cette femme ?
— On a relevé des fibres textiles sur le cadavre. On sera fixé en analysant ses vêtements.
— Et vous croyez qu'il va venir ?
— Je n'y croyais pas au début, mais il ne sait plus où aller. Il n'a que la police ou vous. »

Alors la mère éclate en sanglots, elle se jette dans les bras de son mari, en hurlant qu'elle ne veut pas voir son fils. Elle ne pourra pas le voir. C'est au-dessus de ses forces. Elle ne peut pas admettre avoir fait un monstre. Le père, le visage en larmes, essaie de la calmer :

« Il faut, voyons. C'est nous qui l'avons fait comme il est. »

Soudain, tout le monde sursaute, se tait. Il y a des pas dans l'escalier, puis sur le palier, et l'on frappe à la porte. C'est la mère qui crie la première :

« Va-t'en ! »

Elle a crié va-t'en, comme on chasse un chien. Puis la gorge serrée, elle a redit :

« Va-t'en ! Ici, c'est plein de policiers. »

Et cette fois, elle l'a dit comme on chasse son chien pour lui éviter un danger. Alors, une voix, une voix d'homme grave et plutôt belle, passe à travers la porte.

« Où veux-tu que j'aille, maman ? »

C'était étonnant cette voix derrière la porte. Cette voix d'homme normal. Les guetteurs ne s'y attendaient pas. Ils attendaient une voix nasillarde ou ridicule. Ce qu'ils croyaient être la voix d'un nain. Le policier français, par réflexe professionnel s'est alors plaqué contre le mur pour ouvrir la porte d'un seul coup. Comme on fait pour les gangsters de taille normale. Le commissaire lui, était juste devant la porte. Ses yeux bleus, durs et froids n'ont pas rencontré tout de suite le regard de Pierre. Le commissaire Camogli, grand et légèrement arrogant, a d'abord regardé devant lui comme il a l'habitude de le faire. Puis son regard a glissé vers le bas, encore plus bas.

A 1,38 mètre du sol, il a croisé le regard de Pierre Boultrain. Et c'est là seulement qu'il a compris qu'il n'était pas un homme comme les autres. En baissant les yeux pour le voir. Car il n'y a rien à faire contre 50 centimètres de différence. Parce qu'un homme qui a toujours l'impression de parler au niveau du nombril des autres, a du mal à ne pas prendre le sien pour le centre et le malheur du monde.

Sadique, oui. Assassin, oui. Mais pas comme les autres non plus. Pierre a retrouvé les Assises pour la troisième fois. Mais c'était trop. Cette fois, il a été condamné comme les autres.

UN TOUT PETIT MORCEAU
D'ÉTOFFE GRISE

Joe Hopper a trente-cinq ans. Il est grand, brun, aux yeux bleus et les cheveux en brosse. Il a tout à fait l'air de ce qu'il est : un officier de la marine marchande, qui s'est marié il y a trois jours. Il est d'ailleurs normal qu'un bel officier de marine ait épousé Janet, l'une des plus jolies blondes de San Diego. Tout à fait normal qu'en voyage de noces ils vivent depuis trois jours dans un isolement total, tout là-haut au 26e étage d'un petit appartement posé sur un toit comme une boîte d'allumettes et dominant ce désert de pierre qu'est Chicago. Rien, absolument rien ne les intéresse qu'eux-mêmes. Le monde peut s'écrouler, ils n'en sauront rien. L'homme d'étage remporte chaque matin le journal resté plié sur le plateau du petit déjeuner. Il pleut sur Chicago depuis trois jours.

Le quatrième jour, Joe Hopper doit pour la première fois s'arracher à sa jeune épouse. Il a rendez-vous avec un camarade de collège, célibataire, établi comme médecin dans le sud de la ville. Ils doivent enterrer ensemble la vie de garçon de Joe Hopper. Joe comprend ce que cette petite cérémonie a de ridicule, mais c'est une réunion prévue de longue date, et, bien que sa femme lui demande d'y renoncer, il n'ose pas faire de peine à son vieux copain. Résultat : première bouderie conjugale qui ne sera pas le plus grave. Joe Hopper, malgré son manque d'enthousiasme, arrose consciencieusement cette première et pourtant brève séparation. Il commande péniblement un taxi et vers vingt-deux heures trente, quitte son camarade. Alors qu'il attend sur le trottoir, il regarde arriver une chienne amoureusement suivie de trois chiens, parmi lesquels un magnifique animal. Un grand colley, ces chiens dont le museau ressemble à celui du lévrier et doté d'un abondant pelage fauve et blanc en forme de crinière. L'animal est superbe. Les colleys sont les chiens préférés des Américains, dont l'enfance a été bercée par la célèbre série de télévision « Fidèle Lassie ».

Lorsque le chien passe, Joe se penche pour le caresser. Mais au moment où sa main s'enfonce dans la crinière, il tourne la tête brutalement. Deux fois ses crocs claquent dans le vide et la troisième fois, la bête recule, tirant de toutes ses forces sur la jambe qu'elle a saisie. Puis elle fait un écart lorsque le taxi se range au bord du trottoir, et s'enfuit. Joe regarde son pantalon déchiré et grimace de douleur. En colère, il crie au chauffeur :

« Mais il m'a mordu ! Il m'a mordu ! »

Ce cri de douleur et de rage parvient jusqu'aux oreilles de Scott White, assoupi dans son petit fauteuil dans sa petite maison basse au milieu de son petit jardin, et qui regardait la télé, non loin de là. Il a entendu l'aboiement furieux de plusieurs chiens parmi lesquels la grosse voix de Butch, son chien, un magnifique colley qu'il a laissé sortir dans la rue il y a un quart d'heure. Mais lorsqu'il se lève et ouvre la porte pour l'appeler, le menuisier ne voit que l'ombre de l'homme qui a crié. Puis l'homme monte dans un taxi qui s'éloigne. Butch, haletant, rejoint son maître et crache sur la moquette, avec un peu de boue, un tout petit morceau d'étoffe grise. Scott White, menuisier et brave homme de son état, hoche la tête avec réprobation et retourne s'assoupir devant sa télévision.

Le lendemain matin, dimanche, Joe Hopper hoche la tête en regardant la pluie qui continue de tomber sur Chicago. Janet, les cheveux blonds retenus sur la tête par un élastique, tire la langue avec application pour essayer de recoudre, d'une façon très provisoire, le pantalon gris qui a souffert de l'aventure de la veille. Au retour de son mari penaud, Janet a bien ri, en découvrant son mollet ensanglanté. C'est de nouveau le rire de sa femme qui a sorti Joe Hopper d'un sommeil lourd.

« Non mais si tu avais vu la tête que tu faisais hier soir avec ton pantalon déchiré ! Pour une fois que je te laisse sortir seul. Tout à l'heure on ira dans une teinturerie pour le faire stopper. »

Pour ne pas entendre plus longtemps les sarcasmes de la jeune femme, Joe ouvre la radio.

Ce même dimanche matin, le menuisier Scott White remarque l'attitude bizarre de son chien. L'animal se cache sous la table et, lorsque le menuisier s'approche, il s'écarte pour se terrer dans un coin. Par moments, il est agité et se met à aboyer sans raison.

Dans le petit appartement, Janet demande :

« Si on arrêtait cette radio ? »

Elle n'aime ni la radio ni la télévision. Janet est une jeune femme moderne et énergique, qui lit et étudie beaucoup. Elle estime que la radio, la télévision et les kyrielles de journaux illustrés sont des agents de dispersion de la pensée. Elle ne veut pas que Joe, pendant leur lune de miel, pense à autre chose qu'à eux, et à eux seuls.

« D'accord ! dit Joe. Mais il pleut. Si on allait au soleil ?

— Ah ! ça, je serais d'accord, dit la jeune femme. Mais où ? »

Pendant que se déroule cet important dialogue, stupeur du menuisier Scott White : il promène son chien Butch lorsque celui-ci tire brutalement et si fort sur sa laisse qu'il lui échappe. L'animal se précipite alors sur un tas de pierres et les avale. Scott White en reste pantois.

Dans la chambre d'hôtel, Joe Hopper récapitule les possibilités de soleil : les Caraïbes, tu connais. La Floride, tu connais. La Californie, c'est là que nous allons vivre. La France, c'est pas la bonne saison. Donc, nous avons le choix entre l'Espagne et l'Italie...

Janet réfléchit quelques instants et décide :

« Je choisis l'Espagne. »

Et le dimanche pluvieux s'écoule à Chicago.

Le lundi vers dix heures du matin, le menuisier Scott White, ayant constaté que Butch devenait agressif et cherchait à mordre son entourage, le conduit — solidement tenu en laisse — chez le vétérinaire.

« C'est dommage, dit le vieux vétérinaire chevelu, grisonnant et barbu comme le Père Noël... C'est une belle bête... Il faut prévenir l'Administration.

— Mais bonté divine, qu'est-ce qu'il a ?

— Il a la rage », dit le vétérinaire.

Joe Hopper et Janet, en imperméables ruisselants, ont remonté Washington Avenue pendant quatre cents mètres pour s'engouffrer dans une agence de voyages où des affiches de toutes les couleurs proposent du soleil. L'employé a beau leur suggérer une croisière sur un mirifique paquebot, un séjour de milliardaire dans un hôtel d'Acapulco, ils s'en tiennent à leur idée première : l'Espagne, et ils sont pressés. L'employé établit donc l'itinéraire le plus rapide : un vol pour

Madrid le lendemain à huit heures du soir. A Madrid, où ils arrivent le matin, correspondance pour Malaga, la navette de l'hôtel Les Pyramides les conduira sur la Costa Del Sol. Ils jouiront d'une chambre avec terrasse donnant sur la mer. Plus qu'une journée avant le soleil.

Au sixième étage d'un building de Chicago, se tient une petite conférence improvisée entre le directeur de la Santé et quelques-uns de ses collaborateurs. On étudie le rapport du menuisier Scott White. Pour conclure, le directeur de la Santé se tourne vers Al Binder, le collaborateur généralement chargé des affaires de dépistage, où il faut être tout à la fois médecin et détective.

« Al... C'est clair, dit-il, un homme a été mordu par un chien enragé. Et tu dois le retrouver. »

Comme toute sa garde-robe légère est restée en Californie, Janet Hopper, suivie de son mari, qui porte les paquets, achète un pantalon de toile blanche, un corsaire, une petite robe légère et un maillot de bain. A leur retour au pigeonnier, elle suggère tout en préparant les bagages :

« Si tu écrivais un petit mot à maman ? »

Joe n'aime pas tellement écrire. Surtout des lettres, et surtout à sa belle-mère. Il aime bien sa belle-mère, mais sans plus. Il lui trouve l'esprit critique. Elle se targue d'être une littéraire alors que lui en est plutôt resté au style colonie de vacances : « Je mange bien. Je dors bien. Je m'amuse bien. »

« C'est plutôt à toi de lui écrire », dit-il à sa femme.

Janet hausse les épaules, sort du papier à lettres pour y jeter quelques lignes, l'avertissant de leur départ en Espagne. Puis montre la feuille à son mari.

« Sois gentil, mets-lui un mot.

— Mais qu'est-ce que tu veux que je lui dise à ta mère ?

— N'importe quoi. Ça lui fera plaisir. Raconte-lui par exemple comment tu as été mordu par un chien. »

Devant la moue de son mari, Janet, vexée, décide :
« Eh bien, c'est moi qui vais lui écrire. »

Les journaux de Chicago se sont jetés sur l'affaire juteuse. Ils en ont fait une manchette en première page, suivie d'articles du genre dramatique et pompier, tels que celui-ci :

« Plus que dix jours à vivre et un arrêt de mort en poche »... « Un inconnu qui, dans la soirée du 10 octobre, a été mordu par un chien devant une maison au 115 Brandon Avenue, doit se présenter immédiatement à la clinique la plus proche. Ce chien, un grand colley, est enragé. Ce qui signifie que l'homme qui a été mordu mourra dans dix jours : le 24 octobre, d'une mort pénible, s'il ne se fait pas vacciner à temps. Quatre précieuses journées sont déjà passées. L'incubation de la rage met quinze jours à devenir mortelle. »

Toute la journée du lendemain, dans leur pigeonnier, le temps semble long à Joe et Janet Hopper qui doivent partir ce soir. Il pleut toujours à Chicago où l'ennui devient mortel. Une fois ou deux, Joe a louché vers le journal mais il sait que ça ne plairait pas à Janet. Quant à la radio, il la met de temps en temps mais chaque fois que la musique s'interrompt et que le moindre bla-bla commence, il tourne le bouton.

La veille à la demande du chef de la Santé, toutes les émissions radio sur tous les émetteurs (et il y en a une trentaine à Chicago) ont été interrompues une douzaine de fois pour lancer un appel de recherche. En vain ! Nul ne se présente dans aucun hôpital.

« Ce n'est pas facile, explique le chef de la Santé aux journalistes. Il y a 3 680 000 habitants à Chicago. Nous en cherchons un seul, nous ne savons rien de lui, et pour le retrouver, nous n'avons plus que dix jours. »

A six heures de l'après-midi, Janet et Joe Hopper montent dans un taxi et partent pour l'aéroport.

« C'est tout ? a dit le chauffeur en saisissant l'unique valise.

— Oui, c'est tout. On n'a pas besoin de vêtements. On va au soleil », dit Joe.

Le chauffeur, en souriant, les regarde dans le rétroviseur. Ils ont l'air de ce qu'ils sont : deux jeunes mariés heureux qui partent pour leur voyage de noces.

Pendant ce temps, toutes les voitures de police disponibles quadrillent Chicago et lancent des messages par haut-parleurs. Mais dans l'aéroport de Chicago, aux couloirs interminables et grouillant de monde, Joe et Janet se dirigent vers la salle d'embarquement. De ci de là, quelques voyageurs lisent un journal grand ouvert devant eux. Joe aperçoit les gros titres, mais, depuis quarante-huit heures que les recherches sont en cours, la presse ne leur consacre déjà plus la première page.

A vingt heures précises, le Boeing de la Panam décolle de Chicago en direction de Madrid, emportant Janet et Joe Hopper en voyage de noces au soleil.

La rage devient mortelle après quinze jours d'incubation. Al Binder, le médecin légiste chargé des dépistages par le chef de la Santé de Chicago, se rend une fois de plus auprès de Scott White, le propriétaire du chien qui ne s'est pas encore remis de la mort de son pauvre Butch. Quand il en parle, il a les larmes aux yeux. C'est tout juste s'il a entrevu la silhouette de l'homme qui a été mordu. Par contre, il se souvient qu'en rentrant dans la maison, Butch a craché avec de la salive, un tout petit bout d'étoffe.

« Où est-il ce bout d'étoffe ?

— Je l'ai jeté. Je ne savais pas ce que c'était.

— Quelle couleur ?

— Grise.

— Uni ?

— Oui.

— Quel genre de tissu ?

— J'connais pas grand-chose dans les tissus... C'était un tissu dans le genre costume d'homme quoi.

— L'homme était mordu où ? Quelle partie du corps ?

— De la façon dont il est monté dans le taxi en se tenant la cuisse, j'ai l'impression qu'il a été mordu à la jambe.

— Donc, l'homme portait un pantalon gris. »

A tout hasard, Al Binder fait interroger les pharmacies et dispensaires. Et il y en a des milliers à Chicago ! A part un homme qui a été mordu par son propre chien, un fox-terrier, aucune autre piste.

Le sixième jour. Un chauffeur de taxi vient trouver Al Binder. Il travaille de nuit et, comme il écoute des cassettes dans sa voiture, il écoute peu la radio. C'est donc seulement ce matin qu'il a lu dans le journal, un entrefilet selon lequel un homme que l'on recherchait pour une morsure de chien enragé, n'était toujours pas retrouvé. Or il se souvient qu'il y a six jours, il a chargé un client qui venait de se faire mordre par un chien.

« Et où l'avez-vous descendu ?

— Au carrefour de Washington Avenue et de Well Street West. »

Le carrefour est en plein centre de Chicago. Autant dire que le renseignement est un peu vague. A proximité immédiate, il y a plusieurs hôtels. Mais aussi deux buildings d'appartements dont certains sont des « meublés » à louer. Autant chercher une aiguille dans une botte de foin !

Septième jour. Al Binder a une idée de génie. D'après Scott White, le morceau de tissu ayant été arraché probablement au pantalon de l'homme, ne pouvait donc pas être recousu. Par contre on pouvait espérer lui faire un stoppage. Le voilà donc faisant le tour des teintureries du quartier. Et dans l'une d'elles, un employé se souvient qu'un jeune couple lui a apporté un pantalon à stopper. Les dates concordent. La demande s'est faite le lendemain de l'accident. Mais pour le stoppage, l'employé ayant demandé une semaine, le couple n'a pas accepté car il devait partir en voyage très prochainement.

« Où ça ? Est-ce qu'ils vous auraient dit où par hasard ?

— Non, ils avaient l'air de ne pas être décidés. Je crois qu'ils en avaient assez de la pluie et qu'ils voulaient aller au soleil, mais c'est tout ce qu'ils ont dit. »

Dans les hôtels, on fournit volontiers la liste des clients partis les jours précédents, mais aucun ne semble avoir été mordu par un chien. En désespoir de cause Al Binder rassemble tous ses effectifs disponibles pour faire du porte à porte dans les deux buildings d'appartements du quartier.

Le huitième jour, dans l'un d'eux, un homme qui assure le service d'étage au 26e, se rappelle avoir descendu la valise d'un couple de jeunes mariés. Le manager de l'immeuble n'a qu'à jeter un coup d'œil sur son registre. Il s'agit de Joe et Janet Hopper, demeurant à San Diego, Californie. A leur adresse il n'y a personne bien sûr. L'enquêteur va donc vérifier l'état civil, et noter la date du mariage : 9 octobre, le nom et l'adresse de la belle-mère, à qui il s'empresse de téléphoner. Il se contente de dire qu'il recherche le couple pour information, sans parler de rage pour ne pas affoler la pauvre femme. De plus il n'a pas de temps à perdre. Nanti de l'adresse en Espagne indiquée dans la lettre de Janet, Al Binder téléphone à l'hôtel Pyramides à Fuengirolla. Mais Janet et Joe Hopper ne sont plus à l'hôtel. Selon les registres, ils sont partis hier.

« Où sont-ils allés ? »

Le concierge de nuit n'en sait rien.

« Mais pourquoi sont-ils partis ? »

Il ne sait pas non plus. Etant concierge de nuit, il ne peut pas savoir ce qui se passe le jour.

Al Binder est effondré. Cette fois, c'est fichu. Le neuvième jour est largement entamé. Il faudrait plusieurs jours pour retrouver la trace du couple en Espagne. Il ne reste qu'une chance : prévenir Interpol.

Dans le courant de la neuvième journée, Washington transmet donc au Bureau d'Interpol à Madrid, un avis de recherche d'urgence. Dans la soirée, les policiers qui opèrent à la demande d'Interpol dans la ville même de Malaga, retrouvent la trace du jeune couple. Janet et Joe se sont installés dans un hôtel assez médiocre en pleine ville. Mais leur chambre ne répond pas. Leur clef est au tableau. Ils ne sont pas rentrés de la journée.

Cette fois, il faut prévenir la famille. Et Al Binder rappelle Mme Windsor qui n'a pas d'autres nouvelles. Il raconte son enquête et conclut :

« Je n'ai plus que dix heures pour retrouver votre gendre.

— Quoi, c'était lui ? »

Al Binder a déclenché un véritable flot de paroles affolées, à peine compréhensibles. Pourtant il en sait assez. De l'autre main, il décroche un autre téléphone et appelle directement la police de Malaga. Lorsque enfin il l'a au bout du fil, il ne dit que quelques mots :

« Cherchez dans les hôpitaux. »

Et c'est ainsi que le dixième jour, la police de Malaga retrouve Janet Hopper souriante au chevet de son mari en observation depuis deux jours dans un hôpital de Malaga.

Lorsque Janet avait écrit à sa mère, elle lui avait brièvement raconté l'épisode de la morsure. Mme Windsor s'est empressée de répondre par retour du courrier, en disant à peu près : « Je m'étonne qu'à Chicago tant de gens soient mordus par des chiens. Qu'est-ce que fait la fourrière ? Joe se fait mordre alors qu'on cherche partout un homme mordu par un chien enragé, comme vous avez dû le lire dans les journaux. Même ici à San Diego le journal paroissial de dimanche a raconté l'affaire. »

La lettre étant arrivée le huitième jour à l'hôtel Pyramides, Janet et Joe Hopper, horrifiés, se précipitèrent à Malaga dans le premier hôpital venu où l'on administra un vaccin à Joe. Puis Janet retourna à l'hôtel prendre sa valise pour louer une chambre à côté de l'hôpital.

« Tu vois ! a dit Janet à Joe, tu vois qu'il faut tout dire à maman ! »

Et ils furent heureux avec belle-maman.

IN VINO VERITAS

La salle du théâtre est vide, mais la scène est illuminée pour une répétition. Sur cette scène, Arne Dreyer, qui tient l'un des rôles principaux de la pièce, annonce son texte en répétant les jeux de scène. Sa maîtresse est au troisième rang. Grande, blonde, jolie, elle porte la trentaine avec beaucoup de charme. Elle n'a pas vu arriver le policier dans son dos. Il arrive de Zurich, délégué par Interpol, et il a demandé madame Jacobsen à l'entrée, en montrant sa carte. Le planton lui a désigné une opulente chevelure blonde, de dos, et il avance dans l'allée centrale jusqu'au troisième rang.

« Madame Jacobsen ?
— Oui.
— Madame, Interpol m'a demandé de vous transmettre une nouvelle... Une mauvaise nouvelle. Votre mari est mort dans sa maison, en Provence. On pense qu'il s'est suicidé. »

La femme a pâli, mais reste muette. Le policier qui l'observe se demande ce qui l'a frappée le plus, de l'idée de la mort ou de celle du suicide. Il poursuit :

« On a trouvé trois lettres à son chevet. Deux, adressées à son notaire de Copenhague. L'autre vous est destinée. Le commissaire de police de Nîmes la tient à votre disposition. »

La femme s'est levée d'un bond, elle crie :

« Arne ! Arne ! »

Sur la scène, l'un des comédiens se fige. C'est son amant : un grand gaillard brun au « physique de théâtre classique » : un mélange d'aisance et de prestance qui peut recouvrir aussi bien le talent que l'immense bêtise.

« Qu'est-ce qu'il y a ? demande-t-il d'une voix profonde et retenue.

— Hans s'est suicidé. »

Le 6 octobre 1934, à dix heures du matin, Birgitte Jacobsen est reçue par le commissaire de police de Nîmes. Elle a retiré sa toque de fourrure et secoué l'avalanche de ses cheveux blonds. Le commissaire l'a regardée faire, derrière ses binocles, il attend qu'elle parle la première :

« Vous êtes sûr que c'est un suicide ? demande la jeune femme.

— Certain. Je pense d'ailleurs que cette lettre vous le confirmera. »

Birgitte Jacobsen retire ses gants de chevreau pour ouvrir l'enveloppe d'une main tremblante. Elle lit les quelques phrases que lui destinait son défunt mari et serre les dents pour retenir ses larmes. Puis répond calmement aux questions.

Il suffit de quelques minutes au commissaire pour apprendre ce qui lui est nécessaire : Industriel à Bruxelles, Hans Jacobsen à soixante-cinq ans s'était retiré, très fortuné, dans un mas des environs de Nîmes, entouré de vignes, de champs de lavande et de bois. Il aurait pu y vivre des jours paisibles près de sa jeune et jolie femme et de ses chères bouteilles. Amateur très éclairé de bons vins, il avait religieusement réuni les meilleurs crus dans une cave voûtée, vaste et silencieuse comme une église. Malheureusement, il avait un neveu : Arne Dreyer, Danois lui aussi, et comédien. Arne enviait tout ce que possédait son oncle : le mas, la cave et la femme. Prétentieux, disert et sûr de lui, ayant un avis sur tous et sur tout, Arne Dreyer s'acharnait à séduire Birgitte Jacobsen. De sa voix sonore et creuse comme celle des tambours, il répétait à l'infini :

« Vous perdez votre temps avec ce vieillard. »

Tant et si bien que ce qui devait arriver arriva. Birgitte Jacobsen à la fin du dernier été, s'en fut avec le neveu au physique de théâtre. Hans Jacobsen s'est alors suicidé, laissant les trois lettres : l'une à sa femme lui expliquant qu'il se supprimait pour qu'elle soit libre ; la seconde à son notaire, l'avertissant qu'il faisait de sa femme sa légataire universelle et la troisième, également adressée au notaire, spécifiant que ce dernier ne devait l'ouvrir que dix années plus tard, le 29 septembre 1944.

Birgitte Jacobsen sort du bureau du commissaire qui a compris que la jeune femme, malgré son remords, malgré le scandale, épousera dans quelques mois Arne Dreyer. Mais cela ne le regarde pas. Pendant deux ans on ne reparle plus de l'affaire.

En septembre 1936, un policier danois entre au Théâtre Royal de Copenhague et demande à voir le comédien Arne Dreyer. On lui présente le grand garçon brun de trente-sept ans au physique de théâtre. Et une étrange scène se renouvelle.

« Monsieur Arne Dreyer ?
— Oui.
— Monsieur, Interpol m'a demandé de vous transmettre une nouvelle. Une mauvaise nouvelle. Votre femme est malade dans votre maison de Provence. Ses jours sont en danger. On craint qu'elle soit empoisonnée. »

Le lendemain en fin de matinée, Arne Dreyer descend du taxi devant la merveilleuse vieille bâtisse. Les cigales chantent dans les lavandes, le vent fait frissonner les feuilles du vignoble qui laissent apercevoir de belles grappes bien mûres. Un homme calme, en melon et en redingote malgré le soleil, attend assis sur un banc à la porte du mas : c'est le commissaire de police de Nîmes qui le regarde d'un œil un peu dur derrière ses binocles.

« Monsieur Dreyer. Votre femme n'est plus là. On a dû la conduire hier à l'hôpital. Malgré tous les efforts des médecins, elle est morte dans la soirée. »

Ecrasé par cette nouvelle affreuse, après une journée et une nuit passées debout dans un train glacial, le comédien pâle et fripé sous le soleil, ressemble à un pantin tremblant et bredouillant :

« Morte... Mais de quoi ?

— On pense qu'elle a été empoisonnée. Les premiers malaises l'ont saisie il y a quelques jours. A l'hôpital, on lui a fait un lavage d'estomac. Et avant-hier, les malaises ont repris.

— C'est la première fois que nous étions séparés, gémit le comédien.

— Depuis quand vous êtes-vous installés en Provence ?

— Il y a deux mois.

— Et pourquoi vous êtes-vous séparés ?

— Je dois jouer une pièce à Copenhague. Birgitte restait là pour profiter de l'automne. »

Le commissaire en déduit que l'amour avait fait long feu entre Birgitte et Arne. A l'enterrement cependant le comédien promène un visage hagard, aux traits mous et sans caractère. Il trébuche sur les pierres du cimetière et gémit comme un enfant. Les jours suivants, on voit souvent sur le chemin du mas le melon et la redingote du commissaire. Il fait fouiller la vieille bâtisse, analyser les résidus de cuisine, interroge les voisins et la bonne, le jardinier et le facteur : sans résultat. Un moment, il pense même au vin. Mais les domestiques en buvaient aussi et ne sont pas malades. Alors après quelques mois, l'enquête est abandonnée. Entracte assez long. Puis le rideau se lève sur le troisième acte.

Trois ans après le suicide de Hans Jacobsen, un an après la mort de Birgitte, une ambulance emmène Arne Dreyer à l'hôpital où il meurt malgré des traitements énergiques. L'autopsie révèle qu'il a été empoisonné à l'arsenic.

Cette fois, il n'y a plus d'autres personnes à prévenir, que le commissaire de police de Nîmes. Et une fois de plus, le policier au chapeau melon et à la redingote prend le chemin du mas. Il a l'impression d'entrer tout éveillé dans un cauchemar. Bien sûr les cigales chantent toujours dans les champs de lavande, mais les grappes pourrissent sur le vignoble et les volets claquent sur les murs de la vieille bâtisse. Il doit faire chercher par les gendarmes la bonne et le jardinier qui ont fui la propriété.

« Que s'est-il passé ? demande le commissaire en observant derrière ses binocles la pauvre femme, affolée.

— Je ne sais rien, monsieur le commissaire. Je ne sais rien. »

Elle ne sait rien sinon que Arne Dreyer, depuis quelques mois, se portait mal, sujet à des crises de fatigue extrême qui cessaient rapidement.

« Monsieur Arne, explique le jardinier, était persuadé qu'on voulait l'empoisonner. Il nous faisait goûter tous ses plats. Mais comme il continuait à être malade, il a décidé de préparer lui-même ses plats. Même que, des fois, il lavait ses verres et son assiette avec du vin qu'il débouchait lui-même.

— Et ce vin, vous en buviez ?
— Oui.
— Et vous n'avez jamais été malades ?
— Non. »

De son côté, le médecin reste sur une prudente réserve :

« Oui, c'est vrai. Au début, Arne Dreyer m'a fait venir plusieurs fois.

— Il avait des malaises ?

— Plutôt des passages à vide, qui duraient quelques heures, parfois une journée ou deux.

— Vous n'avez jamais soupçonné un empoisonnement ?

— Si. Et lui aussi. Et à cette époque, je lui avais conseillé de vous avertir. Mais apparemment il n'en a rien fait. Depuis je ne le voyais plus. Il ne me consultait plus et je n'avais guère envie de lui rendre visite, ni moi ni personne d'ailleurs. Les gens d'ici ne l'aimaient pas : à la campagne, on a de la mémoire.

— Comment vivait-il ?

— En reclus. Il avait pris dix kilos. Son corps était noyé dans une graisse flasque. Il avait renoncé au théâtre et traînait dans le mas, en se consolant avec la fortune et la cave.

— Il n'avait pas de problème d'argent ?

— Aucun. Le notaire de Copenhague respectait les engagements pris par son oncle. »

Le notaire ! Le commissaire se jette sur son chapeau melon et sur sa redingote, sort du mas, appelle les gendarmes et se précipite vers la voiture. Le notaire ! Il avait oublié le notaire et la fameuse lettre à n'ouvrir qu'en septembre 1944. Le problème est de savoir, si par l'intermédiaire d'Interpol à Copenhague et sur commission rogatoire, le notaire peut ouvrir la fameuse lettre. En 1937, ce genre de démarche ne s'effectue pas en quelques heures. Et les jours passent.

Pendant que les jours passent, le 6 août, la police de Nîmes est appelée par un habitant de la ville. Il loue un appartement (si l'on peut appeler ainsi cet ensemble de mansardes vétustes) à un couple d'ivrognes notoires aux ressources mystérieuses. Depuis deux jours, ils n'ont pas donné signe de vie. Pourtant ils sont chez eux, le propriétaire en est sûr : il les a vus entrer avec des paquets. C'est vrai. Et on les trouve tout simplement dans leur lit, ivres morts, ensevelis sous des tas de bouteilles de vin vides.

Ils sont tellement ivres que, le soir, ils n'ont pas encore repris totalement connaissance. Tellement ivres que, dans la nuit ils vomissent tripes et boyaux. Pour supporter une « cuite » pareille, il faut vraiment de l'expérience, et un foie qui n'en est plus un. Le lendemain, l'homme et la femme émergent enfin : hâves, pâles, et titubants. Les jours suivants, les voisins les rencontrent en pleine forme. Et le lundi, ils recommencent. Ils ont dû boire samedi et dimanche comme des trous et on les retrouve cette fois tellement malades qu'il faut les conduire à l'hôpital où on leur fait un lavage d'estomac. A tout hasard, on analyse, et stupeur ! Les deux ivrognes ont avalé une copieuse dose d'arsenic.

En apprenant l'incident, le commissaire de Nîmes se précipite dans la soupente des deux ivrognes. Là, dans un désordre indescriptible un ramassis d'objets hétéroclites, résidus sans valeur de larcins minables, au milieu de loques crasseuses, de trognons de pain et de verres sales, il fait une étrange découverte. Et son enquête prend une tournure tout aussi étrange :

« Allô ? Le restaurant Imperator ? Est-ce que je pourrais parler au sommelier ? Allô ! Vous êtes le sommelier ?

— Oui, répond une voix enjouée.

— Ici le commissaire de police. Je voudrais un renseignement. On me propose quelques bouteilles. Je voudrais savoir ce que ça vaut.

— Je vais essayer, monsieur le commissaire. De quoi s'agit-il ?

— Eh bien voilà. J'ai sous les yeux une bouteille. Je vous lis l'étiquette : « Suduiaut — commune de Prégnac ».

— Oui, dit le sommelier. Je connais. C'est un sauterne premier cru. Quelle année ?

— 1928. »

Le sommelier fait entendre un sifflement admiratif.

« Premier ordre ! dit-il. Vous pouvez prendre les yeux fermés. Mais ça doit être très cher.

— J'ai aussi un « Pauillac — Château Latour ».

— Remarquable ! Surtout si c'est une bonne année.

— Attendez... Je crois bien que j'en ai deux bouteilles : une 1929 et une 1934.

— Ce sont les meilleurs depuis le début du siècle. C'est intéressant. Vous avez autre chose ?

— Oui... Dans les bourgognes maintenant : j'ai un « Clos de la Perrière, commune de Fixin ».

— Oui, c'est un Côte de Nuits... Quelle année ?

— 1923.

— Fameux ! Vous pouvez prendre.

— A votre avis, demande enfin le commissaire, où peut-on trouver des vins comme ceux-là ?

— Oh ! dans les grandes caves. Dans les très grandes maisons ou chez les amateurs très, très éclairés, et très fortunés.

— Mais ces vins ne viennent pas de chez vous ?

— Non. Nous n'avons aucun de ceux que vous m'avez signalés.

— Vous avez connu, je pense, Hans Jacobsen ? C'était un amateur, je crois...

— Oui, bien sûr. Mais il est mort il y a quelques années.

— Je sais. Pouvait-il avoir des vins comme ceux-là ?
— C'est très possible. »

Le temps de passer au laboratoire pour faire analyser le fond des bouteilles et le commissaire prend une dernière fois la route du mas abandonné.

Là, dans la cave où règne une température égale, à la fois froide et douce, dans une bonne odeur de terre et de bouchon, vaste et silencieuse comme une nef d'église, le petit homme en redingote et chapeau melon se détourne des rangées interminables des vins vulgaires pour concentrer le regard de ses binocles, sur les bouteilles portant de somptueuses étiquettes. Il a compris.

Quelques jours plus tard, le notaire de Copenhague le lui confirmera : Hans Jacobsen, ainsi qu'il l'explique dans sa lettre, connaissant le goût de son neveu pour les bons vins qu'il hésiterait à partager, sachant que les domestiques n'auraient droit qu'aux vins vulgaires, avait empoisonné ses meilleures bouteilles. Dieu sait ce que cela avait dû lui coûter ! Il en fournit d'ailleurs la liste interminable. On peut lire, par exemple : « Pomerol, Château Petrus 1915 » : empoisonné. « Morey-Saint-Denis Clos de la Roche 1923 » : empoisonné.

Sachant que sa femme n'appréciait guère les grands crus mais ne dédaignait pas le porto, il ne l'avait pas oubliée.

Le jour où il fallut détruire ces vénérables bouteilles en les vidant dans une fosse à purin, la petite histoire raconte que plus d'un gendarme en eut les larmes aux yeux.

Assassiner au vin millésimé, il faut bien reconnaître que c'est du gâchis.

CE PAUVRE CHARLES

Les deux maisons de granit, coiffées d'ardoises centenaires, se dressent comme deux jumelles de chaque côté de la route, à la sortie de Slaney Falls en Irlande. Elles donnent chacune sur une prairie : l'une traversée par une rivière à truites, l'autre par un chemin creux, bordé de vieux chênes vingt fois mutilés par la foudre et le vent. Un ancêtre des Payne les fit jadis construire pour ses deux enfants. Dans l'une habitent encore des Payne qui ont six enfants et dans l'autre un Hongrois. Il est bien brave, on lui voudrait plutôt du bien, mais c'est un étranger. Et en Irlande un étranger reste un étranger. Il s'appelle M. Charles K. En ce mois de janvier 1967, Thomas Payne invite pourtant son voisin, l'étranger de la maison jumelle, au baptême de son dernier-né. C'est une réception à l'Irlandaise où la bière coule à flot. Dans le murmure de la pluie glacée qui tombe sur le village désert, on entend chanter dans la petite maison de granit des Payne. Toute la population s'y est rassemblée, et l'on se souviendra longtemps du baptême du petit Gregory Payne.

Dans la fumée des pipes et les vapeurs de la bière irlandaise, Charles K. passe à peu près inaperçu. Les hommes ne lui trouvent rien d'extraordinaire, car tout paraît fragile en lui : la santé, le moral, le nez, la bouche, tout est délicat. Lorsqu'il s'est enfui de Hongrie en 1956, c'était un peu comme s'il laissait sa raison de vivre derrière lui. Il avait trente-huit ans et Katarine, la seule femme qu'il eût jamais aimée, venait d'être tuée à ses côtés au cours du soulèvement de Budapest par une balle soviétique. Katarine était rousse et possédait les plus beaux yeux du monde. Elle était fille d'un Hongrois et d'une Irlandaise. C'est pour cela que Charles est venu se réfugier en Irlande et y exerce pendant treize ans son métier d'ébéniste. Pendant treize ans, inconsolable, il a évité soigneusement la fréquentation des femmes parmi ses quelques relations à Slaney Falls. Jusqu'à ce baptême chez Thomas Payne. Jusqu'à ce que la sœur de Thomas Payne venue d'Angleterre pour le baptême apparaisse.

Rousse comme Katarine. Des yeux bleus comme Katarine. Le même visage aux pommettes légèrement saillantes, comme Katarine. Quinze centimètres de plus que Charles, grande et musclée comme Katarine. Charles K. s'est figé sur place comme cueilli au vol par un rayon paralysant : et devant sa stupeur manifeste, tout le monde s'est tu.

« Je te présente ma sœur, a dit Thomas Payne. Elle aussi s'appelle Katarine. »

Alors pour la première fois depuis treize ans, au son de l'accordéon, dans la grange des Payne, Charles invite une femme à danser. Il la prend dans ses bras et il en est déjà amoureux. Elle est un peu plus grande, un peu plus forte, un peu plus lourde que sa Katarine mais il en est amoureux. Et plus elle boit, plus elle chante, plus elle danse, plus elle explose de joie, plus il est amoureux.

Nul ne s'étonnera de voir ces deux-là se marier comme s'ils avaient un train à prendre. Mais au mois de septembre 1967, Thomas Payne vient trouver la police locale, pour lui faire part de son inquiétude. Sa sœur Katarine s'est disputée avec son mari Charles K. et elle est partie depuis dix jours, sans donner de nouvelles. Le constable O'Brien s'en va donc dans le village, de porte en porte, pour mener sa petite enquête. Mais on n'aime pas beaucoup la police à Slaney Falls et O'Brien n'apprend rien. Sinon que depuis quelque temps les disputes étaient fréquentes entre Charles et sa femme.

Charles K., hâve, presque hagard, gémissant et malheureux comme les pierres, ne cesse de répéter indéfiniment :

« Elle est partie. Vous vous rendez compte, constable, elle est partie ! Mais je l'attends, elle a les clefs. Elle reviendra quand elle voudra... Mon Dieu elle est partie... »

Bien que l'on puisse s'attendre à tout de la part d'une Irlandaise, la disparition de Katarine, mariée depuis six mois, paraît suffisamment anormale pour justifier une demande de recherches du Bureau central national d'Interpol de Dublin, diffusée dans la zone « I » c'est-à-dire toute l'Europe.

Trois jours après cette diffusion, Thomas Payne reçoit un télégramme de sa sœur Katarine : « Suis à Londres chez tante Margrette. Rentrerai bientôt. » Interpol vérifie : la tante Margrette confirme... Mais Katarine quitte la tante Margrette et ne reparaît pas à Londres. Etrange. Cinq mois plus tard, une lettre de Katarine, en provenance cette fois de Paris, laisse entendre qu'elle voyage, accompagnée d'un ingénieur suisse à propos duquel elle fait peu de commentaires. Encore plus étrange. Six mois encore et, cette fois, la lettre de Katarine vient de San Remo en Italie. Elle y explique qu'elle a honte de la façon dont elle a quitté le village et honte de sa nouvelle vie. Mais elle n'a besoin de personne, et ne veut revoir personne. De plus, les termes sont désagréables. Katarine laisse transparaître une personnalité vulgaire et veule, accablant de critiques perfides Mme Payne sa belle-sœur, qu'elle accuse presque d'avoir tenté de nouer avec son mari des relations coupables ! Cette fois, Thomas Payne et sa femme enfilent leurs habits du dimanche, prennent l'autocar pour Dublin et sont reçus au Bureau central national d'Interpol par un constable qui enregistre avec soin leur déposition.

« Selon vous, il se pourrait que les deux dernières lettres de votre sœur Katarine ne soient pas authentiques ?

— Oui, c'est ça », répond le brave Thomas Payne, intimidé.

Sa femme l'est moins : Prolixe et véhémente, elle explique :

« C'est pas selon nous. C'est certain. Nous ne reconnaissons pas du tout son écriture. Regardez et comparez. Voici une lettre qu'elle nous a écrite avant son mariage et les deux dernières. C'est imité ! Je suis sûre que c'est imité ! Et puis, toutes ces sottises qu'elle raconte. Jamais Katarine n'aurait écrit des choses pareilles. Ce n'est pas une sainte. Oh ! là ! là, il y aurait même beaucoup à dire, malgré ce qu'en pense mon mari. Mais de là à insinuer ce qu'elle insinue ! »

Quelques instants plus tard, ayant admis que les deux lettres sont très probablement des faux assez grossiers et donc qu'il peut s'agir d'une affaire grave, le constable conduit Thomas Payne et sa femme dans le bureau du surintendant Scott Kerron. Le surintendant écoute calmement son rapport, puis demande aux Payne :

« Vous pouvez me dire quelques mots sur ce mariage ? Les circonstances, s'ils s'entendaient bien. S'ils voulaient des enfants.

— Bien sûr que ma sœur voulait des enfants ! dit Thomas Payne. Elle voulait cinq garçons et six filles !

— C'est ce qu'elle disait ! précise en haussant les

épaules Mme Payne. Mais, souillon comme elle était, je me demande comment elle aurait pu les élever. C'est comme pour la cuisine, avant son mariage avec ce pauvre Charles, elle lui a fait des tas de petits plats parce qu'elle le savait gourmand. Avant le mariage elle avait toutes les qualités, aimable, douce, etc. Mais après ! »

Mais le surintendant voudrait surtout savoir si Katarine est femme à se suicider. Ce qui provoque une nouvelle explosion de Mme Payne :

« Katarine, se suicider ? Vous voulez rire ! C'était pas son genre. Quand elle avait un coup de cafard, elle avalait une bouteille de whisky. Et ça allait beaucoup mieux après.

— Elle n'était pas malade ?

— Malade ! Malade ! Katarine, malade. Non, mais il fallait la connaître, monsieur. Je l'ai vue dans un concours avaler une douzaine de grives, six irish coffee et même du scotch. Eh bien, monsieur elle était derrière la table comme je vous vois, droite comme un i.

— Est-ce qu'ils s'aimaient ? »

Le brave Thomas Payne, ses favoris en pointe dardés vers le policier arrive à placer un mot, ce qui n'est pas facile depuis le début.

« Oui, monsieur le surintendant. Je pense qu'ils s'aimaient. Et pour Charles, j'en suis sûr.

— Oui, siffle Mme Payne, qui s'empresse de reprendre l'avantage. Pour ce qui est de ce pauvre Charles, on peut en être sûr. Et, c'est pas ce qu'il a fait de plus intelligent dans la vie ! Parce que, pour ce qui est de Katarine, moi je pense qu'elle l'a jamais aimé. Elle voulait se marier, c'est tout. Rendez-vous compte, monsieur, que cette fille était belle. Très belle ! Eh bien, vous me croirez si vous voulez mais, à vingt-neuf ans, il y a pas un homme qui voulait d'elle, tellement elle avait un fichu caractère. Pour la chose, oui, ils étaient tous d'accord. Mais pour le mariage, pas question ! »

Thomas Payne en tant que frère et Irlandais se sent vexé :

« Si on t'écoutait, c'était presque un laissé-pour-compte !

— Mais c'était un laissé-pour-compte ! Quand elle a rencontré le pauvre Charles, un bel homme et sérieux, elle a pas hésité. C'était sa seule chance de pas rester vieille fille. D'ailleurs ça n'a pas traîné. Ils se sont mariés deux mois après s'être rencontrés au baptême de notre dernier. Et vous savez où, monsieur ? A l'église Saint-Patrick à Cork. Et vous savez pourquoi ? Elle a voulu montrer à toute la ville parce qu'elle est connue là-bas, qu'elle pouvait se marier. Parce que là-bas tout le monde pensait qu'elle ne pourrait jamais se marier. Et moi, en les regardant, je me disais : « Pauvre Charles ! »

Cette fois, Thomas Payne se fâche :

« Tais-toi ! Tu exagères ! Lui-même reconnaissait qu'elle lui était bien supérieure. Lorsqu'ils ont décidé de se marier, Charles a eu besoin qu'elle l'aide pour écrire sa demande. D'ailleurs, c'est elle qui a fait toutes les démarches pour le mariage. »

Depuis le début de cet entretien, le surintendant Scott Kerron observe la réserve de Thomas Payne qui défend sa sœur comme il peut. Et la rage de sa femme qui prononce chaque fois les mots « Pauvre Charles ! » avec une émotion évidente.

« Mais pourquoi parlez-vous toujours de Mme K. au passé ? » demande tout à coup le surintendant.

Une grosse boule monte dans la gorge de Thomas Payne qui sort un immense mouchoir tandis que sa femme laisse tomber d'une voix glaciale :

« On en parle au passé, parce qu'on est sûr qu'elle est morte, monsieur le surintendant. »

C'est au tour du policier cette fois d'être véhément :

« Ecoutez, madame Payne, vous allez peut-être un peu

vite ! Si je vous comprends bien, vous pensez qu'on l'a tuée ? Et selon vous, qui l'aurait tuée ? Son mari ?

— Non, monsieur le surintendant, convient Thomas Payne. Il aimait trop ma sœur. Et puis, il est tellement malheureux depuis.

— Pauvre Charles, souligne sa femme une fois de plus.

— Alors qui ? se fâche le surintendant.

— On ne sait pas qui l'a tuée, dit lentement Mme Payne. Mais on sait qui a écrit les lettres. »

Elle laisse un temps pour savourer cette révélation puis ajoute :

« Oui, c'est sûrement Mlle Kelly. C'est une vieille fille, la fille du pasteur. Depuis toujours, elle est amoureuse de ce pauvre Charles. Et quand il s'est marié, elle s'est mise à détester Katarine. Elle ne voulait même pas lui parler. Elle traversait la rue quand elle la voyait. Et je suis sûre que c'est elle qui a écrit les lettres. Elle est riche, elle voyage beaucoup et chaque fois qu'on a reçu une lettre, elle était en voyage. La première fois, on a rien pu lui demander parce que je suis fâchée avec elle. Mais on a reçu cette lettre hier et elle est à Saint-Raphaël sur la Côte d'Azur. Si Interpol va la voir et si on compare les écritures, on verra bien que c'est elle ! »

Saint-Raphaël sur la Côte d'Azur : une piscine d'eau javellisée, un jardin encombré de voitures sous trois palmiers poussiéreux, et c'est l'hôtel derrière la voie de chemin de fer où le policier de Nice dépêché par Interpol retrouve Mlle Kelly. Il entre dans une chambre et se baisse pour saluer une petite demoiselle, en jupe et en corsage marron dont les yeux bleus s'écarquillent et dont les mains tremblent, puis il referme la porte.

L'hôtelier, éberlué, attend. Il va attendre longtemps : une heure, deux heures.

Dans la chambre, Mlle Kelly est en larmes. Le policier, assis dans un minuscule fauteuil depuis deux heures, ne cesse de lui poser des questions auxquelles, depuis deux heures, elle s'obstine à ne pas répondre.

La vieille fille est atteinte d'un léger bec-de-lièvre et tripote sans arrêt le petit crucifix, pendu sur sa poitrine, comme si elle en attendait tous les secours. Sur la table, sont alignées quelques feuilles de papier qu'elle vient d'écrire sur la demande du policier. Il n'est pas graphologue mais il ne lui a pas été difficile de constater que les Payne ont probablement raison. C'est Mlle Kelly qui a écrit les lettres de Katarine, d'une écriture contrefaite. Mais bien sûr, elle nie et elle pleure. La seule chose qu'elle veut bien reconnaître, c'est la haine qu'elle ressent pour Katarine, qu'elle décrit comme un monstre, et dont le souvenir a le don de faire cesser ses larmes :

« Elle buvait, monsieur. Le jour même de ses noces, elle s'est soûlée. M. K. a mis ça sur le compte de l'émotion mais, pensez comme il a dû être malheureux quand il s'est aperçu que ce n'était pas un accident. Quand il s'est rendu compte de son erreur, et de la stupidité de ce mariage. Imaginez sa douleur quand il a compris que Katarine n'était qu'une menteuse, une paresseuse, qui dormait jusqu'à midi, passait ses après-midi à boire et rentrait ivre, passé minuit. Ce mariage était un cauchemar, monsieur. Quand il lui faisait des remarques, elle l'envoyait promener. Elle le traitait de minus en lui disant qu'il avait eu bien de la chance d'épouser une femme comme elle. Bien de la chance d'avoir été accepté par les Irlandais, peuple de Dieu, alors qu'il n'était qu'un pauvre immigré. Voilà comment cette moins que rien parlait à M. K. ! »

Et la vieille fille de repleurer séance tenante. Mais avec quelle expression de passion contenue, la petite demoiselle au bec-de-lièvre parle-t-elle de « Monsieur

K. » ! Et avec quelle haine décrit-elle Katarine ! Enfin Mlle Kelly demande après un silence :

« La police va aller voir M. K. ?

— Certainement. »

La demoiselle a blêmi.

« Ce n'est pas lui, monsieur. Je suis sûre que ce n'est pas lui.

— Vous en parlez comme si elle était morte. Comme Mme Payne. Or, vous n'en savez rien !

— Quoi qu'il lui soit arrivé, c'est une punition de Dieu pour ses péchés. Et elle ne mérite pas qu'on s'occupe d'elle. »

Le rapport d'Interpol sur la vieille fille au bec-de-lièvre est d'une belle simplicité : elle a écrit et posté les lettres. Elle paraît éprise de Charles K. et semble vouloir égarer les soupçons.

Muni de ces précisions, le surintendant Scott Kerron commence son enquête à Slaney Falls. Il y arrive en voiture et se gare entre l'église et le bazar Rolley. Dans le soleil de ce merveilleux automne irlandais, il jette un regard autour de lui. Partout, les villageois l'observent. Ils ont compris. D'une maison à l'autre, par les fenêtres, par-dessus les haies, le message court : « C'est Interpol. C'est des gens d'Interpol qui arrivent. » Accompagné d'un policier en uniforme, le surintendant descend la rue principale à la recherche de la maison de Charles K. : « C'est là », murmure un galopin, ému, qui s'enfuit à toutes jambes.

Devant la maison de granit au toit d'ardoise, l'herbe est haute. Aux fenêtres, les vitres sont sales, et malgré le soleil éclatant, les volets du premier étage sont fermés. La maison a l'air morte. L'homme qui ouvre la porte au surintendant est bien tel qu'on le lui a décrit, mais il ne voit rien dans cet homme plutôt chétif, hâve, maigre et mal rasé qui explique la tendresse, voire la passion avec laquelle ces dames parlent de lui.

Le surintendant se présente, et Charles K. l'invite à entrer sans mot dire.

Une couche de poussière recouvre le dallage du couloir. Les pas de l'homme solitaire y ont formé comme un sentier. A droite, dans la salle commune, le soleil éclaire un désordre indescriptible de vaisselle posée sur les fauteuils et d'outils traînant sur la table. Dans la cheminée, un mètre cube de cendres. Ce désordre, dans l'odeur fade qui règne, exprime bien plus que l'abandon, il évoque le désespoir et la mort. Par la porte de gauche, le surintendant entrevoit dans la cuisine : sur une table, une boîte de sardines ouverte, une fourchette, un pain sans doute rassis dans lequel on vient de mordre à pleines dents.

Charles K. hésite, il ne sait où introduire le surintendant, et c'est ce dernier qui décide :

« Allons dans la cuisine, si vous voulez... »

Charles K. dégage une chaise encombrée d'un vieux carton, sur lequel le policier s'assoit. Il reste debout, et demande gauchement :

« Vous venez pour Katarine ? Je vous attends depuis longtemps. »

Et tout d'une traite, comme si, depuis des mois et des mois, il avait ruminé cet aveu, Charles K. bafouille :

« Elle est morte. C'est moi qui l'ai tuée. La nuit du 7 septembre 1967. Quand elle est revenue de Londres après sa fugue. »

Cet aveu ne semble même pas le soulager. Il reste debout et attend la suite avec indifférence. Le surintendant prévient par téléphone la Brigade Criminelle et monte au premier étage, pour y découvrir un spectacle macabre. Tout est resté exactement dans l'état de cette nuit de septembre 1967. Katarine était rentrée de Londres ivre morte, à deux heures du matin et son mari lui avait annoncé que son retour dans cet état le confortait dans sa décision : ils devaient se séparer.

Elle s'était jetée sur lui avec un couteau de cuisine. Il était parvenu, les forces décuplées par la rage et le désespoir, à le lui arracher et, à moitié conscient de ce qu'il faisait, le lui avait plongé dans la gorge. Charles raconte cela en promenant sur la chambre un regard las.

Le couteau est encore là, couvert d'un sang séché où la poussière s'est agglomérée. Il y a aussi de grandes balafres brunes sur le mur. Le sac de Katarine est resté entrouvert sur le tapis, sa valise est encore fermée, et le lit où elle l'a posée il y a deux ans, n'a pas été touché.

« Je dors dans la cuisine, dit Charles K.

— Et le corps ? Qu'est-ce que vous avez fait du corps ?

— J'ai eu peur d'être déporté en Hongrie si on le retrouvait. Je l'ai coupé en morceaux à la hache. Vingt morceaux que jour après jour, j'ai enterrés dans la prairie, le long de la rivière à truites. Depuis ce jour, ma vie dans cette maison est un enfer. Je préfère que vous soyez venu. C'est mieux. Mais vous avez mis du temps. »

Toutes les femmes de Slaney Falls sont venues au procès témoigner en faveur de Charles K. Y compris Mlle Kelly. Elle n'avouera jamais avoir écrit les fausses lettres de Katarine. Mais sa déposition est cousue de fil blanc. Ayant compris que ce « pauvre Monsieur K. » l'avait tuée, elle avait eu l'idée, lors de ses voyages, d'écrire les fameuses lettres. Elle espérait ainsi sauver l'homme qu'en secret elle avait toujours aimé. Grâce aux femmes de Slaney Falls, Charles K. n'aura que quatre ans de prison et ne sera pas déporté en Hongrie. Et il remerciera ses juges en disant :

« Merci. Elle hantait mes jours et mes nuits. En prison elle me laissera enfin tranquille... J'en suis sûr... »

Pauvre Charles. On est jamais sûr d'être débarrassé d'un fantôme.

LE JARDINIER DU LAC

La barque semble posée sur un miroir bleu, et c'est à peine si les rames troublent la surface du lac, à peine si l'on entend le léger clapotis de l'étrave et la respiration du rameur. Mais lorsque le gendarme plonge sa gaffe dans l'eau du lac, il se forme tout autour de petits cercles concentriques. La gaffe a accroché quelque chose et le gendarme a une exclamation : « Ça y est je l'ai », dit-il. Alors le rameur abandonne ses rames, son pas résonne dans la barque, il vient aider le policier. Sous leur poids et celui du cadavre qu'ils sortent de l'eau, l'avant de la barque est presque au ras de la surface bleue. Car c'est un cadavre qu'ils sortent du lac Tegernsee. Un cadavre ruisselant, gonflé, alourdi par une pierre énorme attachée à son cou par un fil de fer. C'est un homme qui porte encore ses lunettes à monture métallique d'un modèle ancien. Et ces lunettes ont quelque chose d'attendrissant et de sordide. D'étrangement impudique aussi. L'homme n'a pas de blessure, seulement quelques éraflures au visage et aux mains. Sorti de l'eau bleue et froide, le cadavre à lunettes se retrouve sur une table blanche d'autopsie.

A Munich, le médecin légiste établit que l'homme est mort d'asphyxie par immersion. Il se pourrait qu'il s'agisse d'un suicide à la façon dont la pierre était attachée au cadavre. Les mains altérées par le séjour dans l'eau, permettent malgré tout de relever les empreintes digitales. Le cadavre est photographié et comme cela se fait couramment en Allemagne, un communiqué accompagné de la photo et d'une description sommaire, est envoyé à la presse : « Age moyen, trente-cinq à quarante ans, costume et blouson en tissu gris-vert usagé, émanant d'un magasin de Munich ; chemise grise, chaussures montantes de cuir noir. Dentition complète avec couronne en acier sur une prémolaire, petite cicatrice à la lèvre supérieure, trace ancienne de fracture à la cuisse gauche, mains calleuses. »

Et le jour même de cette parution, un vieil homme et sa femme viennent trouver le policier chargé d'identifier le cadavre du lac Tegernsee, découvert en juillet 1953. Ils ont reconnu l'homme pour être leur jardinier Franck. L'un et l'autre secouent leur tête blanche avec l'énergie de la conviction.

Ce cadavre, c'est bien Franck. Il a disparu depuis six jours et les deux vieux sont obligés de s'occuper eux-mêmes du potager. Ils l'ont reconnu à son costume gris-vert et au blouson, celui qu'il mettait le dimanche. Ils ne savent pas si le blouson a été acheté à Munich mais, dit le vieux « il y a son visage » !

« Et ses lunettes ! ajoute la femme. Franck avait des lunettes exactement pareilles, des lunettes en fer comme on en faisait il y a vingt ans.

— Vous croyez qu'il peut s'être suicidé ?

— Je ne vois pas pourquoi il aurait fait ça... Qu'est-ce que tu en penses, Gertrude, demande le vieil homme à son épouse.

— Je pense qu'il ne s'est pas suicidé.
— Il demeurait chez vous ?
— Non, non. Il ne venait que trois fois par semaine. Il habite 6 Schillerstrasse à Rottach-Egern. »

Le policier, un petit homme chauve, laid comme un pou, mais malin comme un singe, note consciencieusement les détails que lui fournit le couple. Pourtant, lorsque les deux vieux s'en vont, il ne prévient pas l'état civil pour signaler le décès de Franck le jardinier. Et le même jour, en fin de matinée, le même policier décroche son téléphone pour entendre une femme lui déclarer qu'elle reconnaît sur la photo publiée par la presse, un ami très intime, dont elle était sans nouvelles depuis une semaine. Pour elle aussi, il s'agirait d'un certain Franck, exerçant la profession de jardinier et demeurant : 6 Schillerstrasse à Rottach-Egern, et elle aussi doute qu'il se soit suicidé.

« Pouvez-vous venir l'identifier ? » demande le policier.

L'après-midi, à la morgue, la femme affirme qu'il s'agit bien de son ami, sans le moindre doute. Mais le policier hésite encore à prévenir l'état civil de la mort de Franck le jardinier.

Un chauffeur de taxi de Munich se présente alors avec sa jeune femme au Service des « personnes disparues » d'où on le conduit auprès du policier chauve et laid comme trente-six poux.

« J'ai vu dans les journaux la photo du noyé du Tegernsee. Je suis sûr que c'est mon sous-locataire Franck. C'est un jardinier qui logeait dans une baraque au fond de notre jardin à Rottach-Egern. Il y a six jours que nous ne l'avons pas vu. Je vous garantis que c'est lui.

— Qu'est-ce qui vous permet de le reconnaître ?
— Son aspect général, et puis il avait un ulcère

variqueux à la cuisse gauche. Qu'il se faisait soigner d'ailleurs.

— Moi aussi, confirme la jeune femme. Je suis sûre que c'est lui.

— Avait-il des idées de suicide ? »

Le couple est tout aussi formel, et tous deux haussent les épaules :

« Absolument pas, dit l'homme.

— Pas le moins du monde ! » dit la femme.

Pourquoi le policier chargé d'identifier ce cadavre reste-t-il assis derrière son bureau, silencieux et songeur ? S'il est chauve et laid comme trente-six poux, il est malin comme un singe, et n'a pas besoin de cela pour être à peu près convaincu qu'il s'agit bien du jardinier Franck demeurant 6 Schillerstrasse à Rottach-Egern. Mais il ne se presse pas de faire la déclaration au bureau de l'état civil. Quelque chose le retient. Le quelque chose qui fait dire de lui justement, qu'il est malin comme un singe.

D'abord, le médecin légiste penche vers le suicide, ce que les déclarations spontanées des témoins ne semblent pas confirmer... Et puis, si tous ces gens sont formels, leur conviction ne repose sur aucun détail vraiment précis. Il y a les vêtements bien sûr, mais un costume avec blouson en tissu gris-vert usagé, probablement taillé dans les stocks de tissus de l'armée, on en trouve dans tous les magasins de vêtements d'Allemagne qui en vendent par centaines. Le magasin de Munich d'où vient celui-là reconnaît en avoir vendu, à lui seul, une trentaine, la plupart payés en espèces par des clients dont on n'a gardé ni le nom ni les mensurations. Autre chose a frappé le policier : le médecin légiste signale une trace ancienne de fracture à la cuisse gauche alors que le chauffeur de taxi parle, lui d'un ulcère variqueux à la cuisse gauche. L'une peut avoir entraîné l'autre, mais il vaut mieux le savoir d'un spécialiste. Le policier appelle donc le docteur qui, selon le chauffeur de taxi, soignait Franck le jardinier.

« C'est vrai, déclare le praticien. En voyant la photo du noyé dans la presse, j'ai cru tout de suite le reconnaître. Je le soigne depuis longtemps. Ce qui m'étonne, c'est que dans le signalement vous ne parlez pas d'une cicatrice de hernie qui devait se trouver au-dessus de l'aîne droite. »

Comme le cadavre attend toujours dans son tiroir de la morgue, il est procédé à un nouvel examen minutieux, qui ne révèle aucune marque post-opératoire à l'abdomen.

Le lendemain, le policier se rend au 6 Schillerstrasse à Rottach-Egern, à la première heure. C'est une villa simplette d'une propreté méticuleuse avec des fleurs aux fenêtres du rez-de-chaussée. La jeune épouse du chauffeur de taxi vient lui ouvrir. C'est une petite femme qui serait d'aspect banal si un œil blessé pendant la guerre ne lui donnait un regard étrange. Elle guide le policier vers un jardin potager soigneusement entretenu où pas un centimètre n'est perdu. Les tomates rouges luisent au soleil, les haricots montent à l'assaut du grillage, et les rangées de salades s'alignent jusqu'à une petite bicoque en planches que l'on entrevoit entre un cerisier et un vieux hêtre récemment élagué.

« C'est là-bas, dit la jeune femme. Vous voulez que je vous accompagne ?
— Inutile.
— Alors voilà la clef. »

Le policier s'attendait à trouver dans cette baraque de jardinier, sinon du désordre, du moins un certain laisser-aller ou encore, sinon du mauvais goût, du moins beaucoup de naïveté dans le choix des meubles, et des objets. Il a eu tort. Tout, ici, est d'une rigueur spartiate, et rationnelle. Comme la cellule d'un moine, ou la chambre d'un élève de l'école Polytechnique. Quelques traités sur l'agriculture et la culture potagère voisinent avec un dictionnaire, et la collection complète d'un journal de Munich, augmentée d'un compte rendu du procès de Nuremberg. Un poste de radio et c'est tout. Pas un bibelot. Pas une photographie. Rien qui rappelle le passé de ce jardinier. Le policier fouille l'unique tiroir de la table qui devait servir à la fois pour les repas, la lecture, l'étude, le bricolage, car elle est posée contre l'unique fenêtre de l'unique pièce. Il ne trouve rien dans ce tiroir : ni documents, ni papiers d'identité. Simplement une ou deux lettres récentes, dont l'une vient d'une femme, mais sans intérêt. L'autre retient l'attention. Elle semble émaner d'un ami qui mêle à quelques nouvelles banales, des réflexions d'une philosophie prudente. Le ton n'est pas du tout celui du courrier que l'on échange avec un jardinier. Malheureusement, l'adresse du correspondant ne figure pas sur la lettre et l'enveloppe a disparu.

« Vous avez déjà été chez lui ? demande le policier à la jeune femme, quelques instants plus tard.

— Jamais. Il faisait son ménage lui-même.

— Rien ne vous a jamais paru bizarre dans son comportement ?

— Non. Mais il était assez renfermé.

— Ecoutez, madame. Essayez de me comprendre. Est-ce que Franck avait vraiment l'air d'un jardinier ? Avec un langage de jardinier ?

— Oui, pourquoi ? Les jardiniers ont un langage spécial ? »

Le policier hausse imperceptiblement les épaules et s'en va. De retour dans son bureau, il fait vérifier la carte d'identité de ce « Franck jardinier ». Il veut notamment savoir par quel service elle a été délivrée.

En 1953, l'Allemagne se remet à peine des suites de

la guerre. Beaucoup d'archives ont disparu. Des milliers de personnes ont été déplacées, et des centaines de milliers se font établir de nouveaux papiers. Vérifier une identité n'est pas toujours si simple. Pourtant, et c'est une chance, on retrouve rapidement le dossier de demande de carte d'identité de Franck. A première vue, la ressemblance entre la photo qui figure au dossier et le noyé est réelle. Encore que l'âge puisse donner lieu à discussion. Mais le médecin légiste est prudent. Il prétend qu'il faut tenir compte de la tuméfaction des tissus. Six jours dans l'eau modifient complètement la texture des chairs. La ressemblance du visage peut en être affectée. Il reste les empreintes. Celles du cadavre sont assez peu visibles, mais le médecin pense que la comparaison est possible. Mais, le lendemain, le rapport du service dactyloscopique est formel : l'empreinte de l'index droit, sur la carte d'identité est incomplète et celle du même doigt du noyé n'est pas très nette. Mais il existe assez de points caractéristiques pour affirmer qu'il n'existe entre l'une et l'autre, aucune similitude apparente. Franck le jardinier n'a donc rien à voir avec lui-même.

La possibilité d'une confusion étant toujours possible au moment de l'établissement de la carte d'identité (cela s'est vu, et cela s'est vu souvent [1]), le policier fait appel au meilleur spécialiste de Munich. Celui-ci opère une visite minutieuse de la bicoque en planches où vivait le jardinier. Et là, on découvre sur une assiette d'excellentes empreintes. On les confronte à celles du noyé. Elles n'ont aucun rapport entre elles. Conclusion : Franck, le jardinier, n'a définitivement rien de commun avec le noyé du lac Tegernsee. Et les témoins se trompent.

Or, il se passe que le Bureau central national

1. (Note de l'auteur.)

d'Interpol à Paris adresse une demande de renseignements à Munich, concernant un certain Wagner. Il s'agit d'un sujet allemand, désireux de gagner l'Argentine et ayant résidé récemment 6 Schillerstrasse à Munich. Sa carte d'identité a paru douteuse au service d'immigration, qui demande la vérification des empreintes. Le policier tout à fait subalterne qui enquête à Munich à la demande d'Interpol se rend donc au 6 Schillerstrasse et constate que le six est une usine. Il visite alors les maisons quatre et huit, sans succès.

Subalterne mais consciencieux, le policier ne se contente pas de ce maigre résultat. Il peut y avoir une erreur dans la rédaction de l'adresse, ou dans le nom de la rue. Des Schillerstrasse, il y en a partout, même dans les villes de banlieue. Quelqu'un connaissant mal la région peut avoir confondu un bourg ou une ville de banlieue, avec la ville elle-même. Alors le policier téléphone ici et là, s'égare dans les Schillerstrasse et, au moment où il en a, comme on dit, « ras le bol », tombe, bien entendu, chez le chauffeur de taxi, Schillerstrasse à Rottach-Egern.

« Connaissez-vous un certain Wagner ?
— Non.
— Aucun Wagner n'a jamais demeuré ici ?
— Non. Nous avions un locataire. Il s'appelait Franck. C'est lui qu'on a retrouvé dans le lac à côté d'ici. »

Le policier n'a pas perdu sa journée, sans être une lumière, ce spécialiste de la marche à pied se doute qu'il vient de lever un lièvre. Et, en quelques minutes, les services de police de Munich sont en révolution. On compare la fiche dactyloscopique d'Interpol sur Wagner avec l'empreinte contenue dans le dossier de demande de carte d'identité du dénommé Franck. Elle colle parfaitement.

Ce Wagner, intercepté à Paris alors qu'il voulait se

rendre à Buenos Aires, serait donc le jardinier Franck. Et ce Franck est probablement un ancien S.S. ou nazi notoire, recherché par les polices allemandes ou alliées.

Alors qu'on l'interrogeait à Paris, pris de court, il a d'abord donné le nom de la rue, et le vrai numéro. Puis, il a cru égarer les recherches en les situant à Munich. Ce qui n'aurait eu aucune importance car jamais la police n'aurait établi le rapprochement sans l'idée lumineuse du brave spécialiste de la marche à pied. Avoir identifié une carte d'identité, c'est bien. Le jardinier Franck s'appelle donc Wagner et il est vivant pour la justice. Mais alors, qui est le noyé du lac Tegernsee ? Ce pourrait être n'importe qui. Mais, une coïncidence interdit de le penser : comment admettre sans se poser de questions, que le soi-disant jardinier Franck ait disparu pour tenter de gagner l'Argentine, à peu près au moment où l'on retrouvait un cadavre lui ressemblant dans le lac Tegernsee ?

C'est le raisonnement que tient le policier de Munich, et il décroche le téléphone pour appeler les Services de l'Identité.

« Regardez donc si ce Franck n'avait pas un frère. »

Et Franck avait un frère, un ingénieur de trois ans plus âgé que lui, et qui avait épousé une Juive. Fait prisonnier sur le front russe pendant la guerre, il avait été libéré en mars 1951. D'abord en République Démocratique Allemande, il était passé en Allemagne de l'Ouest au début de l'année. On pouvait suivre sa trace, pas à pas, à travers l'Allemagne jusqu'à Munich où il travaillait comme mécanicien dans un garage depuis deux mois. Et puis, plus rien.

Plus rien, car la comparaison des empreintes de ce frère et de celles du cadavre retiré du lac est positive, le frère de Franck le jardinier et le noyé sont une seule et même personne. Mais jamais la police ni les autorités judiciaires ne pourront établir formellement les faits car l'assassin n'avouera jamais la vérité. Craignant plus les tribunaux militaires alliés que la justice criminelle allemande, il s'acharnera à faire croire à un crime crapuleux. Mais il est normal d'admettre l'hypothèse suivante et le lecteur peut la faire sienne.

L'ancien S.S. avait travaillé dans un service dépendant de Eichmann. Mais après la guerre, il réussit à se faire délivrer une nouvelle carte d'identité sous le nom de Franck, et se cache alors au 6 Schillerstrasse à Rottach-Egern gagnant sa vie comme jardinier. Début juillet 1953, à Munich, son frère le retrouve volontairement ou non. Ce frère — qui a eu lui-même une épouse juive, morte en déportation — connaît son activité criminelle. Est-ce à la suite d'une dispute, ou par crainte d'une dénonciation, le faux jardinier assomme son frère et s'en va le jeter avec une pierre au cou dans le Tegernsee distant de quelques centaines de mètres. Méfiant, il ne rentre pas chez lui. Et si tout va bien, il reprendra sa place plus tard dans sa cabane de jardinier en prétextant un voyage.

Cette théorie est la plus simple, et la plus officielle. Mais il ne faut pas oublier que l'ancien S.S. avait pris soin de revêtir le cadavre de son frère, de son costume et de ses lunettes. De manière que la vague ressemblance entre eux puisse vraiment servir à une identification. C'est qu'il voulait peut-être faire croire à sa propre mort, pour disparaître plus facilement. Et où ? Là où sont allés tous les anciens nazis dont on a parlé en tout cas : en Amérique du Sud.

Pour celui-là, c'était raté. D'ailleurs, le policier chargé de l'enquête, le petit homme laid comme un pou et malin comme un singe l'avait senti. Quand on est Juif et que l'on a passé la guerre comme lui, dans les camps de concentration, que l'on s'en est sorti par miracle... on sent ces choses-là, c'est bizarre.

L'ORGUE RENDRA UN SON NOUVEAU

Dans le patio d'une ravissante maison de Santa Cruz de Ténériffe, un jet d'eau fait entendre son bruit de grelot. Des oiseaux pépient et battent des ailes dans une volière. Tout était paisible il y a quelques secondes encore. Et brusquement, la foudre est tombée sur le propriétaire des lieux. Le docteur Trenkler, d'origine allemande, un genre de toubib militaire aux cheveux en brosse, et à la soixantaine passée, reste pétrifié. Il regarde et regarde encore, les yeux écarquillés, les deux hommes qui se tiennent devant lui. Ce sont le père et le frère d'une de ses jeunes employées. Ils sont venus la voir, lui dire quelque chose. Mais comme leur message n'a rien de secret, ils ont voulu en faire profiter le brave toubib à qui ils ont déclaré en allemand et le plus naturellement du monde, le fils d'abord et en zozotant :

« Nous venons de tuer ma mère et deux de mes sœurs. »

Le père ensuite :

« Nous voudrions voir Sabine pour la prévenir que nous venons de tuer sa mère et ses deux sœurs. »

Les deux hommes sont couverts de poussière et de

sang séché. Le fils, Frank Alexander, a seize ans. C'est un bel adolescent au visage fin, plutôt intelligent, vêtu de façon très stricte, une mèche blonde ondulée, rejetée en arrière, dégage son front. Le père, presque souriant, arbore une belle rangée de dents blanches. Harald Alexander ne fait pas ses quarante-neuf ans. Ses cheveux sont abondants et d'un beau noir lustré. Il est vêtu d'un pull-over en forme de blouson, sur une chemise blanche impeccable et une cravate de bon goût. Le père et le fils regardent avec les mêmes yeux noirs et paisibles le docteur Trenkler qui leur demande de répéter ce qu'ils viennent de dire. Le toubib espérait avoir mal compris, mais le père et le fils répètent qu'ils veulent voir Sabine car ils ont tué leur femme et mère, filles et sœurs. Le toubib est tellement décontenancé qu'il appelle Sabine, sa secrétaire. Elle a dix-sept ans, de longs cheveux bruns ruisselant sur les épaules, les sourcils noirs et un charmant sourire.

Harald Alexander, le père, s'assied confortablement sur le canapé en rotin du patio et étreint la jeune fille. Frank s'assied et passe son bras autour des épaules de sa sœur :

« Sabine, dit le père, Frank et moi venons de tuer ta mère et tes sœurs. »

Sabine pose sa joue sur la main de son père en prenant doucement le bras de son frère.

« Bien papa, dit-elle tendrement. Je suis sûre que vous n'avez fait que ce qui vous paraissait juste de faire. »

Un silence d'approbation envahit le patio où le jet d'eau fait tinter ses grelots.

Le toubib, la bouche ouverte, de plus en plus perturbé, sent qu'il perd les pédales. Il court dans son bureau, décoré de vieux meubles espagnols, et se jette sur le téléphone pour appeler son ami le consul d'Allemagne à Santa Cruz de Ténériffe. Pour appeler au secours et qu'on lui explique ce scénario auquel il a une peur terrible de croire. Et il attend l'arrivée de la police.

Trapu, la tête ronde, vêtu d'un costume de toile beige, suivi par une douzaine de policiers en uniforme, l'inspecteur Juan Hermandez entre dans la villa du docteur Trenkler comme un taureau, le front en avant. Ses lunettes à double foyer, sans doute mal ajustées, l'obligent à baisser la tête lorsqu'il veut regarder à quelques pas devant lui. Il y a là, assises dans les meubles de rotin du patio, trois personnes très calmes et deux fort excitées. Les trois personnes calmes sont : le père, le fils et la fille Alexander, et les deux excitées sont le docteur Trenkler et le consul d'Allemagne.

« Voilà, dit le docteur Trenkler en désignant les trois Alexander, ce sont eux. »

Le père et le fils se lèvent et saluent.

« Vous maintenez votre déclaration ? demande l'inspecteur.

— Je vais traduire, si vous voulez, propose le consul. Car ils ne comprennent pas l'espagnol. »

La question leur étant cette fois-ci posée en allemand par le consul, le père et le fils Alexander s'inclinent à nouveau et répondent ensemble : « Ya », tandis que Sabine se lève et leur prend la main pour les encourager.

« Donc, vous auriez tué Mme Alexander et deux de ses filles ? » fait encore demander l'inspecteur. Tant il est vrai que l'on a du mal à y croire.

« Ya. Ma femme Dagmar et mes filles Marina et Petra. »

Le consul et le toubib se tournent alors vers l'inspecteur et attendent la suite. Mais la suite n'a rien de génial. L'inspecteur — qui en a pourtant vu de toutes les couleurs — tout de même interloqué, ne trouve rien d'autre à dire que :

« Mais quelle idée ! Pourquoi avez-vous fait ça ? »

Ce que le consul traduit fidèlement en allemand. Et la réponse arrive encore plus étonnante :

« Dieu m'a demandé de leur percer le cœur. »

Que peut-on objecter à une raison comme celle-là ? L'inspecteur, pour gagner du temps, s'éclaircit la voix et détourne la conversation sur un plan technique.

« Et qu'est-ce que vous avez fait des corps ? »

Le consul servant toujours d'interprète, le père Harald Alexander répond qu'ils vivent dans un appartement de la rue Jésus Cazanero à Santa Cruz et que l'inspecteur y trouvera les corps.

« Bien. Nous allons voir ça. En attendant, embarquez-moi tout ce monde !

Mais la jeune fille n'a rien à voir là dedans, fait remarquer le toubib. Elle n'a pas quitté ma maison.

— Dans ce cas, elle reste là. Et qu'on emmène les autres. »

Mais dès que le consul explique à la jeune fille qu'elle va rester là, elle se met à hurler en allemand.

« Qu'est-ce qui se passe ? Qu'est-ce qu'elle raconte ?

— Elle refuse de rester là, explique le consul. Elle veut aller en prison avec son frère et son père.

— Dites-lui que je n'ai pas le droit d'arrêter une personne qui n'est ni auteur ni complice d'un crime et qui, qui plus est, est mineure. »

Nouveaux hurlements allemands de la jeune fille.

« Qu'est-ce qu'elle dit ?

— Elle dit que si on l'oblige à rester ici, elle se suicidera. Elle préfère retourner chez elle. »

L'inspecteur réfléchit très vite :

« Bon, ça va. On va la conduire dans un couvent où elle sera gardée par les bonnes sœurs. »

Quelques secondes plus tard, dans la rue, les portières du panier à salade claquent. Et tandis qu'Harald Alexander et Frank sont conduits au commissariat, Sabine dans un couvent, l'inspecteur fonce au domicile des criminels. Si criminels il y a car, en réalité, il n'est pas encore réellement convaincu. Tout cela a tellement l'air d'une histoire de fous.

La rue Jésus Cazanero est une large avenue, et l'immeuble où demeurent les Alexander est une bâtisse de quatre étages, ornée de balconnets grands comme des niches à chiens qui la font ressembler à un pigeonnier. Au troisième étage, l'inspecteur fait enfoncer la porte par un solide policier, et entre, selon son habitude, tête baissée. Il entre dans le silence et l'obscurité. Les volets sont fermés. Mais il y a l'odeur fade du sang. Les yeux de l'inspecteur, petit à petit, le voient partout ce sang. Il ouvre les volets et le soleil inonde un désordre inouï. Tout est répandu sur le sol et tout est taché de sang. Il y en a sur tout, partout, et dans le salon, au milieu de ce désordre, les cadavres de deux jeunes filles horriblement mutilées. L'inspecteur, qui vient d'être rejoint par le médecin légiste, entre avec lui dans une chambre à coucher. Les policiers les voient ressortir quelques instants plus tard. L'inspecteur a l'air absent, un peu hagard. Le médecin légiste, lui-même, en est complètement retourné.

« C'est la mère, dit-il. Ils lui ont ouvert la poitrine et transpercé le cœur avec un morceau de bois. »

Le spectacle est épouvantable. Les policiers restent ainsi quelques instants les bras ballants dans ce capharnaüm horrible et sanglant, ne sachant par quel bout commencer.

« C'est de la folie pure ! dit enfin l'inspecteur Hermandez. Téléphonez au commissariat qu'on sépare le père et le fils. Dieu sait ce qu'ils sont capables de faire ! Ils pourraient s'entre-tuer. » Puis, il se tourne vers un de ses adjoints : « Vous, interrogez les voisins.

Les murs sont très minces. Ils ont pu entendre quelque chose. Quant à vous, docteur, examinez les cadavres tout de suite, avant qu'on les emmène à la morgue. J'ai hâte qu'on en finisse. »

Près du cadavre des deux jeunes filles, il y a un marteau, un rasoir et des tenailles, tachés de sang. Dans la chambre à coucher de la mère, on peut lire une plaque, accrochée au mur, dont l'un des policiers traduit le texte en allemand : « Réjouissez-vous. Réjouissez-vous de ma bonté car ma force est puissante en tout. Tout sera bientôt terminé. Ce sera bientôt la fin. »

Dans la pièce commune, une autre maxime : « Pour être vraiment libre, vous devez tuer ceux que vous aimez le plus au monde. » Partout des plaques, fixées au mur, et portant des maximes du même genre. Sur les meubles, des quantités d'objets apparemment religieux. Mais de quelle religion s'agit-il ? Apparemment pas très catholique. L'inspecteur se demande si les victimes se sont défendues, si elles ont crié... Sinon elles ont été droguées. On ne meurt pas ainsi sans lutter.

« Je ne crois pas, dit le docteur. Pour autant que je puisse m'en rendre compte, elles ont succombé sous les coups qu'elles recevaient. Les cadavres ont été découpés à coups de rasoir et de tenailles, mais je ne vois pas de signes de lutte. Rien non plus qui laisse supposer qu'elles étaient inconscientes au moment de leur mort. On dirait qu'elles se sont laissé faire. »

L'inspecteur, comme à son habitude, baisse la tête pour mieux regarder le médecin légiste.

« Qu'est-ce que vous en pensez ?

— Je ne sais pas encore. Le bois dans le cœur, ça fait penser aux vampires. Les assassins pouvaient penser que les femmes de la famille étaient des sorcières ou des vampires. On peut imaginer n'importe quelle hypothèse. Nous entrons là dans le domaine de la paranoïa, vous savez. »

Là-dessus, réapparaît l'adjoint de l'inspecteur qui vient d'interroger les voisins.

« Les voisins n'ont rien entendu. D'ailleurs, ils ne connaissaient pas la famille Alexander. Tout ce qu'ils ont remarqué, c'est l'orgue qui jouait. »

Il est là dans un coin, le petit orgue. Toutes les touches sont couvertes de sang. On a joué sur cet orgue avec du sang plein les mains. L'inspecteur réagit brutalement :

« Ces gens sont fous. Les pires fous que j'aie jamais rencontrés. Et s'ils sont fous, ici, ils devaient déjà être fous en Allemagne. C'est peut-être une famille tout entière qui s'est échappée d'un asile... Il faut prévenir Interpol. »

Les Alexander n'étant installés aux Canaries que depuis un an, il est impossible que la famille entière soit devenue folle en si peu de temps. Donc impossible qu'elle ne se soit pas signalée d'une façon ou d'une autre aux autorités allemandes. Interpol est donc chargé d'enquêter en Allemagne pour connaître ses antécédents, et mène rondement l'affaire. Il lui suffit de quarante-huit heures pour obtenir les renseignements suivants :

« Harald Alexander est né à Dresde, en Allemagne de l'Est. De son premier métier, il était maçon. Il s'est enfui de la République Démocratique Allemande pour s'installer à Hambourg, en 1963. Il semble ne pas avoir beaucoup de relations, à part un psychiatre qu'Interpol recherche à travers l'Allemagne. Ce psychiatre soignait un ancien charron devenu prédicateur et que son entourage prenait pour un prophète. Cet ancien charron était lui-même un disciple du mystique Jacob Lorber qui vécut entre 1800 et 1864 et fonda un groupe religieux appelé « la Secte Lorber ». On ne sait presque rien sur cette secte si ce n'est qu'elle appliquait des principes extrêmement stricts. Et son chef actuel prétend que la famille Alexander n'en faisait pas partie. Pourtant, à Hambourg, Harald Alexander semble avoir vécu sous l'emprise spirituelle de l'ancien charron prédicateur. Lorsque celui-ci mourut, il lui légua un petit orgue qu'il avait coutume d'utiliser dans les cérémonies religieuses. Harald Alexander avait plusieurs fois déclaré qu'un jour cet orgue rendrait un son nouveau. Alors, disait-il, ce sera le signal de la fin. Aux explications qu'on lui demandait à ce sujet, il ne faisait pas d'autre réponse : « L'orgue rendra un son nouveau. Ce sera le signal de la fin. » A part cela, les Alexander ne se distinguaient en rien des autres familles et c'est à la suite d'un héritage qu'ils quittèrent l'Allemagne pour Ténériffe en 1970. Ils craignaient une invasion des Russes, convaincus que ceux-ci les auraient exécutés. »

La suite, c'est donc à la police de Ténériffe de la reconstituer : les Alexander à Santa Cruz ne fréquentaient personne. Leurs volets presque toujours fermés, ils restaient dans le noir, sans le moindre contact avec le monde extérieur. Tout ce qu'on entendait, c'était le son de l'orgue. Jamais on ne les voyait ni à la plage, ni en promenade. Dans la Compagnie maritime où travaillait le fils, il n'avait aucun contact personnel avec les employés et, bien qu'il ait un petit défaut d'élocution, personne ne le prenait pour un fou.

Dès réception du rapport d'Interpol, l'inspecteur Juan Harmandez chargé de l'enquête l'a d'ailleurs interrogé, le consul d'Allemagne lui servant d'interprète. Frank a maintenu ses aveux concernant la mort de sa mère et de ses sœurs. Son beau et fin visage ne reflétant aucune émotion, il a raconté :

« Nous étions dans la chambre. Papa était en pyjama. Ma mère et moi nous étions habillés. Les filles étaient dans le salon. Il était environ deux heures. J'ai remarqué que ma mère me regardait d'un air bizarre. J'avais le sentiment qu'elle n'avait pas le droit de me regarder comme ça. Alors, je lui ai donné une gifle. J'avais l'impression qu'il fallait le faire. Sous la violence du coup, ma mère est tombée et, en tombant, sa tête a heurté le sol et elle s'est évanouie. Alors, je me suis dit que, peut-être l'instant de la fin était venu. J'ai été jusqu'à l'orgue. J'ai fait quelques mesures sur les touches. Il rendait un son nouveau. Mon père l'a entendu. Nous ne nous sommes pas dit un mot. Nous savions ce qu'il fallait faire. Mon père a pris son lourd niveau de maçon et nous avons commencé à tuer les filles. »

Franck s'exprime calmement, comme s'il avait souvent réfléchi à cet événement avant même qu'il se produise, comme si ce meurtre avait été de toujours prémédité, mais sans haine ni passion, comme un acte absolument normal. Comme s'il faisait le compte rendu d'un événement extérieur à lui-même. Il précise que ses sœurs n'ont pas essayé de fuir et qu'elles ont à peine crié à cause de la douleur. Mais que tout a été très vite terminé. Sa mère qui avait repris connaissance pendant ce temps est restée sur le sol, et ils l'ont tuée ensuite.

C'est le policier qui s'énerve. Le calme de ce garçon est insoutenable :

« Et alors, après ? Qui a arraché le cœur de votre mère et celui de vos sœurs ? Et qui, pendant ce temps-là, jouait de l'orgue ? Votre père ou vous ?

— Tous les deux. C'est d'abord moi qui jouais de l'orgue et mon père qui travaillait. Et puis nous nous sommes relayés. Vous savez, c'était très fatigant.

— Je m'en doute », murmure l'inspecteur qui, imaginant la scène, croit vivre un cauchemar.

Pas un instant, il ne pense que ce garçon pourrait

mentir. Son récit est tellement épouvantable qu'il l'écoute comme s'il ne s'agissait pas d'un vrai crime, ni de vrais cadavres, ni de vrais criminels, mais d'une histoire d'un autre monde. Mais lorsque le garçon donne des détails, c'est le pauvre consul qui, depuis quelques instants transpirait abondamment, pâlit et s'évanouit brusquement. Faute d'un interprète sous la main, l'inspecteur met donc fin à l'interrogatoire et, tandis que l'on conduit Frank dans sa cellule, il demande au directeur de la prison de prendre des mesures spéciales :

« Ça ne m'étonnerait pas que le garçon cherche à se suicider. Il est tellement sûr de son bon droit et, il est tellement fou, qu'il faut se méfier. Qu'il mange avec ses mains. Je ne veux même pas qu'on lui donne une petite cuillère. »

L'après-midi, l'inspecteur interroge le père.

« Mon fils est le représentant de Dieu sur la Terre, explique-t-il très simplement. C'est un prophète et quand il a commencé à battre sa mère et qu'il a joué de l'orgue, j'ai immédiatement compris que c'était le moment de tuer. On ne s'était jamais rien dit, mais on se comprenait très bien. Il fallait obéir aux ordres de mon fils. Ils étaient inspirés par Dieu. »

Pendant ce temps, Interpol retrouve en Allemagne le psychiatre qui a connu la famille Alexander.

« Délire logique. Folie mystique, déclare le docteur. Mais rien dans leur comportement ne justifiait une intervention quelconque. Je crois qu'ils avaient leur religion à eux. Mais ce qui m'étonnerait, c'est que Harald et Frank aient été les promoteurs de ce carnage. Pour moi, c'est la mère qui paraissait la plus étrange. Vous devriez vérifier ça. »

C'est vrai, à Ténériffe, l'autopsie prouve qu'il se pourrait bien que ce soit la mère qui ait frappé le premier coup : elle a du sang plein les mains et ce sang est celui de sa fille Petra. De plus, c'est elle qui, quelques heures auparavant, était venue chercher Petra dans la maison où elle travaillait.

Quant à Sabine, elle ne savait rien avant le crime. Harald et Frank, placés en observation dans un asile, ne changent pas un iota à leurs déclarations. L'enquête ne peut donc aller plus loin.

Cela se passait en 1971. Ils sont toujours internés et ils le seront probablement jusqu'à la fin de leur vie. Et cela change quoi à quoi ? Rien à rien.

LA SERVANTE MAITRESSE

Miss Barbara Marshall est une femme très sympathique. Elle pose son journal, retire les lunettes qu'elle met pour lire, et réfléchit quelques instants : cette petite annonce qui recherche une gouvernante anglaise pour un château de la Nièvre, en France, l'intéresse énormément. Etre gouvernante, c'est son métier. Elle l'a toujours été. Le salaire paraît correct, le standing excellent et elle en a assez de vivre en ville. Enfin, le nom du signataire de la petite annonce a quelque chose de rassurant : Léon Arnaud de Flatigny. Décidément oui, Miss Barbara Marshall est très intéressée.

Miss Barbara Marshall est une grande brune, toujours vêtue d'un tailleur assez strict. Elle est assez plantureuse et même un peu grasse, avec un visage tout rond. Ni très élégante ni très jolie, mais avec des yeux noirs immenses et intelligents qui lui confèrent un certain charme.

Le jour même, elle répond à la petite annonce, et en français, car elle possède parfaitement cette langue, et huit jours plus tard, elle part pour la Nièvre.

C'est un chauffeur, dans une vieille D.S., qui vient chercher Miss Barbara Marshall à la gare. Il est fort aimable, très soigné, conduit lentement et prudemment. Il aligne minutieusement sur son crâne les quelques cheveux qui lui restent d'une main soignée où grelotte une gourmette. Avec une telle minutie que Miss Marshall se demande si le brave garçon, bien que marié et avouant deux enfants, est un homme à part entière. Mais des gants et des gourmettes, on ne discute pas. Et des châteaux comme celui de Flatigny non plus. Il y a la double rangée d'arbres bien taillés. Au bout d'une vaste pelouse, l'harmonieuse et paisible architecture coiffée d'ardoise de la demeure ancestrale. Et les deux bras accueillants des deux volutes de son perron sculpté. Tout cela procure une sorte de paix de contentement même. C'est un repos pour l'esprit que de contempler quelque chose de bien fait, de raisonnable et d'équilibré.

À l'intérieur, les meubles sont rares mais beaux. Certains sont très anciens, ainsi que les tapisseries. Il y a bien sûr les inévitables portraits un peu trop dignes et un peu trop respectables dont la facture n'est pas toujours éblouissante. Mais les aïeux du maître de céans sont présentables et rassurants. Pas de trophées de chasse ridicules et mangés aux mites. Une bienséance élégante, cirée, vernie, inusable en quelque sorte.

Léon Arnaud de Flatigny fait à Miss Marshall une excellente impression et Miss Marshall suppose que ce sentiment est partagé. Adroitement, elle a fait deviner ce qu'elle est ou ce qu'elle croit être, c'est-à-dire une femme instruite et intelligente ; gouvernante parce qu'elle aime tenir une maison, et maintenir un certain ordre, une certaine harmonie. Célibataire parce que les choses du sexe ne sont pas tout dans la vie. Elle déplore d'ailleurs que les hommes ne pensent qu'à cela, alors que les sentiments représentent l'essentiel. C'est pourquoi, avoue-t-elle, les hommes la dégoûtent un peu, et pourquoi elle les méprise un peu. Voilà l'impression que veut donner d'elle, Miss Marshall, voilà ce qu'elle croit être mais ce qu'elle n'est pas.

Léon Arnaud de Flatigny lui paraît être exactement l'opposé. Il a l'air d'un homme terrible et viril et cela ne lui déplaît pas. A cinquante-cinq ans, c'est un moustachu massif et grisonnant. Dans un visage creusé de rides profondes, mais généralement souriant, deux petits yeux bleus fixent Miss Marshall avec intensité. Il est célibataire, et Miss Marshall croit tout de suite en comprendre la raison. L'homme est trop indépendant. Il ne supporterait pas qu'une femme ait des droits sur lui. Par ailleurs, c'est un homme juste et qui veut bien donner à chacun son dû mais sans plus. Il veut donc devoir le moins possible et, pour cette raison, ne se marie pas. A ses manières un peu rudes et un peu paysannes malgré son éducation, Miss Marshall conclut qu'il doit trouver que les femmes de son milieu et les bourgeoises sont des mijaurées coûteuses et bonnes à rien. Or, cet homme n'est pas ce qu'il paraît, lui non plus. Et parce que ces deux êtres se trompent mutuellement, va naître un drame qui n'aurait pas dû voir le jour.

Dans les jours qui suivent, Miss Barbara fait connaissance avec les métayers qui exploitent la ferme attenante au château, un couple d'Italiens assortis d'une ribambelle d'enfants. La femme a un mot malheureux lorsque Miss Barbara se présente. Elle dit :

« Ah ! C'est vous la nouvelle ! »

Et Miss Barbara découvre qu'il y a eu, avant elle, quatre gouvernantes au château ; dont une Espagnole et une Allemande. Les conclusions du métayer sont aussi peu réconfortantes :

« Le patron aime bien le " genre " étrangère. »

Au village, la postière scrute Miss Barbara avec intérêt :

« Vous êtes là pour combien de temps ?
— Je ne sais pas. Nous n'avons pas fixé de durée à mon emploi. Nous verrons.
— Mais vous êtes là depuis quand ?
— Depuis trois jours.
— Ah ! c'est ça ! »

Et Miss Barbara n'ose pas demander à la postière ce que cette exclamation veut dire.

Ce n'est d'ailleurs pas la peine. Elle va le découvrir très vite : Léon Arnaud de Flatigny, assez distant les premiers jours, devient rapidement plus loquace. Ils ont de longues conversations, dans la journée d'abord, et bientôt plus tardives. Enfin, Miss Barbara découvre que ce sympathique et rude quinquagénaire la désire au point d'en être obsédé, tout simplement. Elle cherche alors à limiter les occasions de rencontres mais il connaît son château mieux qu'elle. Elle ne peut éviter au fil des jours qu'une intimité se crée. Et elle-même se surprend, lorsqu'elle est seule dans sa chambre, à penser que le robuste et souriant Léon Arnaud de Flatigny est seul dans la sienne.

Au bout de deux mois, devant l'insistance, la persévérance de l'homme, bref sous la pression des événements, ce qui devait arriver, arrive. Joue-t-on ici l'amant de Lady Chatterley à l'envers ? Non. Le lendemain, Miss Barbara est à la fois satisfaite et consternée : elle est classée cinquième servante-maîtresse de ce « Barbe-Bleue ». Car telle est la réputation, au village et chez les paysans des environs, de Léon Arnaud de Flatigny. Rien de flatteur en vérité. Et rien de stable non plus, car un jour, Miss Barbara Marshall réprimande un jardinier et celui-ci se détourne en maugréant :

« Oh ! ça va ! On en reparlera dans trois mois ! »

Cette fois, Miss Barbara le retient par le bras.

« Qu'est-ce que vous voulez dire ?

— Je veux dire que je suis là depuis dix-huit ans et que des femmes comme vous, j'en ai déjà vu quatre. Alors, c'est tout bon pour le moment, mais on en reparlera dans trois mois. Voilà ce que je veux dire. »

La cuisinière tenait autrefois le restaurant du village avec son mari. Devenue veuve, elle est entrée au service de Léon Arnaud de Flatigny. Mais elle a conservé une petite maison et un jardin et ne demeure pas au château. Elle doit à son indépendance une certaine liberté d'expression, qui atteint presque l'insolence.

« Mademoiselle, dit-elle un jour à Barbara Marshall, à votre place, je ne m'y prendrais pas comme ça. »

La gouvernante la regarde stupéfaite.

« C'est pas un homme à qui il faut tout donner, explique la cuisinière. Pas tout d'un coup. Il faut faire durer le plaisir, si vous voyez ce que je veux dire. Et lui tenir la dragée haute. Sinon il vous marchera sur la tête.

— Mais je n'ai pas besoin de vos conseils, occupez-vous de ce qui vous regarde.

— Moi, ce que j'en dis, c'est pour éviter les drames. Moins on voit les gendarmes, mieux on se porte.

— Pourquoi les gendarmes ?

— Parce qu'on les a déjà vus deux fois. Une fois parce que Monsieur s'était battu avec un fermier des environs, et l'autre fois, parce qu'une gouvernante les avait appelés. Ils s'étaient disputés et il l'avait blessée qu'elle a dit. Mais quant à savoir la vérité, c'est autre chose. C'était une femme insupportable, hargneuse et têtue comme une bourrique. Tout de même, Monsieur a été deux fois en Correctionnelle, et ça doit être sur son casier judiciaire. »

Là-dessus, la cuisinière vaquant à ses affaires, laisse Miss Barbara songeuse devant son fourneau. Miss

Barbara, avec son tailleur strict et son accent anglais, sa prestance et ses bonnes manières semble vouloir écraser les gens du village qui ne l'aiment pas beaucoup. Et les conseils empoisonnés continuent de pleuvoir. Un jour, la pharmacienne lui dit alors qu'elle discutait de l'exécution d'une ordonnance :

« Si vous connaissez mieux la médecine que moi, mademoiselle, prenez ma place ! Moi, je sais que personne n'est irremplaçable. Les cimetières sont pleins de gens qui le croyaient. Et quand je dis le cimetière, je pèse mes mots. »

Qu'est-ce que cela veut dire ? Impossible d'en savoir davantage et Miss Barbara est malheureuse, sans savoir pourquoi. Elle se dit : « Je suis une sentimentale mais, justement, Léon et moi nous ne faisons pas de sentiment. Alors cette liaison ne devrait pas tirer à conséquence. Je suis libre. Je peux partir quand je le veux. Pourquoi cette angoisse ? »

La vérité, c'est que Miss Barbara se trompe sur elle-même. Elle n'est pas du tout sentimentale. Si elle est célibataire, ce n'est pas par crainte d'être déçue, mais parce qu'elle ne pourrait pas supporter la vie en commun. Elle est trop orgueilleuse, indépendante, dominatrice, pour supporter un mari. D'où cette angoisse de se sentir dominée par Léon Arnaud de Flatigny. Mais elle ne le sait pas. Quoi qu'il en soit, elle décide désormais de l'éviter, de se refuser à lui. Et lui, qui ne comprend pas, s'étonne, la presse, la poursuit, se met en colère et s'acharne.

Par curiosité, par simple curiosité, Miss Barbara cherche à savoir ce que sont devenues les quatre femmes qui, en dix-huit ans, l'ont précédée : l'Espagnole est partie on ne sait où, après que le château ait retenti pendant des semaines des rugissements de colère de Léon Arnaud de Flatigny. Une autre dut être hospitalisée un jour qu'il la maltraitait, paraît-il, alors qu'elle était enceinte de ses œuvres, et se trouverait actuellement à Paris. Et les deux autres ?

Miss Barbara pâlit en lisant dans le rayon d'un soleil printanier le nom de l'une d'elles sur une des tombes du cimetière. Et sa pâleur s'accroît quand le bedeau la conduit sur une autre tombe où repose la quatrième.

Le même soir, elle regarde Léon Arnaud de Flatigny d'un œil nouveau et interrogatoire : si cette simplicité n'était que brutalité ? Si cette autorité n'était que cruauté ? Cette rudesse, du sadisme ? Est-il possible qu'intentionnellement ou non, il ait tué deux de ses maîtresses ? Comme les villageois le laissent entendre ? A le voir, sourire sarcastique aux lèvres, à voir ces petits yeux bleus scruter sa poitrine et ses hanches, à voir le désir qui empourpre son front et la terrible colère qui semble le saisir, lorsqu'une fois de plus, elle se refuse, Barbara pense que c'est possible. Après tout, des « Barbe-Bleue » existent. Ils ont toujours existé. Ils existeront toujours et partout.

Ce soir-là, lorsque « Barbe-Bleue » frappe à la porte de sa chambre, elle n'ouvre pas. A l'abri fragile de la porte fermée à clef, elle écrit à une amie pour lui exprimer ses soupçons et lui demander conseil. Elle n'a pas encore assez peur.

C'est alors que les événements vont se précipiter. A Londres, l'amie qui reçoit la lettre va purement et simplement trouver la police. Et Scotland Yard, par l'intermédiaire d'Interpol, demande des renseignements sur le dénommé Léon Arnaud de Flatigny. Les renseignements reçus étant à la fois troublants et insuffisants, une enquête discrète est décidée. Mais dans le même temps, Barbara Marshall qui perd complètement son sang-froid quitte le château, traînant une énorme valise. Quelques minutes avant l'arrivée du train en gare, Léon Arnaud de Flatigny débouche sur le quai. Il s'efforce de rester calme :

« Pourquoi partez-vous ?

— Je ne supporte plus cette situation.

— Soit. Dans ce cas, je vous promets désormais de vous laisser tranquille. Tout cela n'est qu'un accident. Si vous le voulez toujours, dans quinze jours vous pourrez partir, mais laissez-moi le temps de me retourner. »

Comme Barbara hésite, Léon Arnaud de Flatigny se fait presque suppliant et s'empare de sa valise. Lorsque le train, quelques minutes plus tard, quitte la gare, il laisse sur le quai Miss Barbara Marshall, sa valise, Léon Arnaud de Flatigny, et un inspecteur en civil, débarquant tout droit de la rue des Saussaies. Le premier geste de l'inspecteur est de se rendre discrètement à la gendarmerie et de là au château où il demande à rencontrer Miss Barbara Marshall.

« Mademoiselle, vous avez fait part à une amie anglaise de certains soupçons. Le Bureau d'Interpol à Scotland Yard nous a demandé de faire un rapport. Pour cela, il est nécessaire que je connaisse les faits qui motivent vos soupçons. »

Miss Barbara Marshall rougit, très ennuyée, un peu vexée aussi d'avoir l'air d'une jeune fille affolée. D'autant plus que la démarche de Léon Arnaud de Flatigny l'a rassurée. Elle vient de réintégrer le château, et donc a retrouvé son calme. Malheureusement, car elle va donner à l'inspecteur une fausse idée de la situation.

« En écrivant à mon amie, j'ai peut-être cédé à un mouvement de panique, dit-elle. Mais il y avait de quoi avoir quelques soupçons. Léon Arnaud de Flatigny est un homme bizarre, tout d'une pièce, violent. Vous savez qu'il a déjà eu des ennuis avec la police à cause de ça. Et, dans le pays, on raconte des tas de choses sur lui. Mais c'est tout ce que je peux dire. Et je regrette de vous avoir fait déplacer. »

C'est vers dix-huit heures que l'inspecteur, d'un pas léger, et rassuré, descend les marches du perron. L'accès de panique de la gouvernante anglaise lui paraît assez peu fondé. Impressions bientôt confirmées par les confidences plus ou moins farfelues que lui font les gens du village. Des ragots. Rien que des ragots, qui se contredisent et dont aucun ne tient debout. C'est ce que pense le policier. Demain, il s'inquiétera de connaître ce qu'il est advenu des deux gouvernantes qui ont quitté le château et des causes de la mort des deux autres. Juste de quoi remplir un rapport. Mais l'inspecteur ne sait pas que, demain, il sera trop tard... Il est à peine parti que Léon Arnaud de Flatigny se précipite à l'office où Barbara Marshall tente de reprendre en main la cuisinière. Il l'invite courtoisement à le suivre dans le salon et là, transfiguré, fou de rage, la pousse brutalement dans un fauteuil.

« Qui était cet homme ? C'est un flic, hein ? Je suis sûr que c'est un flic ! Vous avez appelé la police ! Vous me paierez ça ! »

Miss Barbara Marshall se repent amèrement d'avoir cédé à l'insistance de Léon Arnaud de Flatigny et de n'être pas montée, ce matin, dans le train. Maintenant, elle serait loin, au lieu d'être assise sur son lit, dans sa chambre fermée à clef, écoutant la pluie qui bat la fenêtre et surtout guettant un éventuel grincement sur le palier. Car le grincement du vieux plancher sous la démarche pesante de Léon Arnaud de Flatigny est devenu sa hantise. Cent fois elle l'a entendu, autrefois le souffle court, tendue, coupable mais ravie. Maintenant, inquiète, tremblante, apeurée. Ce soir-là, Léon Arnaud de Flatigny a dîné seul, il avait l'air sinistre.

« Après dîner, je voudrais vous parler, lui a-t-il dit. C'est sérieux. »

Ses yeux exprimaient une telle rage que Miss Barbara n'a répondu ni oui ni non, mais elle avait décidé que ce serait non. Avant de monter se coucher, elle a pris dans le tiroir du bureau, l'ancestral pistolet qu'elle savait y trouver. Il est maintenant sous son oreiller.

Pendant ce temps, dans sa chambre d'hôtel minable, sur une petite table entre le lavabo et l'armoire-penderie qui sent le moisi, l'inspecteur rédige son rapport : « Vu aujourd'hui le docteur Fasquelle qui a presque vu naître Léon Arnaud de Flatigny. C'est un homme de soixante-dix ans, qui ne transige pas avec le secret professionnel. Pourtant, il a bien voulu me dire, qu'à son avis, les bruits qui courent sur le châtelain ne sont nullement fondés. Léon Arnaud de Flatigny n'est pas du tout l'être dominateur et sadique qu'il paraît être, mais au contraire, un homme effroyablement timide et qui a peur des femmes. Il en a tellement peur qu'il n'a jamais pu faire les premiers pas auprès d'une inconnue. Il est incapable d'affronter une femme s'il n'est pas en position de force. Incapable de conduire une cour normale. Il faut qu'il ait le temps pour lui. Voilà pourquoi il séduit ses gouvernantes. C'est un homme coléreux. Ses colères sont d'autant plus redoutables qu'elles sont inattendues, et d'autant plus inattendues qu'elles se déclenchent toujours longtemps après le motif qui les a provoquées. Mais il n'y a rien de sadique chez cet homme, il est ridicule, selon le docteur, de lui attribuer le moindre geste criminel. » Et l'inspecteur va se coucher.

Mais au château de Flatigny, les grands yeux noirs de Barbara Marshall se sont écarquillés. Le palier a grincé. Léon Arnaud de Flatigny frappe à la porte.

« Barbara, répondez-moi. »

Barbara se mord les lèvres, et ferme les yeux pour se donner du courage.

« Allons, Barbara, ne soyez pas stupide. »

Longtemps Léon Arnaud de Flatigny insiste, menace, supplie. Il frappe durement la porte du poing et gémit avec des sanglots dans la voix. Il est aussi ridicule que terrifiant. Mais malheureusement Miss Barbara le trouve seulement terrifiant. Tellement terrifiant qu'elle a glissé la main sous l'oreiller pour y serrer la crosse du pistolet. Et quand Léon Arnaud de Flatigny crie qu'il va enfoncer la porte, une femme normale ne devrait pas avoir peur. Si Miss Barbara allait tranquillement lui ouvrir en disant : « Bon, qu'est-ce que vous voulez ? » tout s'arrangerait immédiatement. Car, ce qu'il veut, Dieu sait que ce n'est pas si terrible et Barbara le lui a déjà donné souvent. Elle le lui donnerait une fois de plus, qu'elle n'en souffrirait guère. Mais elle perd complètement les pédales, elle crie :

« Si vous enfoncez la porte, je vous tue. »

Alors, Léon Arnaud de Flatigny enfonce la porte. Et elle le tue. Cinq ans de prison, avec sursis de deux ans pour Barbara. Léon Arnaud de Flatigny est enterré non loin de ses autres gouvernantes. Il a fait de sa vie et de sa mort, le roman du village.

LES BONBONS

Tommy s'en va à l'école. Il a huit ans. De charmants yeux bleus et des culottes courtes. Il tient par la main sa sœur Carolyn. Carolyn a cinq ans, de charmants yeux bleus, et des boucles blondes, Tommy et Carolyn ne sont pas des enfants pauvres. Leur maman est riche. Riche d'une pension alimentaire confortable, versée par un mari lointain. Tommy et Carolyn vivent à Los Angeles en Californie, dans un immeuble luxueux. Pour aller en classe, ils longent un boulevard ensoleillé, bordé de palmiers nains. Mme Gavin, la mère de Tommy et Carolyn, est une jeune femme ravissante de vingt-six ans, qui s'était mariée très jeune, a eu des enfants très jeune, et a donc divorcé très jeune. Issue d'un milieu aisé, et nantie d'une pension alimentaire qui n'a d'alimentaire que le superflu, Mme Gavin n'a pas de soucis matériels. Une femme de ménage entretient quotidiennement son appartement de cinq pièces avec terrasse et cuisine robotisée. Il y a un téléphone dans chaque pièce, un appareil de télévision dans la chambre, un dans la cuisine, et un dans le living-room.

La salle de bain est un rêve de catalogue. Baignoirepiscine au ras du sol, robinetterie dorée, peignoir d'éponge soyeux, stéréophonie au plafond. Tout cela sert de décor à une femme ravissante. Teint mat et bronzé, cheveux noirs, regard de chat et silhouette à l'avenant. L'arsenal de ses produits de beauté n'y est pour rien. Mme Gavin passe pourtant sa vie à contempler, entretenir et améliorer cette beauté tombée du ciel. Massages, bains de soleil, bains d'huile, salon d'esthétique, coiffeur, manucure et garde-robe, abondance de biens ne nuit pas. Pourtant, lorsque Tommy et Carolyn vont à l'école le matin, Mme Gavin émerge péniblement d'un sommeil artificiel. Elle ne s'endort le soir, qu'après avoir avalé un comprimé de barbiturique, le plus souvent noyé dans un verre d'alcool. Il y a gros à parier que dans quelques années, et à ce rythme, le joli visage de Mme Gavin aura du mal à se défriper le matin. On pourrait croire qu'une femme, au comportement à ce point narcissique et superficiel ne s'occupe pas de ses enfants et c'est vrai. Pas de tendresse, pas de ronron maternel pour Tommy et Carolyn, qui avalent tout seuls leur petit déjeuner : corn-flakes et lait froid. Pendant ce temps, leur mère reprend lentement contact avec la réalité matinale, dont ils sont exclus. Cependant, elle s'occupe toujours de leur cartable et fait mille recommandations à ce sujet. Cette préoccupation venant d'une femme comme elle, est bizarre. Mais, depuis la rentrée des classes 1967, Tommy et Carolyn vont bien sagement à l'école, nantis des recommandations de leur mère, à propos du contenu de leurs cartables. Personne n'en apprendrait davantage, si Tommy, le petit Tommy, huit ans, ne tombait tout à coup amoureux de sa voisine de classe. Que celui qui n'a jamais été amoureux à huit ans, lui jette la première pierre, d'autant plus que la voisine de classe de Tommy est une gravure de mode, une poupée, une Shirley Temple numéro deux dont elle porte le prénom. Précieuse comme une dentelle, rose comme une dragée, et aguichante comme une professionnelle du charme. Tommy a déjà fait beaucoup pour elle. Il s'est battu avec un grand de dix ans. Il lui a offert sa collection de porte-clefs, et s'est engagé à lui apporter tous les jours une bouteille de Coca à la récréation de onze heures.

Aujourd'hui, il va faire une chose plus importante. Une chose qu'il n'a pas le droit de faire, il le sait vaguement, car sa mère en sera très fâchée. Mais l'amour est le plus fort ; c'est décidé, il le fera quand même.

La maîtresse est au tableau. Elle tourne le dos à la classe, occupée à dessiner des images : la mer et un soleil, pour expliquer aux enfants les mystères de la condensation. Tommy se pencha vers l'objet de ses amours :

« Eh, Shirley, j'ai un cadeau pour toi. »

Shirley jette un regard faussement dédaigneux vers son compagnon.

« C'est quoi ?
— Un bonbon !
— Un bonbon ? Tu parles d'un cadeau ! »

Apparemment, il faut plus d'un bonbon pour impressionner la jeune Shirley. Mais Tommy, sûr de son fait, argumente à mi-voix :

« Tu sais, c'est un bonbon qui vaut très cher. »

Shirley fait une moue dubitatrice.

« Combien ?
— Soixante dollars !
— C'est pas vrai. Un bonbon ça vaut pas soixante dollars ! »

Mais en disant cela, Shirley a tout de même tendu la main, discrètement. Alors Tommy fouille dans son cartable, en sort un petit paquet de bonbons, prend un bonbon, minuscule, d'un joli rose, et le dépose délicatement dans la main tendue. Si ledit bonbon vaut réellement soixante dollars, c'est un gâchis que de l'avaler tout rond et aussi vite, que le fait Shirley. Tommy n'a pas le temps de dire ouf, plus de bonbon. Et Dieu sait qu'il vient de faire un sacrifice important, dont il connaît les conséquences. Il lui faudra expliquer ce soir qu'il a perdu un bonbon, car sa mère les compte soigneusement tous les jours. Au tableau noir, la maîtresse termine son explication. Elle a dessiné le soleil à la craie rouge, les nuages en blanc, la mer en bleu. Shirley se lève soudain, toute droite dans sa jolie robe, l'air égaré. Elle regarde autour d'elle, et tout d'un coup se met à crier. A hurler même, puis la voilà qui se jette par terre, tape du poing, rit comme une folle, se redresse et se jette sur ses camarades les plus proches. Le tout n'a pris que quelques secondes, et la maîtresse, sidérée, n'a pas eu le temps de réagir. Shirley s'acharne maintenant sur une petite fille, à qui elle semble avoir décidé de crever les yeux. La maîtresse se précipite, libère la malheureuse enfant, et, saisissant Shirley à bras-le-corps, la secoue et la gifle pour la calmer. Jamais de sa vie, elle n'a vu une furie pareille, c'est de l'hystérie pure. Mais aussi soudainement qu'elle s'était déclenchée, la crise passe, et Shirley s'immobilise. Elle s'immobilise beaucoup trop. La voilà transformée momentanément en statue de pierre. La maîtresse la lâche avec précaution, inquiète.

« Shirley, tu es malade ? Parle-moi. Qu'est-ce que tu as ? »

L'enfant est muette, prostrée, le regard fixe. Alors la maîtresse la confie à ses camarades et sort de la classe en courant pour demander de l'aide à l'infirmerie, réclamer un docteur, et prévenir les parents. Du bureau de la directrice, où elle est en train de s'expliquer trente secondes plus tard, elle entend de nouveaux hurlements. Shirley a recommencé. Et la classe tout entière fuit devant ce petit monstre déchaîné, qui griffe, mord, déchire les robes, tire les cheveux, et se roule par terre en vociférant des horreurs. C'est un spectacle insupportable. Et puis à nouveau Shirley s'immobilise, raide, pâle comme une morte, et s'évanouit d'un coup. Personne n'a compris ce qui s'est passé, bien entendu. Et Tommy non plus. Il ne lui vient pas à l'idée de faire le rapprochement entre la crise de folie subite de Shirley, et son bonbon rose à soixante dollars. C'est que Tommy ne se permettrait jamais d'en manger lui-même. Il n'en a pas le droit. C'est défendu. Car il est tenu d'emporter les bonbons le matin, et de rapporter autant de fois soixante dollars qu'il a de bonbons roses. Et autant de fois cinq dollars qu'il a de bonbons blancs. S'il avait offert à Shirley un bonbon à cinq dollars, sa crise aurait peut-être été différente, moins grave. Ramenée chez elle en ambulance, Shirley est déposée dans son lit, avec l'explication suivante : « crise de colère subite. » Parents perplexes. Médecin perplexe, observent Shirley qui dort une journée entière et se réveille un peu nauséeuse mais sans plus.

Et là encore, le mystère aurait duré longtemps, s'il n'y avait pas eu une petite fille jalouse de l'amour de Shirley et de Tommy. Quelqu'un a vu le manège. Quelqu'un a vu Tommy offrir un bonbon à Shirley, et ne l'a pas dit à la maîtresse. Elle ne l'a pas dit car elle a huit ans elle aussi, la petite Rosalind, et elle ne peut pas imaginer qu'un bonbon rende malade, bien sûr, mais elle est jalouse de Shirley, et en rentrant le soir, Rosalind raconte à sa maman, Mme Russel, l'événement de la journée. La crise de Shirley. Et à maman on raconte tout.

« Tommy lui a donné un bonbon. A moi il ne veut jamais m'en donner. Je sais pourquoi, il les vend.

— Tommy vend des bonbons ?
— Tous les jours, c'est des bonbons que lui donne sa mère.
— Il les vend à l'école ?
— Non. C'est des bonbons très chers. Il les vend à des grandes personnes.
— Où ça ?
— Dans la rue, tiens !
— Et tu es sûre qu'il a donné un bonbon à Shirley ?
— Sûre, j'étais derrière eux. Je l'ai bien vu.
— Rosalind, écoute-moi bien. Il ne faut jamais que tu en manges c'est promis ? Et ne dis rien à Tommy. Je m'en occupe. »

Rosalind n'a pas très bien compris. Mais l'essentiel est qu'elle n'en mange pas, et que la police fasse quelque chose immédiatement.

La mère de Rosalind habite le même immeuble que Mme Gavin, à l'étage en dessous. Les deux femmes se connaissent peu, elles n'ont d'ailleurs rien en commun. La mère de Rosalind s'occupe de sa maison, de son mari et de ses enfants. Elle est toujours là quand Rosalind rentre de l'école.

Mme Gavin, elle, à cette heure-ci, traîne dans les salons d'essayage, ou les cocktails. Il n'est jamais que cinq heures. Elle ne rentrera pas avant le coucher du soleil. Mme Russel appelle la police, et raconte l'histoire de sa fille. L'officier de police réfléchit. Il est prudent. Trop prudent au goût de Mme Russel.

« Je vous assure que ma fille ne raconte pas d'histoire. Je suis sûre que cette femme vend de la drogue par l'intermédiaire de son fils.
— Il faudrait en être sûr ! Nous ne pouvons pas perquisitionner chez elle, sur une simple dénonciation, il faut une preuve pour que le coroner délivre un mandat.
— Mais l'enfant, la petite Shirley a été malade. Ce n'est pas une preuve, ça ?

— Certainement, mais comprenez-moi. Si nous avertissons l'école, et les parents de Shirley maintenant, cette femme sera convoquée par le directeur de l'école, elle se méfiera, et nous n'aurons jamais la preuve de son trafic. A moins que vous nous aidiez. »

Mme Russel est immédiatement d'accord. Que faut-il faire ?

« Essayez d'acheter vous-même ces fameux bonbons.
— D'accord. »

Mme Russel, transformée en détective, met immédiatement en œuvre le conseil du policier. Elle raccroche, et va sonner à l'étage en dessous. Si la mère est rentrée, contrairement à son habitude, elle inventera n'importe quoi. Mais si Tommy est seul, elle a une chance. Mme Russel sonne à la porte, et c'est Carolyn, cinq ans, la sœur de Tommy qui ouvre.

« Ta maman est là ?
— Non madame.
— Et Tommy ?
— Il est sorti.
— Dis-moi Carolyn, je voudrais acheter des bonbons, ton frère en vend n'est-ce pas ?
— Oui, madame. Mais moi aussi je peux vous en vendre. J'en ai vendu ce matin. Je n'en ai plus, mais je sais où Tommy range les siens, il en a encore. Vous voulez du LSD ou de la Benzédrine ? »

Et Carolyn, haute comme deux pommes, va fouiller dans le cartable de son frère. Elle en sort un petit paquet de plastique, et tend l'un des « bonbons » roses.

« Voilà ! Vous me devez cinq dollars ! »

Mme Russel, épouvantée, donne cinq dollars à Carolyn, qui les range dans le cartable de son frère, puis raccompagne sa « cliente » à la porte. Mme Russel saute sur le téléphone et raconte la scène au policier.

« Vous dites que l'enfant vous a parlé de LSD et de Benzédrine ? Comment sont les pilules ?

— Celle-là est rose et j'en ai vu d'autres blanches.
— Essayez de vous procurer les autres et rappelez-nous, je vous attends. Plus il y aura de preuves, mieux ça vaudra. »

Mme Russel raccroche, retourne à l'étage inférieur et sonne. Cette fois, c'est Tommy qui ouvre, il est rentré, pendant l'intervalle et il pleure.

« Qu'est-ce qu'il y a Tommy ?
— Ma sœur vous a vendu un bonbon, pour cinq dollars ? Elle s'est trompée. C'est pas sa faute, elle ne vend que des bonbons à cinq dollars. Celui qu'elle vous a donné vaut soixante dollars. Si je ne les donne pas à maman, elle va me battre, déjà qu'il m'en manque un.
— A quelle heure rentre ta maman ?
— Vers sept heures.
— Alors ne pleure pas, nous allons arranger cela. Prends tes bonbons, et viens avec moi, ta sœur aussi. Je connais un monsieur qui va les acheter. On va lui téléphoner, et ta maman s'arrangera avec lui. »

« S'arranger » avec le monsieur, c'était une autre affaire. Quand Mme Gavin est rentrée, l'officier de police l'attendait devant sa porte. La jolie jeune mère de famille l'a pris de haut.

« Comment ? En voilà une plaisanterie ! Vous ne pensez tout de même pas que mon fils... Et patati et patata... il a inventé cette histoire... je ne suis au courant de rien, c'est un scandale, etc. »

Malheureusement pour la mère, Carolyn, cinq ans, qui ne comprenait pas très bien la situation, sauf qu'elle avait mis son frère dans l'ennui, a fourni une explication convaincante et courageuse pour une petite pomme de son âge.

« Ecoute maman, il ne faut pas battre Tommy. C'est ma faute. J'en avais plus de bonbons à cinq dollars. J'ai pris ceux de Tommy. Je savais pas que tu lui avais dit de vendre plus cher, les roses. J'en ai jamais vendu des roses, moi. T'as qu'à lui en donner un autre à la dame.

— Carolyn, tais-toi, je n'ai jamais eu de bonbons comme tu dis !

— Mais si maman, y' en reste encore dans ton tiroir. »

Pour en rester, il en restait. Tous les matins, Mme Gavin, mère de famille consciencieuse, remettait à Carolyn cinq ans, les bonbons blancs à cinq dollars, et à Tommy, huit ans, les blancs à cinq dollars, et les roses à soixante dollars.

Sur le chemin de l'école, les acheteurs de ce réseau enfantin se fournissaient en toute tranquillité, et glissaient discrètement l'argent dans les deux cartables. S'ils n'étaient pas payés, Tommy et Carolyn étaient battus, et le lendemain, n'avaient plus de bonbons à vendre aux clients. Et Tommy avait pris un gros risque en offrant, par amour, un bonbon rose à soixante dollars. Le risque d'une bonne trempe. Après vingt jours d'un procès difficile Mme Gavin, l'horrible jeune et jolie femme, a été déchue de la puissance maternelle. C'était le moins que la Justice pouvait faire pour les enfants. Mais elle aurait pu faire mieux, quatre petits mois, ce n'est pas cher pour une horreur pareille !

DE LA LOGIQUE
AVANT TOUTE CHOSE

La scène qui suit est d'une qualité médiocre, due essentiellement au ton de l'actrice principale. Ce ton est faux. Jamais lamentations n'ont été plus lamentables et dénuées de conviction.

Turin 1971. Une vieille dame se dresse, affolée, sur le canapé du living-room où elle dormait : sa fille, en chemise de nuit, les cheveux noirs ébouriffés, entre et pousse des cris stridents.

« Maman ! C'est affreux ! C'est horrible ! Ah ! là ! là, c'est terrifiant ! »

L'interprétation est particulièrement mauvaise dans l'explication qui suit :

« Un homme était dans la chambre. Je l'ai vu. Je l'ai vu. Ah ! Mon Dieu, c'est terrible ! Je crois qu'il a tué Enzo ! Appelle le docteur ! »

Miléna Pasetti a pourtant un physique. C'est une belle quinquagénaire et il faut rendre à César ce qui appartient au passé. Le contact, la patine donnent aux choses un toucher d'une douceur incomparable. Miléna Pasetti est donc belle, comme certains objets qui ont beaucoup servi : l'œil noir, par contre, est resté jeune. Les cheveux tombent sur la dentelle de sa chemise blanche comme deux ailes de corbeau. La bouche fait une moue perpétuelle, vague souvenir de la mode Bardot, pieusement conservée. Bref, Miléna Pasetti emplit l'escalier de l'immeuble de ses trilles affolés, comme une cantatrice annonçant au public la mort de son héros. Elle va maintenant chercher secours auprès du voisin du dessus. Quelques instants plus tard, le docteur surgit et, dans une atmosphère de confusion, n'obtenant aucune explication, envoie l'homme à l'hôpital, *a priori*, et pour plus amples informations.

A l'hôpital, on constate l'entrée et la sortie d'une balle de revolver. L'entrée étant entre les deux yeux et la sortie dans la nuque. Auquel cas l'hôpital ne peut rien pour cet homme, qui n'a pas pris le temps d'être malade une seconde avant de mourir. Le commissaire Rissone fait son apparition au domicile de Miléna Pasetti. De l'étourdissante Miléna Pasetti, et il la considère avec un étonnement qui ne va pas cesser de croître, au fil des questions et des réponses.

« Senora, il y a plusieurs choses que je ne comprends pas », entame le commissaire, logique.

La Senora Pasetti, gémissante, tordant un mouchoir de fine batiste comme une serpillière, le regarde alors de ses immenses yeux noirs inondés de larmes. Il n'est pas beau, le commissaire : il est gras, adipeux, avec un gros nez et quelque chose de féminin dans la démarche et la façon de s'exprimer. Mais elle le regarde comme s'il était Mastroiani lui-même.

« Ce que je ne comprends pas, reprend le commissaire, c'est pourquoi vous n'avez pas dit au médecin que votre mari avait reçu un coup de revolver.

— Je ne l'ai pas dit ?

— Non.

— Eh bien, dans mon affolement, je n'y ai pas pensé. D'ailleurs, je n'étais pas sûre.

— Pas sûre ? (le commissaire est interloqué). Mais vous avez bien entendu les coups de feu ?

— Peut-être. J'ai entendu un grand bruit. C'est ça qui m'a réveillée. Ce devait être un coup de feu.
— Et votre mère ? »

La mère de la Senora Pasetti, voyant le regard du commissaire tourné vers elle, s'affole :

« Pardon ? Qu'est-ce que vous dites ? Qu'est-ce que c'est ? »

Miléna Pasetti lui tapote l'épaule pour la calmer.

« Vous voyez bien, monsieur le commissaire ! Ma mère est sourde comme un pot. »

Le commissaire en convient, cherche sa logique, la retrouve et poursuit :

« Alors ce que je ne comprends pas, c'est pourquoi vous avez été prévenir le voisin du dessus et chargé votre mère d'appeler le docteur, si elle est dure d'oreille.

— Vous savez ce que c'est, monsieur le commissaire. Je ne suis qu'une femme. Je m'affole. Dans ces cas-là, on a absolument besoin d'un homme.

— Mais pourquoi le voisin du dessus ?

— Mais c'est un homme, monsieur le commissaire ! Et c'est le seul que je connaisse. Et puis, je ne suis pas raciste mais, dans cet immeuble, il n'y a que des Siciliens et un nègre. Où vouliez-vous que j'aille ? »

Le commissaire comptabilise les réponses, les classe par ordre d'inintérêt et réfléchit. Il y a aussi ce double de clef supplémentaire resté sur la porte. Mais réflexion faite, il se lève :

« C'est bon. Je vous demanderai de rester ici à ma disposition. Je vais voir le voisin du dessus. »

Le voisin du dessus a exactement la tête du voisin du dessus, tel qu'on l'imagine au-dessus de Miléna Pasetti : c'est Ramon Novarro, le séducteur des années 30. Brun, les yeux langoureux avec de longs cils. Il est peintre. Il est italien. Il a vingt-sept ans et il commence à se faire du souci pour son avenir. Cette tête de bellâtre agace tellement le commissaire que, pris d'une inspiration subite, et d'un culot monstre, il joue le tout pour le tout :

« Police ! Comment vous appelez-vous ?
— Eduardo Schepatti. Qu'est-ce qu'il y a ?
— La Senora Miléna Pasetti est votre maîtresse ? »

Le peintre reste pétrifié. Son visage est une nature morte.

« Oui, dit le commissaire. Et vous n'auriez pas dû lui faire confiance ! Ça n'a pas été long. Je l'ai à peine cuisinée. Elle m'a tout avoué ! Pourquoi avez-vous fait ça ?
— Fait quoi ? »

Ça ne marche pas comme l'aurait souhaité le commissaire, et il s'ensuit une discussion orageuse de laquelle il ressort que le peintre n'est pour rien dans ce crime, lequel aurait été commis probablement par un Chinois, et financé par la belle Miléna Pasetti. En l'espace d'un quart d'heure d'enquête c'est extraordinaire comme résultat. Mais le plus extraordinaire, c'est que, lorsque le commissaire redescend faire part à Miléna de l'accusation du peintre, elle jure par tous les saints qu'elle n'est pour rien dans ce crime, lequel aurait probablement été commis par un Indonésien dont le bras aurait été armé par Eduardo Schepatti. Le commissaire qui est un amoureux de la logique et cherche toujours à la suivre avant toute chose, organise alors une confrontation, au cours de laquelle il assiste éberlué à un duel d'accusations précises.

« C'est toi qui as donné cinq millions de lires à Johnny l'Indonésien. Tu lui as même fait un chèque sans provision. Il a fallu que je te donne une bague.
— Menteuse ! réplique le peintre. C'est toi qui as payé le Chinois dix millions ! Dix millions, monsieur le commissaire ! Et même qu'il a voulu être payé en francs suisses ! »

Pendant quinze jours, il est impossible à quiconque

d'y voir clair. La seule certitude du commissaire sont les talons de chèques et les comptes en banque. Ils témoignent qu'il y a bien un Chinois, que ce Chinois a reçu dix millions de lires. Et un Indonésien, et que cet Indonésien a reçu huit mille cinq cents francs suisses. L'ennui, c'est qu'entre-temps tous deux ont disparu. Le Bureau d'Interpol à Rome demande donc au Secrétariat général à Paris de diffuser dans les zones « 2 » et « 7 » — c'est-à-dire l'Europe et l'Extrême-Orient — la fiche bleue priant les bureaux d'Interpol concernés de rechercher et d'interroger les deux suspects. Ce qui est fait avec une rapidité réconfortante pour le malheureux commissaire.

A Jakarta, le 8 mars 1972, par une pluie torrentielle, un inspecteur du Bureau d'Interpol indonésien replie son parapluie pour pénétrer dans l'hôtel Boro Budur. Quelques instants plus tard il est en présence d'un petit homme qui a l'air d'un marchand de tapis, mais est en réalité une fripouille notoire. Cette fripouille notoire a passé plus de temps en prison qu'au soleil, et le policier le sait.

« Tu as connu un dénommé Eduardo Schepatti ? Fais pas l'étonné. Nous avons la preuve que tu as encaissé un chèque au porteur de huit mille cinq cents francs suisses dans une banque de Lugano. Exact ?

— Oui. Mais le chèque était sans provision.

— C'est vrai, il était sans provision la première fois, mais tu y es retourné quelques jours plus tard et tu l'as bel et bien touché. C'était pour quoi faire cet argent ?

— Je devais rendre un service.

— Tuer un homme. C'est ça ? »

L'Indonésien est hilare et l'inspecteur outré.

« Ça te fait rire l'idée d'avoir à tuer le malheureux mari de cette femme.

— Je ne l'ai pas tué !

— Alors, pourquoi as-tu accepté l'argent ?

— Ecoutez, comment voulez-vous qu'un homme comme moi refuse huit mille cinq cents francs suisses ?

— Et pourquoi ne l'as-tu pas tué ?

— Ce n'était qu'un acompte. Je devais en toucher autant après la mort du bonhomme. Mais vous comprenez que l'histoire du chèque sans provision, ça m'a pas inspiré confiance. D'ailleurs, j'ai jamais eu l'intention de le tuer. Ce peintre et la bonne femme sont de vrais clowns. J'ai pensé que le meilleur service à leur rendre, c'était de ne jamais tuer le mari. Ils étaient bien trop bêtes pour se tirer d'une affaire comme ça !

— Tu as raison, dit l'inspecteur. Ils ne s'en tireront pas. »

Les joues cuivrées de l'Indonésien deviennent grises. Son sourire se fige. Les rides autour des paupières, les grosses lèvres, subitement, expriment l'inquiétude. Il ne savait pas que son « client » était mort. Il l'apprend brutalement et laisse échapper une série d'injures en cascade qui signifient d'abord l'étonnement, puis la colère et qualifient la bêtise du peintre et de sa maîtresse en termes choisis.

« Quand as-tu quitté l'Italie ? demande l'inspecteur d'Interpol.

— Il y a trois mois, le 18 décembre exactement. J'ai décollé de Rome.

— Avoue que ce n'est pas de chance. Tu pouvais tuer le 17 et t'envoler le 18.

— Ce n'est pas en cavale que j'ai quitté l'Italie. Je suis venu ici parce que mon père va mourir. Vous pouvez vérifier. »

Le soir même, le Secrétariat général d'Interpol reçoit de Jakarta le message suivant : « Avons interrogé suspect. Sa participation au crime est possible mais non démontrée. Compte rendu de l'interrogatoire suit. Vous prévenons que le délai de garde à vue ne pourra excéder quarante-huit heures. Attendons d'autres informations. Signé : B.C.N. Interpol Jakarta. »

A Amsterdam, le surlendemain. Le ciel est clair mais les toits sont couverts de neige et, dans certains canaux, l'eau dormante a gelé. Le Bureau d'Interpol de La Haye a dépêché un inspecteur auprès du Chinois. Il vient de prendre une participation dans un restaurant, chinois, comme il se doit ! Son casier n'est pas vierge. Comme il se doit. Mais c'est un malin. L'inspecteur et le Chinois restent donc seuls dans le restaurant désert pendant toute une partie de l'après-midi. Après moult dénégations et pressé de questions, le Chinois finit par admettre qu'il a bien touché dix millions de lires pour tuer Enzo Pasetti, mais qu'il ne l'a pas tué.

« Alors pourquoi as-tu quitté l'Italie ?

— Quand j'ai vu dans le journal qu'il avait été assassiné, j'ai compris que je risquais des ennuis.

— Donc, tu es parti après le crime ?

— Oui. Mais ce n'est pas moi qui l'ai tué.

— Qui alors ? »

Le Chinois est très embarrassé. Les yeux à demi fermés, il regarde les quatre murs du restaurant tout en réfléchissant.

« Qui a tué si ce n'est pas toi, insiste durement l'inspecteur. Donne-moi une bonne idée ou je t'embarque !

— Oui. J'ai compris, dit le Chinois excédé. Ecoutez, j'ai jamais pensé sérieusement tuer ce type. D'ailleurs, tout ça, c'est une histoire de fous. Je crois que c'est son gigolo qui avait mis dans la tête de cette femme que son mari voulait la tuer. Il faut dire qu'ils se disputaient tout le temps. Le mari savait qu'il était cocu et, elle, elle voulait du fric, toujours plus de fric. Leur restaurant, c'est une affaire qui marche bien mais quand même ! Je suis venu plusieurs fois chez eux comme client quand les affaires allaient bien et puis je me suis retrouvé plongeur. Quand elle a su qui j'étais, la femme m'a donné un rendez-vous dans un café et elle m'a dit que son mari la détestait, qu'un jour il aurait sa peau, que c'était un homme terrible. Terrible, tu parles ! Un brave bistroquet qui a travaillé toute sa vie. Enfin, bref, c'était une question de vie ou de mort. Il fallait qu'il disparaisse. Elle m'a promis dix millions de lires d'acompte et dix millions après.

— En chèques, fait remarquer l'inspecteur. Ce n'est pas très sérieux.

— Evidemment. C'est ce que je lui ai dit mais elle ne pouvait pas me les donner en espèces. Mais je suis pas fou, dans ces conditions, tuer un type avec mon nom à la banque, c'était ridicule ! Je connaissais un petit voyou, vous savez un de ces petits fous sanguinaires. Je lui ai repassé la combine : il tuait le restaurateur et il touchait les dix autres millions de lires.

— Et, d'après toi, c'est lui qui l'a tué ?

— Peut-être. Mais ça m'étonnerait. D'après ce que j'ai lu dans les journaux, c'est pas dans sa manière. Lui, c'est dans le dos, au coin d'une rue plutôt que dans la maison, avec de fausses clefs et tout le tremblement. »

Le soir même, le Secrétariat général à Saint-Cloud reçoit un message du B.C.N. de La Haye résumé ainsi :

« Chinois interrogé. Actuellement sous les verrous. C'est un assassin possible. Toutefois, sa participation directe au crime paraît peu probable. Il suggère d'interroger un jeune Sicilien de vingt-deux ans, dont signalement suit. »

A Turin, la police convoque donc le petit malfrat en question, qui lui aussi se défend. Après tout il en a le droit. Il n'a pas tué le Senor Enzo Pasetti. Mais, bousculé, houspillé, blême et voix sifflante, il finit par reconnaître qu'il a tenté par deux fois de réaliser « son contrat ». Le détail de ces tentatives est fort intéressant : La première fois, il s'est embusqué dans une porte cochère devant l'endroit où le restaurateur, d'habitude, garait sa voiture. Il a attendu une demi-heure. Ne voyant rien venir, il a été se renseigner au restaurant : tout à fait exceptionnellement la victime « potentielle » avait trouvé pour sa voiture une place de l'autre côté de la rue, juste en face de son poste de guet. Mais il ne l'avait pas vu. La seconde fois, il a tiré sur le restaurateur sans l'atteindre. Le brave homme fut si étonné qu'il ne pensa pas un seul instant que les balles lui étaient destinées. La presse publia d'ailleurs qu'il s'agissait d'un attentat contre des journalistes de *La Stampa* dont les bureaux sont à proximité. Et ce fut la dernière tentative. Par la Madone, le petit malfrat le jure.

La bonne logique du commissaire se perd dans les détails granguignolesques de ce meurtre de carnaval. Et il se rapproche de la dernière hypothèse : De guerre lasse, le peintre et sa maîtresse décidèrent de faire le travail eux-mêmes.

Mais la belle Miléna Pasetti, s'écroule sur un fauteuil avec une belle désinvolture, et un sanglot dans la gorge :

« Non mais, vous me voyez tuer mon mari ? »

« Il est vrai que la scène n'est pas tout à fait imaginable, pense le commissaire. Sait-elle seulement ce qu'est un revolver ? » Quant au peintre, il tremble de tous ses membres. Et on ne le voit pas tirer à bout portant sur un homme, entre les deux yeux. Pourtant, le commissaire récapitule, en déroulant toujours sa petite logique portative.

« C'est vous qui avez fait faire un double des clefs, soi-disant pour les donner au Chinois. Comme par hasard, on n'y trouve pas vos empreintes ni à l'un ni à l'autre, enfin, nous avons un témoin qui affirme vous avoir vendu un revolver. Donc...

— C'était pour l'Indonésien », intervient le peintre.

Et le commissaire rengaine sa logique en attendant

d'avoir par Jakarta, le détail sur la fourniture du revolver. Il était temps, car l'Indonésien arrivait au bout de la garde à vue. Il n'en est que plus tranquille pour affirmer :

« Le choix d'une arme, c'est du sérieux. On ne passe pas par des amateurs, et surtout ceux-là. Je me le serais procuré moi-même, si j'en avais eu besoin. »

Alors le commissaire retourne auprès des deux amants farfelus et tremblants, les secoue d'importance, se fâche et les écoute enfin dans leurs aveux du dernier acte.

Ayant dépensé vingt millions de lires pour rien. Ayant compris qu'ils étaient menés en bateau par les uns et par les autres et devant les échecs successifs du petit malfrat, ils ont donc décidé d'agir eux-mêmes. La mise à mort devait être pratiquée pendant le sommeil du mari. La femme fournit un après-midi les clefs de la maison pour en faire un double ainsi qu'un plan de l'appartement que le peintre devait graver dans sa mémoire.

Dans la nuit du 16 avril, le peintre entre dans la maison et parvient jusqu'à la porte de ce qu'il croit être la chambre à coucher, qu'il ouvre doucement. Mais au lieu d'y trouver le couple endormi, il débouche sur la grand-mère en train de prendre une petite collation dans la cuisine. Celle-ci lui tourne le dos. Sourde comme un pot, elle n'a rien entendu.

Alors, le lendemain 17, le peintre s'introduisit de nouveau dans l'appartement et réalisa cette fois son exploit avec un succès qui l'étonna lui-même et lui valut l'admiration de sa maîtresse quinquagénaire.

Le commissaire Rissone a embarqué un peintre tremblotant, et une femme échevelée qui se jetait à ses genoux dans la meilleure tradition du plus mauvais théâtre, en réclamant pitié pour son jeune amant. Et c'était très mauvais, sur le plan artistique.

C'ÉTAIT LORS D'UNE FAMINE
EN CHINE...

C'est un petit vieillard qui descend de voiture dans un quartier pauvre de New York. Il est plutôt petit, maigre, il a soixante-cinq ans. De loin il paraît doux et timide avec ses cheveux blonds striés de blanc bien coiffés, et son costume sombre. Mais il a des lèvres bien rouges, et c'est le plus horrible criminel du siècle, qui traverse la 10e Avenue. L'ennui c'est que rien ne ressemble plus à un horrible criminel, qu'un individu normal traversant la 10e Avenue.

C'est donc un individu normal qui se présente chez la famille Budd un dimanche à New York. Le logement est modeste. Le père est à la fois borgne et concierge d'une importante maison de commerce. La mère, brave femme, un peu vulgaire, s'occupe des soins du ménage et de l'éducation de ses trois enfants : Edward, quinze ans, grand, maigre, énergique ; Béatrice, vivante réplique de sa mère et la dernière : Grâce, douze ans, pâle et frêle, jolie comme un ange. Les Budd sont sans fortune, donc sans histoire. Edward qui cherche à se placer a fait paraître il y a quelques jours une annonce dans les journaux. Il voudrait un emploi de garçon de ferme dans une exploitation agricole près de New York. C'est le seul événement marquant de la vie des Budd pour l'instant. Et c'est à cet instant que l'on frappe à la porte. Mme Budd ouvre la porte à un vieillard affable et souriant :

« Je m'appelle Frank Howard. C'est moi qui vous ai envoyé un télégramme au sujet de l'annonce parue dans les journaux. Je viens plus tôt que prévu. Puis-je voir quand même votre fils ?

— Quel malheur ! s'exclame la brave Mme Budd en retirant son tablier, Edward est absent. Il ne rentrera pas de la journée. »

Tandis qu'elle débarrasse la table et installe le vieil homme dans un fauteuil, celui-ci s'informe d'abord sur le garçon puis il explique :

« Je possède d'assez vastes propriétés. Je cherche un jeune homme débrouillard, intelligent. Comme je n'ai pas d'enfants, je m'occuperai paternellement de lui, je lui enseignerai les méthodes modernes de l'élevage et de l'agriculture et sait-on jamais, peut-être qu'à ma mort, il pourrait prendre ma suite. »

Mme Budd boit du petit-lait. Grâce qui revient de l'école est présentée à l'honnête vieillard envoyé par le Ciel pour faire le bonheur de la famille. La fillette a une robe rouge qui fait ressortir la fraîcheur de son teint et le charme de son corps d'enfant. Le vieil homme lui en fait compliment, et il a si bien conquis la sympathie de tous qu'on le retient à déjeuner. Mais sur la fin du repas, il paraît embarrassé. Il hésite à demander une grande faveur : Sa sœur habite un appartement près de la 5e Avenue. Le quartier le plus riche de New York. Elle s'occupe beaucoup des enfants et a organisé cet après-midi une fête pour les amis de ses petits-enfants. Le vieux monsieur peut-il y emmener Grâce ?

« Oh ! oui maman », s'exclame la fillette ravie.

Sa mère, débordante de gratitude, s'empresse donc

d'aller chercher la jolie robe blanche que Grâce portait le jour de sa première communion, et quelques instants plus tard, le vieillard et la fillette partent en automobile. De ce goûter en robe blanche, la petite Grâce ne reviendra jamais.

Frank Howard la tient par la main dans le couloir du train. Il a l'air d'un grand-père attentif. Mais de plus près son visage a la pâleur des gens habitués à vivre la nuit. Ses yeux ont une teinte bizarre, couleur de verre fumé et personne ne pourrait lire dans ses pensées. Une pauvre moustache dissimule partiellement la bouche aux lèvres rouges. Sa chemise est le seul vêtement à ne pas être noir. A côté de ce vieillard gris, Grâce a de grands yeux lumineux et vifs. Le train a quitté la gare centrale il y a quarante-cinq minutes et ralentit pour s'arrêter dans une petite ville calme des environs de New York. Il est quatre heures de l'après-midi.

« Oh ! monsieur Howard, s'écrie la petite fille, vous oubliez votre bagage ! »

La langue du vieil homme humecte ses lèvres rouges. Il se précipite et saisit son bagage. C'est un paquet enveloppé de tissu brun, de cinquante centimètres de long qui rend un son métallique lorsqu'il le prend sous son bras. Vingt minutes plus tard, le vieil homme et l'enfant, en sueur car il fait très chaud, empruntent une route poussiéreuse et sauvage pour rejoindre un sentier qui s'enfonce dans une forêt épaisse.

« C'est encore loin ? demande la petite fille.

— Non, ma chérie. Seulement quelques minutes. »

Dans une clairière se dresse une maison de trois étages. Les fenêtres n'ont plus de carreaux depuis longtemps. Les volets pendent et claquent, sinistrement. La peinture a subi le ravage des saisons. Seule note de gaieté, le tapis de fleurs sauvages qui l'entoure. La petite fille regarde la maison, avec étonnement.

« C'est là qu'est la surprise-partie ? demande l'enfant.

— Oui, c'est là, répond le vieil homme en passant sa langue sur ses lèvres rouges. Tout est calme dans la maison parce que nous sommes les premiers. Je vais prévenir. Toi tu attends ici et tu cueilles des fleurs. Je t'appellerai bientôt. »

Puis il saisit solidement son bagage, se dirige vers la maison et cinq minutes plus tard tout est prêt. Le vieil homme appelle la petite fille de la fenêtre, et elle court gaiement vers lui. C'est fini.

Ce n'est que le soir, vers vingt-deux heures, que les parents Budd se rendent au commissariat. Les yeux de la mère sont rouges et son visage enflé tant elle a pleuré. Elle se retourne vers son mari et gémit :

« Parle, toi, moi je ne peux pas. »

Alors M. Budd explique au lieutenant de service qu'il vient signaler la disparition de sa petite fille. Le lieutenant note la déposition des parents et va prévenir ses collègues.

« Les gars, nous avons une drôle d'histoire sur les bras. Il y a un couple qui signale la disparition de leur petite fille Grâce, depuis douze heures aujourd'hui. Ce n'est pas la routine, cette fois. Elle est partie avec un vieil homme. Bien que ce bonhomme ait promis qu'il raccompagnerait la petite à dix-huit heures au plus tard, ils ne les ont plus revus. Le vieux avait dit qu'ils allaient chez sa sœur, et que sa sœur habitait Colombus Avenue et 137e Rue. Ils en viennent et cette maison n'existe pas. La Colombus Avenue s'arrête au Sud de la 137e. »

Les malheureux parents ne peuvent rien dire de plus. Leur petite fille a disparu, ils n'ont rien d'autre à dire, que leur désespoir. Ils n'ont même plus le télégramme envoyé par le vieil homme, et annonçant sa visite. En effet, peu après le déjeuner, M. Howard leur a demandé de lui montrer ce télégramme. Il voulait vérifier si la poste de chez lui envoyait correctement les messages. Mme Budd le lui a donné. Le vieux s'est alors souvenu qu'il avait apporté du fromage de sa ferme. Il a été le chercher et quand il est revenu, il n'avait plus le télégramme.

Chez les Budd, la police fouille l'appartement de fond en comble et relève les empreintes. Durant toute la nuit, les parents tentent en vain de reconnaître Howard, sur les dizaines de photos qu'on leur présente. Et plus les heures passent, plus il est évident que l'enfant n'a pas été enlevée pour une rançon. Et si les policiers n'osent pas le dire, ils n'en pensent pas moins, que le vieux grand-père est probablement à ranger dans la catégorie des sadiques.

Dans la forêt des environs de New York, là où se dresse la maison délabrée dans la clairière, aucune lumière ne brille jamais, et c'est un rendez-vous calme et tranquille pour les amoureux. La nuit du 5 juin, une jolie femme mariée et un homme qui n'est pas son mari s'y sont donnés rendez-vous. En arrivant dans la clairière, les deux amoureux ont la surprise désagréable de voir une faible lueur dans la maison. Pendant que la jeune femme attend au coin du bois, l'amoureux s'approche. Il distingue une forme qui va et vient, semble changer de pièce et apparaît sur le seuil. Dans la nuit noire comme de l'encre, l'amoureux ne peut apercevoir le visage de celui qui tient la lampe, et court tout à coup pour disparaître dans les bois. Pas tranquilles du tout, les deux amoureux rebroussent chemin et décident de ne plus revenir. Malheureusement, ils n'en parlent à personne.

Après beaucoup de recherches, le lieutenant de police finit par retrouver le bureau de poste d'où un télégramme a été envoyé, le samedi matin, et rédigé en ces termes : « Suite petite annonce Edward Budd. Stop. Ai situation à proposer. Stop. Mais retenu à Jersey pour le travail. Stop. Viendrai lundi. Signé : Frank Howard. »

L'écriture, un peu tremblée, est celle d'un homme âgé, dont personne ne se souvient dans le bureau de poste. Les jours passent. Puis les semaines, les mois et les années. M. et Mme Budd scrutent chaque visage, et sursautent chaque fois qu'une petite fille leur rappelle Grâce. Il leur arrive de suivre un homme des heures durant, parce qu'il ressemble à ce vieil homme, dont la visite fut si courte. Et si cruelle. La police a mis en œuvre tous les moyens de recherche possibles et imaginables. Interpol a été alerté, et l'on recherche le dénommé Howard du Canada au Mexique. Chaque fois que l'on demande au lieutenant de police s'il y a du nouveau dans l'affaire, il répond non bien sûr. Mais il ajoute qu'il est sûr que cet Howard fera parler de lui.

C'est vrai, le vieil homme aux yeux gris comme la fumée et aux lèvres rouges fait parler de lui quatre ans plus tard. Il envoie une lettre, puis deux lettres, puis trois et, pendant un temps, une lettre par jour à M. et Mme Budd. Les lettres sont écrites au stylo. Mais depuis que le stylo a été inventé personne n'a jamais écrit des lettres pareilles ! Elles n'ont pas l'air vrai. Leur contenu est si étrange, que le lieutenant de police qui tient enfin une piste avec ces lettres, est persuadé avoir affaire à un fou.

La première lettre a été envoyée dans une enveloppe commerciale dont l'adresse imprimée a été rayée. Il s'agit d'une petite entreprise de taxis new-yorkaise. Cette entreprise emploie trois cents conducteurs de taxis. On enquête parmi ceux âgés de plus de cinquante ans, mais les comparaisons d'écritures ne donnent rien. Le président de la société est interrogé. C'est lui qui garde les enveloppes dans son bureau. Il se souvient en avoir jeté quelques-unes dans sa corbeille à papiers où l'un de ses collaborateurs les a récupérées.

Ce dernier, un jeune homme un peu tremblant, bafouille qu'il a dû les laisser dans la chambre où il habitait, au numéro dix de la East 52e Rue. En interrogeant la logeuse, le policier apprend que le dernier locataire de la chambre, qui a succédé au jeune homme tremblant, était un vieux peintre décorateur du nom de Fish. Albert Fish. Un homme bizarre, qui ne recevait jamais de visites et restait dans sa chambre presque tout le temps. Il est parti sans laisser d'adresse. Il ne recevait pas de courrier sauf un mandat, le 15 de chaque mois.

Alors, le 15 du mois, l'inspecteur s'assoit dans le petit bureau de la logeuse, en bras de chemise. Il joue aux cartes avec un joyeux policeman au visage rubicond. De temps en temps, il jette un regard dans le miroir, placé de manière à surveiller la porte d'entrée. Et vers midi, la porte s'ouvre. Un petit vieillard gelé entre. Visage craintif, allure hésitante. Il appelle :

« Madame Snyder ! Madame Snyder !

La logeuse apparaît :

« Ah ! vous voilà, monsieur Fish. »

Alors l'inspecteur bondit et ferme d'un geste sec sur le poignet du vieux, la mâchoire luisante d'une menotte.

« Votre nom ?
— Albert Fish.
— Votre âge ?
— Soixante-cinq ans.
— Vous êtes seul ?
— Je suis marié, monsieur, j'ai six enfants. »

Au commissariat, on interroge le vieil homme, isolé sur une estrade et éclairé par des projecteurs. Sous la violence de la lumière, la peau de son visage maigre paraît grise. Les rides y creusent de profonds sillons. Et, par instants, il passe dans ses yeux une lueur gênante. C'est un homme traqué sûrement. Mais pas un fauve, plutôt un rat. Un rat au profil allongé, au corps ramassé en boule. Un rat gris. Un rat qui parle aux policiers comme dans un salon.

« Je suis peintre décorateur. Je fais surtout les grandes fresques murales. Avez-vous visité l'église presbytérienne ? C'est moi qui l'ai décorée. Ce que j'aime peindre surtout, ce sont les anges. Avez-vous remarqué comme ils sont beaux les anges que j'ai peints ? On dirait des enfants ! »

Le vieil homme s'est soulevé de son siège et une lueur trouble a envahi ses yeux. Cela ne dure que quelques secondes. Le médecin légiste qui conduit l'interrogatoire a entre les mains la lettre écrite par Howard à la famille Budd et il sait à quoi s'en tenir. Il ne peut s'empêcher de frissonner. Un policier demande :

« Vous êtes religieux ? »

Le vieil homme paraît scandalisé par cette question :

« Bien sûr que je suis religieux !

— Dans votre dossier, je vois que vous avez été poursuivi pour outrages publics aux mœurs.

— Cela n'a rien à voir avec la religion.

— Si vous savez les « Commandements de Dieu », récitez-les.

— Homicide point ne feras... »

Il s'arrête soudain, et ses mains posées à plat sur ses genoux maigres se mettent à trembler. Le médecin légiste agite alors la lettre d'Howard.

« C'est vous qui avez écrit cette lettre ! C'est vous qui avez tué Grâce Budd ! »

A voix basse, le vieil homme confesse.

« Je regrette d'avoir tué Grâce Budd. Mais je ne pouvais pas faire autrement.

— Pourquoi avez-vous tué cette enfant ? demande le médecin légiste.

— C'est une idée qui m'est passée par la tête, je suppose.

— Pourquoi avez-vous tué cette enfant ?

— Je n'avais pas l'intention de tuer la petite. C'est pour emmener son frère que j'étais venu. Mais elle s'est trouvée sur mon chemin. Quand je l'ai vue, la tentation s'est installée en moi. C'est tout. »

Il s'interrompt, ferme les yeux comme saisi d'une somnolence brutale. Sous le feu des projecteurs, on dirait un corps sans vie, et le silence est pesant. Le médecin légiste s'approche, se penche vers le vieil homme et demande une dernière fois, car il lui faut la réponse, absolument :

« Pourquoi avez-vous tué la petite Grâce ? »

Alors, d'une voix blanche, sans timbre, dans un souffle, le criminel laisse échapper l'aveu inimaginable :

« Pour la manger... »

Dans le silence effrayant qui a suivi, le médecin légiste a mis ses lunettes :

« C'est bien vous qui avez écrit ça ? Et il lit : « C'est « durant une famine en Chine que j'ai appris à aimer « la chair humaine. Il y a longtemps de cela. Je peux « en décrire exactement le goût : cela ressemble au « veau, au poulet aussi. Simplement, la chair humaine « a plus de goût. La meilleure viande, celle qui est la « plus tendre, c'est celle des enfants. Celle des petites « filles est plus parfumée que celle des garçons. Depuis « longtemps, j'avais une faim de chair humaine. Il me « fallait absolument assouvir ce désir. C'est pourquoi « je feuilletais chaque jour les petites annonces »...

Le médecin n'a pas besoin de poursuivre. D'ailleurs la suite de la lettre, est illisible à voix haute. Surtout quand on la sait adressée aux parents de la petite Grâce. Albert Fish n'a aucun respect de l'amour paternel, de la douleur d'une mère et de la pudeur d'une femme. Il s'étale avec une grossièreté épouvantable sur le viol de l'enfant, semble prendre on ne sait quelle sadique jouissance à salir sa victime, et raconte qu'il en a mangé pendant neuf jours. De mémoire de policier, jamais au grand jamais, on n'a connu un monstre pareil ! La plupart des membres de sa famille sont fous ou malades. La mère de ses six enfants, qui n'a vécu que quelques années avec lui et ses six enfants eux-mêmes, viennent témoigner qu'ils le savaient capable de tout, mais le savaient-ils capable de cela ? Il s'est marié trois fois. Il a exercé son métier de peintre dans vingt-trois villes différentes de l'Amérique du Nord. Et il sait que le kidnapping est le pire crime aux Etats-Unis, car il s'empresse d'ajouter à ses aveux :

« Je ne suis pas un kidnappeur. Je demande toujours la permission quand j'emmène une petite fille avec moi. »

Albert Fish est soupçonné d'avoir plus d'une fois satisfait ce besoin de chair humaine. Il avoue lui-même, au dernier moment, qu'avant de violer et d'assassiner Grâce Budd, il avait dévoré un petit garçon. Cet homme représente toute la gamme des déviations psychiques et sexuelles. L'accusation lui attribue cent attaques sur des jeunes filles et quinze assassinats : mais peut-il être considéré comme responsable ? C'est la question qui sera longtemps examinée au cours du procès. Après une discussion passionnée, les jurés admettront que le monstre "savait distinguer entre le bien et le mal". Il sera donc condamné à mort et montera calmement de lui-même sur la chaise électrique.

Albert Fish était accessoirement sadomasochiste. Et il aimait à se faire mal lui-même. On a retrouvé plantées dans son corps, au moment de son arrestation, vingt-neuf aiguilles...

Ce n'était pas assez. Ce n'était rien que cette minable tentative d'autodestruction. Mais qu'avait-il d'autre à sa disposition ? Rien. Les malades mentaux ne vont jamais s'enfermer d'eux-mêmes à l'asile.

UN MOBILE
VIEUX DE MILLE ANS

Le 18 mai 1972, les passants affolés s'abritent dans les portes cochères de la Viale Mazzini à Rome. Une voiture qui attendait à la sortie d'un immeuble vient de redémarrer brutalement, en même temps qu'une longue rafale de mitraillette. Un homme en costume clair, s'appuyant sur deux béquilles de métal s'est écroulé, mortellement atteint. La victime est le professeur Enzo Carnossa, cinquante-trois ans, archéologue et grand voyageur. Il n'appartient à aucun parti politique et cet attentat n'est pas revendiqué.

Quelques jours plus tard, à Lugano en Suisse, tout un quartier de la ville est en émoi après une autre rafale de mitraillette. La victime est, cette fois, un antiquaire. Il vient d'être abattu alors qu'il arrosait ses fleurs sur sa terrasse légèrement en contrebas d'une rue assez fréquentée. Une camionnette, qui stationnait là depuis quelques heures, est retrouvée abandonnée. Elle a dû servir de cachette à l'assassin pour y guetter sa victime. Il s'est enfui ensuite dans une autre voiture. C'est un travail de professionnel et l'enquête ne donne aucun résultat.

Un mois plus tard, vers sept heures trente du matin, sur la portion d'autoroute reliant Milan à l'aéroport de Linatte, une voiture est criblée de balles par un autre véhicule circulant en sens inverse. La voiture effectue une série de tête-à-queue et s'écrase contre un camion. Le conducteur, un homme d'affaires de Milan, membre influent de la Démocratie chrétienne, meurt trois jours plus tard à l'hôpital malgré tous les efforts faits pour le sauver. L'attentat est plus ou moins revendiqué par deux organisations extrémistes, ce dont la police n'est pas convaincue. Car il arrive que ces organisations mal organisées revendiquent n'importe quoi pour faire parler d'elles.

Enfin, au mois d'août de la même année, un chriscraft est retrouvé, dérivant au large du Cap Ferrat sur la Côte d'Azur. A son bord : une jeune femme blessée et le propriétaire de l'embarcation un négociant italien, connu pour être grand collectionneur. Il est mort criblé de balles. La jeune femme raconte qu'ils ont été abordés par un autre chriscraft conduit par deux hommes. L'un a brandi une mitraillette et ouvert le feu sans explication ni sommation. Elle est incapable de fournir aucun autre détail et déclare ne pouvoir identifier les assassins. Il s'agit encore de travail de professionnel. Plusieurs balles ayant été retrouvées dans le cadavre et une dans la coque en bois de l'embarcation, elles sont photographiées et les photographies sont adressées au Bureau d'Interpol à Rome, afin que l'arme qui les a tirées puisse être identifiée. Si on la retrouve jamais.

Mais surprise ! Après plusieurs semaines, la police italienne découvre que la même arme a servi pour ces quatre assassinats qui, jusqu'alors ne semblaient avoir aucun lien entre eux. C'est sans doute l'erreur fatale des criminels : dans une série d'assassinats comme celle-là, un très grand professionnel, un technicien, un artiste du crime aurait changé d'arme à chaque fois. C'est donc *a priori* du travail d'amateur, même s'il est bien fait. Dans les carnets de rendez-vous ou dans le répertoire téléphonique de trois des quatre victimes, on retrouve également un nom identique : celui de la première victime : le professeur Enzo Carnossa, l'archéologue. Par contre, si les trois victimes connaissaient le professeur Carnossa, elles ne semblent pas s'être connues entre elles. Conclusion : le défunt professeur est le lien commun entre les quatre assassinats. Cela suffit pour qu'Interpol entrevoit plusieurs pistes dont l'une retient particulièrement l'attention des Italiens : le professeur était archéologue et les trois victimes étaient : l'une antiquaire et les deux autres collectionneurs.

Dans les trois collections figurent des objets mayas : figurines de terre cuite, jade sculpté et, surtout, un objet revient dans les trois listes avec la même appellation : fragment de stèle maya, époque classique. Or, le professeur Enzo Carnossa était un spécialiste de l'histoire et de l'art mayas. Chaque victime avait donc sa petite stèle maya époque classique. Un spécialiste de cette époque examine alors pour Interpol la photo des trois objets que la police italienne lui fait parvenir. Les photos représentent des blocs de pierre couverts de sculptures symboliques et tarabiscotées, au milieu desquelles on distingue difficilement des têtes de dragon et des visages humains. Le spécialiste en histoire maya, un grand bonhomme d'origine russe, barbu et moustachu est penché — une loupe à la main — sur les trois photos. D'un air ravi, il murmure en regardant la première, puis la deuxième et la troisième :

« Pas mal, pas mal... »

Le policier qui attend son verdict, et ne connaît rien à l'art maya se permet d'interrompre sa contemplation pour demander un peu plus de précisions.

« Ce sont trois fragments de la même stèle maya, dit l'expert. Et c'est une chance car ils se suivent.

— Mais ça représente quoi, ces stèles ?

— Ce sont des monuments élevés de leur vivant, à la gloire des grands chefs mayas. Ils y figurent sculptés avec des chapeaux extraordinaires de deux mètres de haut. Il y a toutes sortes de symboles sur ces blocs de pierre. Ils sont généralement de forme rectangulaire et destinés à être dressés, debout comme des menhirs. On les retrouve souvent renversés dans les sites mayas d'Amérique centrale. Certains mesurent deux mètres, d'autres atteignent huit mètres. Difficile de dire la dimension de celle-là. D'après sa largeur, elle devait mesurer entre trois et cinq mètres.

— Est-ce que vous pouvez me dire d'où elle vient ?

— Etant donné le style de la sculpture, on peut supposer qu'elle vient du Yucatán, plus précisément de la forêt vierge de Petén. Elle ressemble à celle qu'on trouve près du site de Seïbal.

— Vous ne savez pas exactement ?

— Non, parce que, à ma connaissance, celle-ci est inconnue. Elle ne figure pas dans les nomenclatures officielles. Sans doute a-t-elle été volée ou, plus simplement, disons qu'elle n'a pas été déclarée par celui qui l'a trouvée. Vous savez, on en trouve une par mois dans le Yucatán !

— Mais, si je comprends bien, ça pèse plusieurs tonnes. Comment peut-on voler des objets pareils ?

— On les scie, pour les transporter par morceaux. Celle-ci a été sciée dans le sens de la largeur. Ces trois morceaux se juxtaposent parfaitement. Il doit y en avoir cinq ou six autres morceaux de par le monde. C'est d'ailleurs absolument criminel !

— Est-ce que ça vaut cher ?

— Oui et non. Ça n'a pas de prix. Bien que celle-ci soit particulièrement belle sur le plan de la sculpture, ce n'est pas un simple objet d'art, mais un objet d'étude. On espère grâce à ces stèles, découvrir les secrets de l'histoire maya, qui nous est presque complètement inconnue puisqu'on n'a pas encore déchiffré leur écriture. Je peux quand même vous donner son âge, grâce à ces glyphes. »

Devant l'air ahuri du policier qui note ces informations, l'expert se voit contraint d'expliquer ce qu'est un glyphe.

« Un glyphe vient de hiéroglyphe : « hiéro » du grec qui veut dire « sacré » et « glyphe », écriture. On appelle « glyphes » les écritures qui ne sont pas sacrées. Par exemple, les Mayas connaissaient le zéro mais n'avaient pas de système décimal. Un point voulait dire « 1 », deux points « 2 », trois points « 3 », jusqu'à « 5 ». Pour figurer le chiffre « 5 », ils traçaient un trait. Donc un trait et un point, fait « 6 ». Deux traits et trois points, ça fait « 13 ». Ainsi, conclut l'expert, je puis dire que cette stèle a été érigée en l'année 3708 de l'ère maya, ce qui correspond pour nous à l'an 903 après Jésus-Christ. »

Après avoir suivi ce cours inattendu sur l'histoire et l'archéologie mayas, le policier fait son rapport et Interpol lance une demande de renseignements au Mexique et au Guatemala, pour déterminer s'il y a eu vol ou disparition.

Les deux pays répondent qu'il y a malheureusement un trafic clandestin permanent des objets d'art mayas portant sur des millions et des millions de dollars et qu'une stèle peut avoir été découverte sans que les autorités en aient été informées. A tout hasard, Guatemala City signale qu'en 1969, le métis qui gardait, au milieu de la forêt vierge, le site maya de Dos Rios a été assassiné ainsi que le compagnon qui était avec lui. Mais rien n'avait été volé sur le site et les assassins n'ont jamais été retrouvés. Mais avec les renseignements que lui fournit Interpol, le lieutenant Olméro Zamora de la police guatémaltèque se décide à réouvrir le dossier de cette affaire et à reprendre personnellement l'enquête. Zamora est un homme d'environ cinquante ans, à la chevelure argentée et au visage rude. A un journaliste qui lui demande quel lien il y a entre les quatre assassinats de personnalités italiennes et l'assassinat des deux malheureux métis dans la forêt vierge du Petén, il répond avec un grand bon sens :

« Aucun lien précis. Mais dans les deux cas, il se pourrait que ces assassinats recouvrent un trafic d'objets d'art maya. Or, si les trafiquants d'objets d'art mayas sont nombreux, j'espère que ceux qui tuent sont plus rares. J'espère même qu'il n'y en a qu'un. C'est pourquoi il a peut-être tué dans les deux cas ? »

Dans l'immeuble de style hispano-arabe qui jouxte le palais du Gouverneur et où a lieu cette conférence de presse improvisée, se trouvent les correspondants de plusieurs journaux d'Amérique latine. Pour eux le trafic des objets d'art aztèques, mayas ou incas, olmèques ou toltèques est ce qu'on appelle en terme journalistique un « marronnier ». C'est-à-dire que la presse en parle chaque fois qu'il n'y a rien d'autre à dire, ou qu'elle veut distraire l'attention du public, d'un sujet plus grave. Cette fois il y aurait mort d'hommes cependant. Le « marronnier » est donc plus intéressant que d'habitude, mais pourquoi un seul trafiquant aurait-il tué quatre Italiens ? Les journalistes sont assez peu convaincus.

« Lieutenant, est-ce que vous ne croyez pas que c'est un peu tiré par les cheveux ?

— Ça peut paraître rocambolesque mais ça se tient. D'ailleurs, nous allons comparer la photographie des balles qui ont tué les Italiens et celles qui ont tué les métis. »

Le soir même, le lieutenant prend place avec les touristes dans l'avion qui relie Guatemala City à la petite ville de Florès au cœur de la forêt vierge du Petén dans la presqu'île du Yucatán. Le lendemain, la Land Rover de la police le conduit au Rio de la Passion, où il embarque sur une pirogue à moteur. Il débarque trente kilomètres en amont, dans la région de Seïbal, au lieu-dit : Hatucon. Là, vit dans une case, entourée de quelques arpents de maïs et de haricots, un ivrogne noir aux cheveux gris qui lui sert de guide jusqu'au site maya de Dos Rios à quinze kilomètres dans la profondeur de la forêt. Quinze kilomètres sur un sentier à peine tracé où l'on bute sur les racines, où l'on s'étrangle dans les lianes, pour s'enfoncer jusqu'aux genoux dans le sol spongieux. Quinze kilomètres au bout desquels il débouche dans une petite clairière où sont couchées, vaguement protégées par un petit toit de chaume, trois stèles mayas, qu'on a débarrassées de la mousse qui les recouvrait. C'est là qu'ont été tués, quatre ans plus tôt, le métis, gardien du site et son compagnon.

Le nouveau gardien, taciturne, la machette pendue à la ceinture, et qui ne quitte pas son fusil, lui fait l'honneur de sa case : une marmite, des allumettes, une assiette et un verre, un couteau, une fourchette et une cuillère, un seau, une houe et un hamac, des cochons, deux énormes chiens. C'est toute sa fortune. Il a pris la succession du précédent gardien. Et c'est là que le lieutenant Zamora, entrevoit la solution du puzzle maya. En retournant à la civilisation, il envoie ses conclusions au Bureau d'Interpol de Mexico, et au mois de décembre 1972, il se rend dans une somptueuse villa au bord d'une plage des environs d'Acapulco. Il est en civil car les règlements internationaux lui interdisent d'agir sur un territoire étranger, mais accompagné d'un inspecteur mexicain. Ils sont reçus par un personnage maigre, au visage dur, une sorte de sale type, majordome-chauffeur-garde du corps, bref homme à tout faire d'un très riche collectionneur d'antiquités précolombiennes [1]...

Il est de notoriété publique que cet homme, d'origine belge, a réuni ses collections à l'aide d'un trafic, parfois officiel, mais souvent clandestin, qui dure depuis trente ans. Bien qu'il n'ait gardé que le quart des objets inestimables qui lui sont passés entre les mains, ses collections ont une telle valeur et constituent une telle provocation que le Gouvernement l'a contraint à en faire don à sa mort au Musée d'art et d'anthropologie de Mexico. Mais il n'est pas encore mort, et son homme à tout faire reçoit les deux policiers avec nonchalance, un cigare planté au coin des lèvres.

« Qu'est-ce que vous voulez ?

— Je suis inspecteur de la police mexicaine. Interpol m'a prié d'obtenir quelques renseignements auprès du Senor X. »

L'homme se déplace avec désinvolture et marmonne :

« Bon. Je vais voir s'il est là.

— Un instant. Nous voudrions, le lieutenant Zamora de la police du Guatemala qui est présent comme témoin, et moi-même, vous poser quelques questions. »

Entre les lèvres de l'homme, le cigare n'a pas tremblé. Il fait signe aux policiers de s'asseoir dans ce hall immense, orné de statues mayas, aztèques et d'énormes plantes grasses. L'inspecteur montre une photo assez floue, sans doute un agrandissement, où l'on distingue néanmoins les traits du sale type, qui leur fait face, et demande :

---

[1]. Le nom de ces deux hommes n'est pas cité volontairement.

« Vous vous reconnaissez sur cette photo ?
— Si vous me dites que c'est moi, je veux bien me reconnaître, mais ce n'est pas évident.
— Vous vous appelez bien X ?
— Oui.
— Vous êtes au service de votre patron depuis combien de temps ?
— Plus de quinze ans.
— Et vous vous intéressez pour son compte à l'archéologie maya.
— Si vous voulez.
— A ce titre, vous êtes-vous rendu sur le site de Dos Rios ?
— Non.
— C'est curieux car en 1968 on y a découvert des vestiges intéressants.
— Peut-être, mais j'ai eu autre chose à faire.
— Alors, comment expliquez-vous que nous ayons cette photo en mains ? C'est l'agrandissement de la photo Polaroïd d'un groupe d'archéologues ayant visité le site de Dos Rios au mois d'avril 1969. Nous le savons grâce au vieux cahier qui sert de livre d'or et que les visiteurs ont signé ce jour-là. Comme il n'y a qu'une ou deux visites par mois, il n'a pas été difficile de les retrouver. Quant à la photo, elle faisait partie des biens personnels du malheureux métis qui a été assassiné quelques semaines plus tard. »

L'homme ne fait montre d'aucune émotion. Il hausse les épaules et répond :

« Et alors, qu'est-ce que ça prouve ? C'est vrai. J'ai été à Dos Rios. Tout le monde sait que nous cherchons des antiquités mayas partout où on peut en trouver. Mais comme nous ne sommes pas les seuls, lorsque je sens une bonne piste, je ne vais pas le crier sur les toits. »

Les deux policiers, pour essayer de coincer cette

anguille, s'apprêtent alors à faire un énorme mensonge :

« Vous savez que nous avons comparé les balles qui ont tué les Italiens et celles qui ont tué les deux métis ?

— Je sais. Je lis les journaux. Vous n'allez pas me dire que ce sont les mêmes ?

— Pourquoi ?

— Parce que ce n'est pas possible.

— Comment le savez-vous ?

— Je suppose que si le même homme a commis ces crimes, il n'a pas traversé l'Atlantique avec une mitraillette dans sa valise. Une mitraillette, ça se trouve partout, même en Europe. »

Là-dessus, l'homme anguille a raison. Les balles ne sont pas les mêmes. Et une heure plus tard, il est toujours aussi souriant, sarcastique et nonchalant. Les deux policiers, à bout d'arguments, demandent alors à être reçus par M. X.

L'entrevue se passe dans un vaste bureau, sorte de capharnaüm, où les étagères et les meubles croulent sous un amoncellement de figurines de terre cuite, de poteries précieuses, de jades sculptés, de masques aux yeux de rubis, et de fragments de stèles. Le richissime trafiquant a soixante-dix ans. Il a l'air d'une vieille fouine perdant ses cheveux gris. Ses mains tremblent au-dessus de ses trésors accumulés. Il écoute d'un air mécontent et agacé la thèse des policiers : au cours d'une visite à Dos Rios, le dénommé Fidel Anitua aurait découvert dans les environs une stèle inconnue. Quelques semaines plus tard, un hélicoptère — comme cela s'est déjà produit — serait venu chercher la stèle. Les voleurs, ayant été surpris par le gardien du site et son compagnon, les auraient abattus. De ce fait, la possession de la stèle devenait un danger pour son receleur. Débitée en morceaux, elle a été vendue en Europe. Le professeur Enzo Carnossa — qui s'intéresse à tout ce qui concerne l'art maya — a découvert trois morceaux de cette stèle chez un antiquaire et deux collectionneurs italiens. Comme il vient souvent au Guatemala et suit pas à pas toutes les découvertes qui concernent l'archéologie maya, il s'est enquis de l'origine possible de la stèle qu'il situait dans la région de Seïbal. Il a donc connu l'assassinat des deux gardiens métis de Dos Rios. Dans son enquête, il a dû interroger M. X., ou son homme de main. Ceux-ci n'avaient d'autre solution que de supprimer le professeur et les trois acquéreurs que ce dernier avait contactés car ils pouvaient, à tout moment, révéler le nom de leur vendeur.

Le vieillard ne bronche pas. Derrière lui, son homme à tout faire non plus. Ils ont encaissé l'accusation avec un tel calme, que les policiers savent d'avance que la partie est perdue. Le vieux collectionneur, enfin se lève. Tremblant de la tête et des mains. Sénile, sucrant non pas les fraises mais les antiquités mayas, et bien décidé à continuer, il toise les deux hommes :

« Votre théorie est absurde, et impossible à prouver. »

Et c'est vrai. Cela se passait en décembre 72. Depuis, ni la police guatémaltèque, ni la police mexicaine n'ont réussi à le prouver. Et c'est dur quand on est sûr d'avoir raison.

LE VIEUX LOCATAIRE

Il est minuit dans la Ruhr. La lueur d'un phare de vélo s'éteint devant une petite maison de brique, moitié maison de coron, moitié ferme. Georges Skaner, mineur, trente-neuf ans, pousse le portail d'une main, tenant le guidon de son vélo, de l'autre. Il n'a pas relevé la dynamo. Le phare jette une lueur vague et intermittente tandis qu'il traverse le jardin. Soudain, Georges Skaner s'arrête, soulève le guidon et fait tourner la roue à la main, dirigeant le phare dans la direction de sa cave à charbon : il aperçoit un amas blanchâtre, et l'on dirait un corps. Le mineur croit avoir reconnu Julius Hofen, un homme de soixante et onze ans, son locataire. Il l'appelle mais, comme celui-ci ne répond pas, le mineur s'approche un peu plus et se penche pour le secouer doucement du bout de la main, puis la retire précipitamment en poussant un juron : elle a touché quelque chose de gluant.

Quelques instants plus tard, la police est là, et parmi les différents spécialistes, un homme reste songeur : c'est l'inspecteur de la Criminelle. Dès les premières constatations, il a senti qu'il ne s'agissait pas d'une simple affaire de routine. Le vieillard ne craignait pas le froid car il porte des vêtements d'intérieur : un pantalon, une chemise et des chaussons. Le médecin légiste a compté sur son crâne, fracassé sans doute par un outil, huit blessures. Il a aussi d'autres plaies dans le dos, qui semblent provenir d'un engin plus tranchant. A côté du cadavre, le seau à charbon, en plastique, à moitié plein, renversé, et une pioche. Le cadavre a longtemps saigné, il est complètement rigide, le crime doit donc avoir été commis assez tard dans la soirée. Point n'est besoin d'être Sherlock Holmes pour deviner que le vieillard a été frappé de dos, alors qu'il remplissait son seau à charbon.

Personne n'est entré dans la maison. Mme Skaner, qui dormait dans sa chambre de l'autre côté de la maison, n'a rien entendu. Et le vieillard n'a pas d'argent sur lui. On n'emmène pas une fortune pour aller remplir un seau à charbon.

L'inspecteur Schmidt est un homme discret, qui a pourtant les deux qualités qui font un grand policier lorsqu'elles sont réunies, et c'est rare : la patience et l'intuition. Il a fait les deux guerres, et doit porter des lunettes noires pour dissimuler la déformation d'une orbite où l'œil est resté accroché par miracle.

Devant lui, le mineur. Il n'a plus que quelques mois à passer au fond, avant la retraite. Petit, sec, la peau mate, ses cheveux ont la blondeur fade des endives. Il est assis sur une chaise, car il a laissé le fauteuil à sa femme et à l'inspecteur le canapé, qui semble être le meuble principal de la pièce. Sa femme passerait inaperçue même si on la posait sur un piédestal, placc de la Concorde. Sa carte d'identité indique : cheveux châtains, sans doute parce qu'il n'existe pas de terme pour indiquer l'absence de couleur. Le visage est régulier mais inexpressif, les yeux bleus perpétuellement inquiets. Pour le moment, elle est blanche comme un linge et l'émotion précipite sa respiration.

« Vous avez trouvé quelque chose ? » demande le mineur.

L'inspecteur secoue négativement la tête. Il vient de passer une heure dans la chambre du vieillard, six mètres carrés à l'étage supérieur avec un plafond en pente. Tout lui a paru en ordre. Les petites économies étaient à leur place. Il n'y avait d'autre courrier qu'une lettre de son fils en Amérique du Sud, de la correspondance administrative et des publicités. Il y a un long silence où l'on n'entend que le tic-tac d'une pendule à carillon. L'inspecteur Schmidt regarde les fleurs du canapé. Sa voix est neutre quand il demande :

« Elle est à vous la pioche qu'on a trouvée à côté de ce pauvre vieux ?

— Oui, dit le mineur. N'importe qui peut s'en servir elle est toujours là.

— Où ça, là ?

— Souvent appuyée contre la grille du jardin », précise sa femme.

Dans un nouveau silence, le carillon sonne solennellement six heures du matin. Le mineur a déjà raté sa nuit.

« Est-ce que je peux aller me coucher, monsieur l'inspecteur ?

— Oui, bien sûr. Un petit mot quand même. Il y a combien de temps que vous lui avez loué cette chambre ?

— Il y a deux ans, à peu près.

— Quel genre de relations aviez-vous avec lui ?

— Vous savez, il n'était pas très causant. On se disait « bonjour », « au revoir » ! C'est à peu près tout.

— Pas de conversation amicale ?

— Non.

— Qu'est-ce qu'il faisait dans la journée ?

— Il était souvent dehors, sinon il avait une petite télévision. Il ne faisait pas beaucoup de bruit.

— Et vous ? Qu'est-ce que vous faites quand vous êtes là ?

— En ce moment, je laboure ou alors je bricole. Vous savez, on a quand même vingt arpents.

— Et vous, madame ?

— Je m'occupe des enfants, et puis du bétail. On a une vache, deux chèvres, vingt-huit poules et des canards.

— Il allait souvent chercher du charbon si tard dans la nuit ?

— Ça lui arrivait. Il avait pas d'horaire. On le laissait faire parce que, dans la chambre, on ne l'entendait pas.

— D'une façon générale, est-ce qu'il avait l'air heureux ou malheureux ? Est-ce qu'il était gai ou triste ?

— Plutôt triste, dit le mineur après un long moment de réflexion. Comme si le bonheur ou le malheur était trop compliqué pour sa propre réflexion.

— Est-ce qu'il avait des amis ?

— Non, dit le mineur. Ou alors, on les voyait pas. »

La femme du mineur s'est avancée sur le bord du fauteuil.

« Je peux vous dire quelque chose ?

— Bien sûr, madame.

— Eh bien voilà. Il y a une quinzaine, il est arrivé en voiture. Il était avec trois messieurs que je ne connaissais pas. Ils ne devaient pas être de la région.

— De quoi parlaient-ils ?

— Je ne sais pas. Ils ne sont pas rentrés. Ils sont descendus de voiture pour lui serrer la main, et puis ils sont partis.

— Il ne vous en a rien dit et vous ne lui avez rien demandé ?

— Non.

— Vous pouvez me décrire ces trois messieurs ?

— J'étais trop loin. Et je ne me rappelle plus. Il y en avait un qui avait un imperméable et les autres des costumes. C'étaient des gens de la ville, je crois. »

L'inspecteur Schmidt se lève. Il va laisser dormir ces gens et en attendant marcher dans le village, interroger les gens, deçà delà. On sait très peu de choses sur le vieillard assassiné. Il allait chaque jour à la taverne mais ne buvait jamais plus d'une bière. Il parlait de la pluie et du beau temps. Plus souvent de la pluie que du beau temps, car, dans la Ruhr, le ciel est toujours gris. De politique, il en parlait si peu que personne ne connaît ses opinions. Plutôt de droite sans doute. Mais d'après sa tête, uniquement d'après sa tête. Quelques villageois se souviennent qu'il y a une quinzaine, il est arrivé en voiture avec trois messieurs que personne ne connaît, et à qui personne n'a fait attention.

C'est tout ce qu'apprend l'inspecteur Schmidt. Et son impression générale est que l'on s'ennuie à mourir dans ce village, de toute façon. De retour dans la maison du mineur, l'inspecteur cherche. Par principe, sans même savoir lui-même ce qu'il cherche. Il n'a pas la moindre idée. Il furète sans faire de bruit car le mineur dort dans sa chambre. La maison est propre et, malgré les enfants, tout y est rangé, étiqueté comme dans la boutique d'une vieille mercière. Il y a des crucifix partout et beaucoup d'images pieuses. Un peu beaucoup, peut-être. Un peu plus que la normale. Cette débauche de « bondieuseries » doit être l'œuvre de la mère, et en y pensant l'inspecteur décide d'aller lui en parler. Mais il est midi, elle a été chercher les enfants à l'école et ils doivent être dans la cuisine. L'inspecteur cherche la cuisine et s'oriente difficilement dans la maison biscornue. Il se retrouve ainsi à l'étable.

« Tiens, se dit-il, il faut passer par l'étable pour aller à la cuisine ! » Une vache tourne la tête pour le regarder. Près de la grande porte qui donne sur les champs, se trouve un billot sur lequel une hache est plantée. L'inspecteur a un petit pincement au cœur. Il n'y touche pas mais s'agenouille pour la regarder de plus près. C'est une hache à manche court et la partie du tranchant qui n'est pas enfoncée dans le bois présente des petites balafres encore rougeâtres. L'inspecteur sort un mouchoir et, délicatement, l'arrache du billot. Puis il se dirige, pensif, vers la cuisine, au moment où les enfants sortent pour aller à l'école. Il retient la mère par le bras et lui montre la hache, sans préavis. En voyant l'outil, la femme a un haut-le-corps.

« Vous croyez qu'on l'a tué avec ça ?
— Peut-être, il y a du sang.
— Mais j'ai tué un poulet pour le dîner hier soir.
— Avec la hache ?
— Oui, pour lui couper le cou. »

C'est plausible, évidemment, mais l'inspecteur fait tout de même envoyer la hache à la Criminelle pour analyser le sang.

Vers dix-sept heures, l'inspecteur voudrait bien rentrer chez lui mais quelque chose le retient. Personne dans le village n'a remarqué, hier soir, d'allées et venues intempestives. Le crime n'était sûrement pas prémédité par quelqu'un de l'extérieur. Sinon, on ne se serait pas servi de la pioche qui n'était là que par hasard. C'est donc dans la maison que l'affaire doit être élucidée. Et dans la maison, rien, aucun indice, sauf la hache, qui, si elle est l'arme du crime, ne fournit pas le mobile. Or, le crime est apparemment sans mobile. Et, apparemment, un crime sans mobile aucun, ça n'existe pas. On ne rentre pas chez soi après un raisonnement pareil. Alors l'inspecteur, pour la cinquième fois, retourne dans la chambre du vieillard et recommence à fouiner. Il ne suffit pas de voir les objets, il faut réfléchir, procéder par association d'idées, comme si l'on entrait en transes, pour laisser parler la mémoire et l'intuition.

Le mineur a fini de dîner avec sa femme et ses gosses. Centimètre par centimètre, à la lumière électrique car la nuit est tombée, l'inspecteur regarde chaque objet comme s'il était unique et chargé de sens. Les lunettes, les livres. Tout, même les chaussettes et le verre où le vieillard déposait son dentier pour la nuit. Et c'est ainsi que dans un tiroir où sont rangés du papier, des crayons et un portefeuille, il tombe en arrêt devant une petite boîte en carton un peu écrasée. Une boîte vide. Que, pour un peu, il allait jeter dans la corbeille à papiers. Elle est rougeâtre et grossière, enluminée d'arabesques aussi bariolées et tarabiscotées et dessus un seul mot : « Calcal ». L'inspecteur s'assoit sur le lit, tourne et retourne la boîte. C'est un emballage rudimentaire, comme il en vient des pays lointains. Un pays oriental peut-être. Les déformations du carton semblent indiquer qu'il a contenu des comprimés, serrés les uns contre les autres. Comme dans les anciennes boîtes d'aspirine.

L'inspecteur regarde autour de lui, mais il n'y a aucun comprimé nulle part, pas même un morceau ou une miette, ce qui voudrait dire que le vieillard aurait tout utilisé, et récemment sans doute, car, bien qu'écrasée, la boîte ne semble pas défraîchie. Du « Calcal ». Qu'est-ce que ça peut bien être que du « Calcal » ? Comme c'est le premier indice, l'inspecteur Schmidt se sent le droit de rentrer chez lui, et le soir même, Interpol de Wiesbaden demande par radio au Secrétariat général d'Interpol à Paris la nature et le pays d'origine d'un produit intitulé « Calcal », probablement oriental ou extrême-oriental, vendu sous forme de comprimés en boîte carton rouge.

A Interpol on connaît et l'on classe beaucoup d'informations bizarres sur les produits médicamenteux, poisons et autres drogues susceptibles d'intervenir dans les affaires criminelles. Mais aucun fichier ne connaît le « Calcal » et à quoi il sert. Un certain nombre de policiers des bureaux d'Interpol au Moyen-Orient doivent tomber des nues en recevant la demande de renseignements du Secrétariat général : « Connaissez-vous le « Calcal » ? Quelles sont ses propriétés ? Où le fabrique-t-on ? Urgent. Répondez. »

A huit heures du matin : dans le petit village de la Ruhr, l'inspecteur Schmidt reprend son enquête. Avant de se rendre à la maison du mineur, il a fait lui aussi le tour des pharmaciens de la région. Mais aucun n'a jamais entendu parler de « Calcal ». Le mineur et sa femme non plus. Ils n'ont jamais vu la boîte entre les mains du vieillard. Ils ne lui ont jamais vu absorber aucun médicament. D'ailleurs, il leur a toujours paru particulièrement costaud, bâti à chaux et à sable.

Vers une heure de l'après-midi, tandis que l'inspecteur mange un sandwich, une voiture s'arrête devant la maison. C'est un homme de la Criminelle qui lui apporte l'expertise du laboratoire. Celui-ci conclut à la présence sur le fer de la hache de sang de poule avec quelques traces de sang humain, mais si minimes qu'on ne peut plus en déterminer le groupe. Les empreintes digitales sur le manche n'ont aucune signification : il y en a trop, et ce sont toujours les mêmes, celles du mineur et de sa femme.

Ayant terminé son sandwich, l'inspecteur se décide à les interroger séparément. Il commence par la femme car le mari est allé se coucher. Il a fait venir un greffier et sa machine à écrire. Et comme il fait très froid subitement, et pour que le bruit de la machine à écrire ne réveille pas le mineur, ils se sont installés dans la cuisine. L'inspecteur est obligé d'enlever fréquemment ses lunettes fumées pour essuyer la buée qui s'élève d'une marmite de soupe aux choux. La femme répète tout ce qu'elle lui a dit sur son emploi du temps, relit chaque page et signe. Plus il l'observe, moins l'inspecteur devine le mobile qui aurait pu pousser cette femme réservée, cette mère de famille pieuse et travailleuse, à tuer ce vieillard ? Et s'il s'est posé la question c'est par habitude.

Vers quatre heures, à nouveau, une voiture de la Criminelle s'arrête devant la maison. L'inspecteur va au-devant du policier qui amène cette fois la réponse d'Interpol sur le « Calcal ». Le policier a l'air rigolard, et aimerait bien en faire une devinette : mais Schmidt n'a pas l'air d'humeur, alors il résume : le « Calcal » est inconnu à Jakarta, inconnu à Manille, inconnu à Bangkok et à New Delhi, mais c'est fabriqué à Singapour. C'est un aphrodisiaque.

« Un aphrodisiaque ? murmure l'inspecteur. Un aphrodisiaque, puissant ?

— D'après le toubib, il n'y a pas d'aphrodisiaques puissants. Les aphrodisiaques sont bidons d'après lui. Aucun produit ne rend vraiment amoureux. Mais il y en a qui stimulent, qui énervent et c'est l'imagination qui fait le reste. C'est le cas du « Calcal », fabriqué avec les écailles d'un poisson qu'on trouve en Malaisie. »

Lorsqu'il retourne dans la cuisine, l'inspecteur s'assoit à nouveau à la table, juste en face de la femme du mineur et la regarde d'un œil neuf. Ses yeux sont toujours aussi peu expressifs et ses cheveux n'ont pas plus de couleur mais c'est une femme, ni grasse ni maigre, que deux maternités n'ont pas abîmée. Elle a les mains un peu rouges, mais dans sa robe de laine bleue, c'est bien une femme, sans aucun doute, et pas moins désirable qu'une autre. Désirable par qui, voilà où est peut-être le problème.

« Madame, pouvez-vous me préciser la nature de vos relations avec la victime ? demande l'inspecteur en essuyant ses lunettes.

— Mais je vous l'ai dit, on se parlait à peine.

— Il y a des choses que l'on fait sans avoir besoin de parler ? »

Cette fois, les yeux de la femme expriment enfin quelque chose : l'horreur. A tel point que l'inspecteur se sent obligé du nuancer sa phrase :

« Ecoutez, madame, si je me trompe, il faudra me pardonner. Mais je fais mon métier. Et je dois tout envisager. Après tout, vous êtes seule la plupart du temps dans cette maison. Seule avec un homme, alors que votre mari travaille ou dort !

— Mais c'est un horrible vieillard, murmure la femme qui se tait soudain.

— Horrible ? Pourquoi horrible ? Je vous en prie, madame, répondez-moi, pourquoi horrible ? Il avait soixante et onze ans, mais il était solide et en bonne santé. Alors pourquoi horrible ? »

La femme se cache le visage entre les mains comme si la vision qui s'impose à elle était insoutenable. La réaction est exagérée, anormale, et l'inspecteur demande :

« Il vous a fait la cour ? Il vous poursuivait ? Hein, c'est ça ? »

Cette fois, la femme se met à hoqueter et fond en larmes. Mais sa réserve est vaincue. Quelques instants plus tard, elle passe aux aveux complets : le vieillard avait toujours été convenable. Mais, depuis quelques jours, en l'absence de son mari, il s'était mis à la poursuivre partout dans la maison, la harcelant de propositions malhonnêtes. Elle le repoussait, le fuyait et détournait son regard chaque fois qu'elle rencontrait le sien, sans oser en parler à son mari. Puis un jour, il se jeta sur elle dans la grange et la viola. Elle crut ne pas pouvoir survivre et, remâcha des idées de suicide. Si les enfants n'avaient pas existé, elle se serait tuée. La veille du meurtre, alors que son mari était à la mine, le vieillard se faufila à travers l'étable et la cuisine et se glissa dans sa chambre où elle dormait, pour la violer dans son lit. Dès cet instant, elle fut incapable de réfléchir. Le soir de ce même jour, alors qu'elle garnissait le râtelier de la vache, elle entendit le locataire qui s'en allait chercher du charbon. Elle sortit de l'étable, saisit la pioche près de la grille du jardin et frappa sans prononcer un mot. Comme il s'écroulait en râlant, et de peur qu'il se relève pour se jeter sur elle, elle prit la hache dans le bûcher et lui en assena plusieurs coups sur la tête et sur le dos. Elle nettoya la hache avec de la paille et la reporta dans le hangar. Et alors seulement elle eut peur.

Aux Assises, le procureur a requis la peine de mort. Mais après l'audition des experts, des médecins de la police, des psychiatres, et des témoins, l'avocat lui, a plaidé la légitime défense. Selon lui, bien qu'un jour et une partie de la nuit se soient écoulés depuis le viol, le moment était psychiquement toujours présent. La femme a donc en quelque sorte, agi au moment même. Ce que voulait démontrer l'avocat, en fait, c'est que le viol met de toute façon une femme en état de légitime défense, et pour longtemps. Car c'est un crime psychique, beaucoup plus que physique dont la blessure est trop souvent inguérissable. Ce que ne comprendront jamais les violeurs, eux qui ne sont jamais violés. Mme Skaner a été acquittée, et l'Etat allemand a payé la procédure d'un jugement qui ne fut contesté par personne.

DOCTEUR CYANURE

Janvier 1948 : la neige, le général Douglas MacArthur et les maladies tropicales propagées par le retour des soldats japonais, règnent sur Tokyo. C'est un triple règne que tout le monde n'apprécie pas à sa juste valeur.

Le docteur Shigeru Matsui, qui semble appartenir au service de santé, entre en fin d'après-midi dans une agence de la banque Yasuda. Sur ordre de l'Etat-Major de MacArthur, il demande à voir le directeur et lui remet sa carte. Puis, il fait aligner les vingt employés, avec leurs tasses de thé de cinq heures dans lesquelles il verse un premier médicament extrait d'un flacon, portant sur une étiquette : flacon numéro un... puis un second, extrait d'un flacon marqué numéro deux. Il s'agit, d'après ce fonctionnaire, d'un médicament destiné à enrayer l'épidémie de dysenterie qui s'est déclarée dans la ville. Les braves gens font : « Pouah... Berkkk... Brrrr » et rentrent chez eux. Si le médicament ne leur a pas fait de bien, il ne leur a pas fait de mal, selon la formule consacrée et consolante.

Trois jours plus tard, un certain docteur Higushi

Yamato, également du service de santé, demande à voir le directeur de la Mitsubishi Bank du quartier de Nakaï. Il sort d'une serviette un compte-gouttes et deux grands flacons de médicament. Là encore, il s'agit d'enrayer une épidémie de dysenterie. Mais le directeur, méfiant, pose tant et tant de questions que le docteur Higushi Yamato s'en va, menaçant dans une colère polie de se plaindre à l'Etat-Major du général MacArthur. Le directeur se souvient seulement que ce docteur avait une petite verrue sur la joue gauche et une légère cicatrice au menton. Mais les vingt employés de la banque pourront lui élever un buste quand ils sauront la suite.

Les employés de l'agence Shiina Machi de la banque Teikoku, quittent leur guichet et le planton s'apprête à fermer la grille, lorsqu'au dernier moment, un homme à lunettes se glisse dans le hall, secoue la neige sur son manteau et le retire avec soin.

« Docteur Jiro Yamagushi, je dois voir le directeur », dit-il au planton.

Et il apparaît vêtu d'une blouse blanche, portant sur un brassard l'inscription : service de santé.

Quelques instants plus tard, le docteur entre dans le bureau du directeur et lui remet sa carte de visite.

« Monsieur le directeur, désolé de vous importuner, mais sur l'ordre de l'Etat-Major du général Douglas MacArthur, je dois immuniser le personnel ainsi que vous-même. Une épidémie de dysenterie vient de se déclarer. Il faudrait que chacun prépare une tasse de thé. »

Un ordre du général MacArthur ne se discute pas dans le Japon d'après-guerre. Bientôt, les seize employés de la banque, à l'appel de leur directeur, entrent dans son bureau, leur tasse de thé à la main, comme pour la parade, les uns derrière les autres. Le docteur attend que les seize employés, planton et directeur compris, soient tous là. Mlle Masako Murata observe que le docteur a une petite verrue sur la joue gauche et une légère cicatrice au menton. Quand le docteur s'est assuré qu'il ne reste personne derrière les guichets de la banque, il s'adresse au petit groupe avec une autorité souriante :

« Je vais vous distribuer deux médicaments contre la dysenterie. Mais ils ne sont efficaces que si vous voulez bien les avaler l'un derrière l'autre et en une seule gorgée. Veuillez poser vos tasses de thé sur le bureau, s'il vous plaît. »

L'une après l'autre, les tasses se posent sur le bureau. Avec un énorme compte-gouttes, le docteur Jiro Yamagushi verse dans chacune d'elles quelques gouttes d'un liquide pris dans une bouteille marquée « numéro un ».

« Je vous préviens, dit le docteur, ce médicament n'est pas très agréable à boire. Mais le goût passera lorsque vous aurez pris le deuxième médicament. Allez-y, buvez. »

Comme un seul homme, les seize employés, hommes, femmes, directeur et planton en uniforme compris, avalent leur boisson sans reprendre leur souffle. Puis tendent à nouveau leur tasse en faisant des pouah, des berkkk et des brrrrr. Mlle Masako Murata dit « Ça brûle la gorge », et le directeur tousse.

« Ne vous inquiétez pas, dit le docteur, en versant quelques gouttes prises dans le flacon numéro deux, lorsque vous aurez bu ça, vous vous sentirez mieux. »

D'un seul geste du bras, les seize employés, hommes et femmes, directeur et planton en uniforme compris, vident à nouveau leur tasse. Magnanime, le docteur les autorise, s'ils le veulent, à boire un peu d'eau. Alors, dans une précipitation respectueuse, chacun se dirige vers le robinet du lavabo attenant au bureau du directeur. Mlle Murata qui attend son tour, entend soudain un bruit derrière elle. L'employé qui la suivait vient de s'écrouler. Un bruit devant elle, celui qui la précédait a disparu. Il est sous le lavabo. Poussant un hurlement, elle retourne dans le bureau du directeur. Mais elle n'y voit plus que le docteur avec sa petite verrue et sa petite cicatrice, debout, au milieu des corps effondrés. Mlle Murata les rejoint alors sur le tapis.

Douze morts et quatre survivants, dont le directeur et Mlle Murata, tous empoisonnés par du cyanure de potassium, c'est le bilan. Et tout ceci, pour peu de chose. Avant de s'en aller, le docteur Jiro Yamagushi a raflé tout ce qu'il trouvait : cent soixante-quatre mille yens en espèces et un chèque au porteur de neuf cent dix-sept mille yens, ce qui représente environ soixante mille nouveaux francs. Une misère pour une hécatombe. Quoi qu'il en soit, les informations ne vont pas vite dans ce Japon de l'immédiat après-guerre. Car le lendemain, un caissier verse les neuf cent dix-sept mille yens à l'homme à lunettes avec petite verrue sur la joue gauche et cicatrice au menton, qui lui présente le chèque volé la veille à l'autre bout de la ville.

L'enquête démarre en trombe, immédiatement après. Le sergent Tamegoro Igli, qui en est chargé, est un détective chevronné. Son visage rond, plat et froid, exprime une patience, une méfiance et une ruse à toute épreuve. Il enregistre le signalement que lui donne Mlle Murata, et en examinant les deux incidents qui se sont produits quelques jours auparavant dans deux banques différentes, en déduit que, l'une était une répétition et l'autre une tentative manquée. Le sergent s'intéresse aussi aux cartes de visite que le « docteur » a distribuées si généreusement. Malheureusement, le mot « docteur » sur une carte de visite au Japon, ne signifie rien. C'est un titre excessivement répandu. Les trois noms employés par le criminel sont d'une banalité écœurante. Autant chercher Pierre Durand, Léon Dubois ou René Bertrand, en France, dans la débâcle de 40.

Cependant, un certain docteur Shigeru Matsui, honorablement connu celui-là, informé par la presse, se présente de lui-même au quartier général de la police dans l'intention de se disculper. Le criminel s'est servi de ses cartes de visite, car il en avait une centaine, et n'en a plus que trois ou quatre. Le sergent Tamegoro observe bien son interlocuteur. Il ne correspond pas du tout au portrait du faux docteur. Alors, il lui demande d'essayer de dresser la liste des personnes à qui il a eu l'occasion de remettre des cartes de visite. Dans la liste établie par le docteur, le sergent retient ensuite cinq ou six noms et, parmi eux, celui d'un certain Sadamishi Hirasawa. Il s'agit d'un peintre aujourd'hui très pauvre que le médecin a rencontré sur le ferry-boat qui les conduisait dans les îles du nord du Japon.

Un commissaire de police de la ville où il réside rend visite à l'artiste. C'est dans une maison modeste, un petit homme tranquille, paisible et doux, qui sourit derrière de grosses lunettes. Il est vêtu d'un traditionnel peignoir de peintre assez usé, couvert de taches.

« Où étiez-vous fin janvier ? demande le commissaire.

— Ici.

— Vous allez quelquefois à Tokyo ?

— Assez rarement. J'y avais une maison, mais pendant la guerre, elle a été brûlée. Et comme tout est devenu très cher et qu'on n'achète plus ma peinture, maintenant je vis ici. »

Hirasawa sourit avec résignation. Il a, sur la joue gauche, une petite protubérance que l'on pourrait appeler une verrue, à la rigueur. Et sur le menton, ce que l'on pourrait appeler une petite cicatrice. Mais deux cent cinquante mille hommes au Japon peuvent avoir une petite verrue sur la joue gauche et une légère cicatrice au menton. Hirasawa a cinquante-six ans. Il est le fils d'un ancien gendarme, et n'a jamais exercé d'autre métier que la peinture. A seize ans, il avait déjà obtenu des prix dans les grands concours. Dans les années 20, il connut un grand succès, ses toiles se vendaient bien et il était riche. Il se maria et eut deux fils et trois filles. En parlant d'eux, Hirasawa garde son sourire résigné :

« Il y a bien longtemps que ma femme et mes enfants m'ont quitté. Je ne leur en veux pas, j'ai passé ma vie à être amoureux de toutes les femmes que je rencontrais, et maintenant je suis pauvre. Je vis seul. Je peins la nuit et je vends de moins en moins. Mais je n'ai plus besoin ni d'amour ni d'argent. Je peins pour peindre, pas pour vendre. »

Sur le rapport du commissaire, on peut lire que Hirasawa est un peintre doux, timide, et passionné par son art, qui malgré quelques apparences fortuites, ne peut pas être le criminel recherché. Mais trois mois plus tard, le sergent Tamegoro débarque du ferry-boat dans la petite ville où demeure Hirasawa. Toutes les autres hypothèses qu'il a examinées avec patience se sont effondrées. Et malgré le rapport du commissaire, Hirasawa reste le seul criminel plausible.

Le sergent trouve le peintre dans sa maison, en train de casser du bois. Il va le regarder vivre, pendant deux jours. Et l'homme lui offre le spectacle d'un être pauvre, modeste, qui mange peu, ne dort que quelques heures, fabrique lui-même ses peintures et ses toiles et dort sur une planche de bois, la tête sur un billot. Il est évident que vu sous cet angle, Hirasawa ressemble difficilement au criminel qui a tué douze personnes pour voler l'argent d'une banque, avec un sang-froid de serpent à lunettes. Mais il y a la ressemblance. Il y a cette petite verrue et cette légère cicatrice, ces lunettes, la taille, et il a eu en mains une carte de visite du docteur Shigeru Matsui. Alors, patiemment, pendant ces deux jours où il lui rend visite, le sergent observe jusqu'au moindre froncement de sourcil. L'homme modeste et timide laisse par moments, percer une redoutable intelligence. Il a l'air d'éviter les pièges, d'éluder les problèmes, et les questions que lui pose, pendant quarante-huit heures, le sergent Tamegoro, semblent une épuisante série de coups d'épée dans l'eau.

Le sergent l'invite même pour un dîner qu'il s'efforce de rendre succulent et très épicé : un repas qui fait boire. Entre chaque verre de saké, il aiguille la conversation sur les peintres d'aujourd'hui, dont Hirasawa ne pense pas grand-chose. Sauf qu'ils n'ont pas de talent. Le sergent essaie de le pousser sur ce terrain où il croit deviner une jalousie, mais la réponse est prudente.

« Je mentirais en affirmant que le succès de ces jeunes imbéciles m'est indifférent. Mais je n'ai que cinquante-six ans, et je pense que le jour viendra où l'on jugera à nouveau ma peinture comme elle le mérite.

— En somme, vous êtes un jeune peintre dans un pays qui va renaître, plaisante le sergent.

— C'est un peu ça, acquiesce en riant Hirasawa, qui en est à son troisième verre de saké.

— Vous faites de la promotion pour vos œuvres ?

— J'essaie, mais je n'ai guère de moyens. Par exemple, je suis en pourparlers pour une exposition à Tokyo.

— J'ai des amis journalistes, remarque le sergent, si vous me donnez une photo de vous, je pourrais faire paraître un article dans la presse nationale. »

Le piège est bien tendu, mais qu'il le devine ou non, le peintre l'évite :

« Je n'ai pas de photo. Et je ne tiens pas à ce genre de publicité. »

Alors le sergent pense que pour un peintre qui veut promouvoir ses toiles, ne pas avoir de photos et refuser un article dans la presse nationale, est un comportement bizarre. En trinquant pour le quatrième verre de saké, et sous le prétexte de changer de sujet, il se fait expliquer la fabrication des peintures. L'alcool aidant, Hirasawa devient prolixe en ce qui concerne ses procédés de fabrication. D'ailleurs, le sujet le passionne et il fait étalage de ses expériences sans se douter qu'il démontre une telle connaissance de la chimie qu'après le huitième verre de saké, le sergent lui demande :

« Dans ces conditions, vous connaissez tout sur le cyanure de potassium ? »

Il ne peut que répondre « oui ». Et « oui » aussi à la seconde question du sergent qui lui demande s'il en a déjà utilisé. L'aimable conversation en reste là, mais de retour à Tokyo, le sergent est convaincu que Hirasawa est son coupable. Sa thèse est simple. Il a eu du succès, il a été très riche. Passé de mode, il en veut à la terre entière de sa déchéance et de sa pauvreté. Le personnage du peintre doux et modeste, vivant comme un pauvre samouraï, n'est qu'une façade adoptée par obligation. En persistant dans les détails, le sergent découvre que la femme du peintre a déposé sur son compte en banque, quarante-quatre mille cinq cents yens. Enfin, si le peintre vit tellement retiré, c'est qu'il fuit deux maîtresses qui ne cessent de lui réclamer de l'argent. Fort de ses arguments, le sergent obtient l'inculpation de son peintre déchu.

Une foule immense envahit la gare de Tokyo lorsque

la presse annonce l'arrivée du coupable, les menottes aux mains. On se souvient des douze morts. Et la gratuité de ce crime au cyanure paraît beaucoup plus effrayante au public qu'une fusillade, par exemple. Il ne fait pas de doute que l'homme capable de cela est un monstre. La foule se déchaîne toujours contre les monstres. Ou alors c'est un innocent, et la foule veut toujours aider un innocent. Un service d'ordre a bien du mal à maintenir le flot hurlant qui s'écarte à peine lorsque le train glisse le long du quai. Un flot fait de deux courants contradictoires qui bloquent pendant une heure le wagon où se trouvent le peintre et le policier. Les uns sont enthousiastes devant l'exploit du policier, les autres sifflent et montrent le poing, l'accusant d'avoir abusé de la naïveté d'un innocent.

Et les preuves s'accumulent pendant l'instruction. Au domicile de Hirasawa, le sergent retrouve une blouse blanche :

« J'ai été infirmier à Tokyo pendant la guerre », dit le peintre.

Un sac noir semblable à celui dont s'est servi le faux médecin.

« Je l'ai depuis dix ans et il y en a deux cent mille comme ça au Japon », dit Hirasawa.

Et la dernière trouvaille, accablante : un magot de deux cent mille yens soigneusement caché :

« Lorsque vous êtes venu me voir, je venais de vendre six toiles à deux soldats américains », affirme Hirasawa qui ne connaît pas le nom de ces soldats mais peut décrire minutieusement les toiles.

Si ces toiles ont réellement été vendues et ont quitté le Japon, elles peuvent être aux Etats-Unis ou n'importe où dans le monde... Interpol fait donc distribuer leur description dans tous les pays affiliés. Mais lorsque le procès s'engage, les toiles n'ont pas été retrouvées. Dans un moment de désespoir, Hirasawa a avoué sa culpabilité. Mais il revient sur ses aveux, et les avocats affirment qu'ils lui ont été arrachés de force. Argument spécieux qui n'empêche pas le jury de le condamner à mort le 14 juillet 1950. En 1951 et 1955, la Cour d'Appel et la Cour Suprême confirment la sentence que l'adresse des avocats parvient à faire indéfiniment reculer.

Et voici le dernier doute : en novembre 1965, donc seize ans plus tard, Interpol découvre à Hong-Kong des toiles répondant au signalement précis de celles qu'Hirasawa aurait vendues aux deux soldats américains. Ses avocats peuvent donc faire entreprendre un nouvel examen de son cas par la Haute Cour, mais qui dit qu'il est innocent pour autant ? Personne, car aujourd'hui, à plus de quatre-vingts ans, Hirasawa est toujours en prison. Il écrit des poèmes et peint des tableaux, en jurant qu'il est innocent et que s'il retrouve un jour la liberté, il se présentera aux élections japonaises pour y briguer un siège de député. S'il est coupable, il a de la suite dans les idées, le vieux Hirasawa.

QUAND MARGOT
S'EN ALLAIT DANSER

Margot et Paula sont deux jeunes Allemandes de dix-neuf ans, venues se perfectionner en français. Des joues roses comme des pommes, blondes comme les blés, des silhouettes droites et généreuses. Margot a, de surcroît, d'immenses yeux gris, et c'est une fleur splendide qui, malgré son éducation protestante, ne demande qu'à rire en entrant dans le célèbre dancing parisien : le « Bal à Jo », un samedi de juin 1958.

Le même soir, elles rencontrent deux hommes tout à fait charmants d'environ trente ans, bien élevés, et très vite « affectueux ». L'un est propriétaire de garages dans le midi de la France. L'autre, Henri, est journaliste.

Dans le bonheur tout va très vite, et le temps passe sans compter : Paula disparaît un mois plus tard pour visiter les fameux garages dans le midi de la France, et Margot, follement amoureuse, est demandée en mariage par Henri le journaliste.

Selon la tradition, pour se marier, il faut de l'argent. Or, si Henri gagne bien sa vie, il n'a pas d'économies. Margot qui ne parle pas encore français, pourrait faire des ménages, mais l'ambition lui manque d'accéder à cette promotion. Le journaliste propose donc à la jeune fille une tournée de ballets à l'étranger, qu'un de ses amis, manager, est en train de mettre sur pied. Selon la tradition toujours, il a l'air extrêmement ennuyé de cette solution extrême :

« J'hésite, dit-il. Cela rapporterait bien sûr pas mal d'argent, mais il faudrait que nous nous séparions quelques semaines et ça m'ennuie beaucoup, ma chérie. »

Quoi qu'il en soit, le lendemain, au fond d'une cour de la rue Pigalle, Margot découvre six filles blondes, à peine habillées, posant pour des tableaux vivants. Le manager a des oreilles en pointe, la bouche dessinée d'un coup de canif, le nez en bec d'aigle et la mâchoire pointue. Margot, seule sur un petit podium, réalise que les quelques pas de samba qu'elle exécute n'ont rien d'artistique mais il faut aller au bout de l'examen, alors, à la demande du manager, elle montre ses jambes :

« Vous êtes tout à fait le type de femme qui manquait dans ma troupe », dit-il sans avoir peur du ridicule.

Margot se persuade que sa beauté lui sert de talent et, comme elle est incapable de lire le contrat, Henri, son fiancé, l'étudie pour elle. Il discute point par point et fait modifier plusieurs clauses, avant que Margot ne signe pour une tournée de trois mois.

En apprenant la nouvelle par lettre, ses parents sautent au plafond et tentent d'interdire à la fois le voyage et le mariage. Mais, par retour du courrier, arrive la réponse habituelle des enfants qui n'en sont plus, tout en méritant des fessées :

« Je ne suis plus une enfant et c'est à moi de décider des voies de mon bonheur. »

Et les malheureux parents n'entendent plus parler

de leur fille. Mais ils entendent parler de son amie Paula dont le cadavre est retrouvé en mer, au large d'Antibes. Paula est morte d'une overdose et, comme si ce n'était pas suffisant, lardée d'une dizaine de coups de couteau. L'enquête conclut qu'il s'agit probablement d'une exécution. Malheureusement, la police ne peut rien retenir contre « l'ami » garagiste en réalité proxénète notoire, et habile à ne jamais se laisser prendre en défaut d'alibi. Cet homme vit comme si chaque minute de son existence devait un jour servir d'alibi. Paula est morte, mais ce n'est pas de sa faute, d'ailleurs il n'était pas là.

Dix-huit mois plus tard, c'est la Toussaint. Il fait froid et il vente sur la plage déserte de Lignano, près de Venise. Un petit curé jette un coup d'œil par une fenêtre de son presbytère. Il aperçoit sur la promenade, trois fantômes, giflés par le sable, transportant une jeune femme évanouie dans la direction d'un bar. Le petit curé ne fait ni une ni deux, il se précipite au-dehors, car il ne croit pas aux visions. Au bar, on allonge la jeune femme sur une table de marbre, et le petit curé remarque que cette magnifique créature blonde aux yeux gris, est à demi nue sous son manteau. Un client s'exclame :

« Mais c'est une fille du Palacio d'Oro ! »

Le Palacio d'Oro est une maison close célèbre dans la région. Cela n'empêche pas le petit curé de faire vite pour cette Marie-Madeleine échouée. Il retourne chez lui chercher une couverture, prévient sa gouvernante, et commande un taxi pour emmener la malade à la clinique la plus proche. Mais, comme il commence à se douter de quoi il s'agit, et de peur que l'on essaie d'intercepter son taxi, il s'y installe avec sa gouvernante. En route, la malade reprend ses esprits.

« Vous êtes du Palacio d'Oro ? demande le petit curé.

— Oui.
— Comment vous appelez-vous ?
— Margot... Margot Studer, je suis Allemande. »

A la clinique, elle semble épuisée. Le désespoir se lit sur son visage :

« Je n'en peux plus, ils me font " travailler "... toute la nuit. »

L'un des trois hommes qui accompagnaient Margot, les a suivis dans sa voiture. C'est sans doute un truand lui aussi, mais qui paraît bouleversé :

« Dis-leur que tu es malade, grogne le truand. Dis-leur que tu veux rester ici, je paierai tout.

— Laisse-moi, répond Margot. Tu sais ce qui m'attend si tu me fais parler. »

Une demi-heure plus tard arrivent deux rapaces : le patron et la patronne du Palacio d'Oro. Prévenus, ils ont compris ce qui s'est passé : dans un moment de désespoir et d'épuisement, Margot a voulu s'enfuir. Trois souteneurs s'en sont aperçus et l'ont suivie. Ils ont retrouvé Margot évanouie sur la plage, sans doute saisie par le froid et le vent. Les tenanciers du Palacio d'Oro s'accrochent à leur proie comme deux vautours, becs et griffes en avant.

« Qu'est-ce qu'elle a ? » demande la tenancière.

La religieuse de garde interroge la tenancière.

« Vous connaissez cette jeune femme, madame ? Qui est-ce ?

— C'est ma nièce », répond sèchement l'horrible femme. (C'est une habitude dans le milieu : " tante " et " cousine " désignent les tenancières et leurs rabatteuses. " Nièce " désigne la prostituée.)

Le petit curé glisse quelques mots à l'oreille de la religieuse qui reprend :

« Madame, cette jeune femme est très fatiguée. Je vais demander au docteur ce qu'il en pense. Je ne prends pas la responsabilité de la laisser partir. »

Mais en présence de la tenancière, Margot a changé de visage. Elle essaie de s'animer, la peur est plus forte que la fatigue.

« Mais non, ça va bien... Je viens, tante Inès. »

Ce brusque changement frappe la religieuse et le petit curé. Il est évident que cette jeune femme n'est pas libre de sa personne et qu'elle risque des représailles si elle ne retourne pas au Palacio d'Oro. Malheureusement, le docteur est un vieil homme pas très au fait de ces choses et lorsque le petit curé lui fait signe, il suggère sans grande énergie :

« Il faudrait peut-être qu'elle se repose ici... Vous ne croyez pas ?

— Elle se reposera chez nous », répond la tenancière d'un ton sec.

Et Margot se lève d'elle-même pour la suivre. Elle ne peut pas faire autrement.

Dans les jours qui suivent, le petit curé se renseigne sur le problème de la prostitution au Palacio d'Oro. Il le connaît mal, bien entendu. On lui explique qu'il arrive que des prostituées ne soient pas totalement volontaires, que ce sont parfois de pauvres filles pas très intelligentes, prises dans un faisceau de contraintes, dont elles peuvent d'autant moins s'échapper, qu'elles n'en ont pas la force morale. De l'avis du curé, Margot ne paraissait pas sotte, elle semblait même douée d'un certain caractère, alors, il ne comprend pas et va poser le problème à la police, et l'officier des carabiniers qui le reçoit ne saute pas de joie. Il soupire de lassitude :

« Evidemment, vous ne connaissez pas le Palacio d'Oro ! »

Evidemment, le petit curé ne connaît pas. La question est évidemment idiote.

« Dommage, poursuit le policier, sans complexe. C'est splendide ! Deux palais qui communiquent entre eux. Dans le premier : un dancing, un restaurant et un bar. C'est tout à fait somptueux, avec des œuvres d'art et des lustres en cristal. Quand la police arrive, un mur pivote, toutes les prostituées disparaissent dans l'autre palais où il y a encore un bar et des chambres. Si on entre dans l'autre palais, c'est le contraire, toutes les filles passent dans le dancing. Ça peut durer longtemps.

— Pourquoi n'entrez-vous pas dans les deux à la fois, puisque vous le savez ?

— Vous me prenez pour un imbécile ? Vous ne vous imaginez pas qu'un établissement comme ça peut exister en dépit de la loi, sans une large tolérance administrative. On ne fait jamais de descente dans les deux palais à la fois, on ne peut pas, comme ça les apparences sont toujours sauves. De toute façon, pour qu'on puisse faire quelque chose, il faudrait au moins que cette fille porte plainte. Mais elles ne le font jamais. Je sais d'avance ce qu'elle dirait : « Je suis là « de mon plein gré, je fais des économies et quand « j'aurai assez d'argent, je m'achèterai un commerce. » J'ai entendu ça mille fois.

— Alors, qu'est-ce qu'on peut faire ?

— Rien... Si, tout de même, donnez-moi son nom. Au cas où je trouverais un avis de recherches. On ne sait jamais. »

Dans les avis de recherches, pas de Margot Studer. Alors comme la fille est allemande, le carabinier pose la question au Bureau Interpol à Rome. Rome se renseigne à Paris, où Margot Studer a fait l'objet d'un avis de recherches, diffusé à la demande de ses parents en Amérique du Sud, au Moyen-Orient et en Afrique du Nord. Mais depuis cet avis de recherches, Margot est venue spontanément, et par deux fois, voir ses parents en Allemagne. Selon eux, Margot a épousé un journaliste français, elle a vécu pendant trois ans au

Liban, assez heureuse semble-t-il, et mène depuis une vie sans histoire, à Venise avec son mari qui est, paraît-il devenu écrivain. Comme cela se passe souvent dans pareil cas, les parents de Margot avaient omis de prévenir Interpol et l'avis de recherches est donc toujours valable. Hélas ! depuis trois mois, Margot est majeure.

L'officier des carabiniers de Lignano convoque donc la jeune femme pour « régularisation de situation » puisqu'elle ne figure pas sur les listes de la commune et n'a jamais été soumise à aucun contrôle médical. Mais il prie aussi le petit curé de venir :

« A moi, elle ne dira rien, j'en suis sûr. Mais vous l'attendrez à la sortie. Si vous savez vous y prendre, à vous elle fera peut-être des confidences. »

Margot se présente à la maison des carabiniers, vêtue d'une robe grise sans aucun bijou ni ornement, ses cheveux blonds tirés en arrière, fatiguée, trop mince, mais toujours très belle. L'interrogatoire se déroule sans incidents. Le carabinier sait. Margot sait qu'il sait, et ils ne parlent que noms, prénoms, date de naissance, et nationalité. Comme prévu, la conversation qu'échangent ensuite l'officier et la jeune femme est d'une banalité prévue : elle est là de son plein gré, elle est majeure et elle peut revoir ses parents quand elle le désire. Même si Margot a dit à ses parents qu'elle vivait à Venise avec un mari écrivain, la loi italienne n'interdit pas de mentir à ses parents. Au revoir, madame, dit le carabinier. Au revoir, monsieur, dit Margot.

Mais dans l'antichambre, il y a le petit curé. Il se lève, timide, embarrassé. Il mesure au moins dix centimètres de moins que Margot et il est obligé de lever le nez pour lui parler :

« Madame, est-ce que je peux faire quelque chose pour vous aider ?

— Non, monsieur le curé.
— J'aurais tant voulu, madame. »

Le petit curé a l'air tout malheureux, pour un peu il aurait les larmes aux yeux et il est attendrissant de bonne volonté.

« Vous êtes croyante, madame ?
— Oui, mais protestante.
— Quelle importance puisque nous avons le même Dieu ?... »

C'est ainsi que la conversation s'engage car dans la vie, chacun joue des armes qu'il possède. Le petit curé sait qu'il a l'air d'un petit curé, touchant et inoffensif, en qui l'on peut avoir confiance. Il en use, et promet qu'il ne dira rien. Une confidence pourrait soulager la jeune femme, etc. Et finalement, Margot lui raconte. Parce que c'est bon de raconter à quelqu'un.

Il y a dix-huit mois, elle est partie au Liban pour la soi-disant tournée artistique. L'établissement où elle devait se produire avec ses compagnes n'était autre qu'une boîte de nuit sordide où les ballets n'étaient qu'un simulacre. Pour vivre, il fallait jouer les entraîneuses et pousser les clients à boire. C'était d'ailleurs prévu noir sur blanc dans le contrat. Elle touchait l'équivalent de deux francs par consommation. Malheureusement, il était aussi prévu dans le contrat, qu'elle ne serait payée qu'à son retour à Paris. Sa première idée fut de s'enfuir, mais dès le premier jour, on lui enleva son passeport. Alors, elle écrivit à Henri son fiancé. Celui-ci lui demanda de patienter un peu, prétendant qu'il essayait, à Paris, de faire casser le contrat, et qu'il viendrait la chercher dans un mois.

En fait, elle attendit deux mois, s'apercevant entre-temps qu'elle était enceinte. Et lorsque le fiancé est arrivé, ce n'était pas pour la sortir de la boîte, mais pour se conduire comme un souteneur, qu'il était.

Quand Margot l'a compris, il était trop tard. Pendant un temps, elle lui fut tout de même reconnaissante de l'avoir laissé accoucher de son bébé, un garçon qu'Henri a reconnu. Mais quand elle y repense, elle s'en cognerait la tête contre les murs, de rage. Car désormais, l'enfant servant d'otage, elle était pieds et poings liés. Et Henri la menaçait aussi de la faire punir comme Paula avait été punie, pour avoir refusé de se prostituer.

De très jeunes femmes, comme Margot, foncièrement naïves, prises dans un tel engrenage, obligées de rapporter de l'argent coûte que coûte, dormant le jour et vivant la nuit dans une atmosphère totalement relâchée, et obligées de boire et de faire boire, en arrivent à ne plus contrôler leurs actes. Monsieur le petit curé comprend, lui qui ne connaît de l'Enfer que le mot. Il reste un point important : vue sa beauté, une fille comme Margot vaut une fortune. Et bien managée, si l'on peut dire, elle peut rapporter six millions d'anciens francs par mois. On lui doit donc certains égards. Aussi lorsqu'elle a demandé à revenir en Europe, Henri s'est décarcassé pour trouver une solution rentable. Ce fut le Palacio d'Oro. Entre-temps, pour qu'il soit mis fin aux recherches d'Interpol, il lui a permis de revoir ses parents, sous réserve, bien entendu, de ne pas leur dire la vérité. Et pour être sûr de sa discrétion, à chaque fois, il cachait l'enfant.

Margot a fini de parler. C'est elle à présent qui regarde le petit curé avec espoir. Comme s'il pouvait quelque chose avec son Bon Dieu.

« Et cet enfant ? demande le petit curé. En ce moment, où est-il ?

— Je ne sais pas. Depuis la nuit où j'ai voulu m'enfuir, Henri se méfie. L'enfant n'est plus chez la nourrice.

— Si l'on retrouvait cet enfant, et qu'il soit en

sécurité... Est-ce que vous auriez le courage de porter plainte ?

— Oui, dit Margot. Mais soyez prudent, quoi que vous fassiez. » Et elle retourne au Palacio d'Oro, tandis que le petit curé va raconter son idée au carabinier.

Il faut deux mois à la police italienne pour découvrir que chaque fois qu'il veut cacher l'enfant de Margot, Henri fait venir sa femme ! Car, il est marié, à une Française ! A laquelle il a raconté un boniment monstrueux pour qu'elle vienne garder l'enfant en Italie : « C'est l'enfant d'une maîtresse auquel il tient beaucoup mais sa maîtresse est un peu folle, elle veut l'enlever, et lui veut le protéger. »

En ce moment, l'enfant vit donc dans un hôtel de Milan avec la femme d'Henri, qui croit dur comme fer à cette histoire digne du plus mauvais roman-photo. Mais lui soustraire l'enfant serait faire courir des risques à Margot. Par l'intermédiaire du petit curé, l'officier des carabiniers suggère à la jeune femme de demander quelques jours de vacances pour aller voir ses parents. Comme les patrons du Palacio d'Oro veulent donner l'impression que Margot est tout à fait libre de ses actes, ils l'y autorisent. Et, pendant que Margot est à Munich, chez ses parents, la police italienne fait une descente dans l'hôtel de Milan et reprend l'enfant.

Comprenant qu'il a perdu la partie, Henri réunit alors un véritable syndicat de souteneurs, et délègue un porte-parole auprès de Margot. Elle est abordée dans une rue de Munich par un individu qui lui tient à peu près ce langage :

« Tu as porté plainte contre Henri, il va y avoir un procès. Nous serons tous au tribunal et chacune de tes paroles sera notée. D'abord, tu dois minimiser les accusations contre Henri et le Palacio d'Oro. Ensuite, voici la liste des noms que tu ne dois pas citer. Si tu le fais, tu ne vivras pas huit jours de plus et si tu parles de la mort de ton amie Paula, nous tuerons ton enfant. »

Au moment du procès, Henri et les tenanciers du Palacio d'Oro répondent à plus d'une demi-douzaine de chefs d'accusation : proxénétisme, abus de confiance, etc. Le moindre étant d'avoir « porté atteinte aux mœurs en excitant, favorisant ou facilitant habituellement la débauche ou la corruption d'une jeune fille de moins de vingt et un ans ».

Mais, dans la salle, Margot reconnaît quantité de visages, depuis le manager des ballets de Pigalle, jusqu'aux souteneurs de Lignano et, morte de peur, elle répond à peine aux questions qu'on lui pose. Le procureur a beau insister, elle reste évasive.

« Mais enfin, parlez ! s'exclame le procureur.
— Je ne peux pas.
— Pourquoi ?
— On m'a menacée.
— Ici, vous pouvez parler, personne ne vous menace.
— Si, monsieur... Dans cette salle.
— Les gens qui vous ont menacée sont dans cette salle ?
— Oui. »

Le procureur se tourne vers le juge :
« Je demande à la Cour que l'on fasse fermer les portes de la salle d'audience.
— Accordé, répond le juge. Gardes, veuillez fermer les portes. »

Une fois les portes fermées, on entendrait les mouches voler. La voix du procureur tranche le silence comme un couperet :
« Madame, veuillez désigner à la Cour les personnes qui vous ont menacées. »

Jamais la justice n'a donné une telle chance à une

prostituée : alors sonne pour Margot l'heure de la vengeance. Tournée vers le public, elle désigne du doigt, l'un après l'autre : le manager des ballets de Pigalle, le soi-disant propriétaire des garages du midi de la France, les souteneurs de Lignano. C'est facile soudain. Comme à un jeu de massacre où l'on gagnerait à tous les coups. Chaque personne désignée est arrêtée. Les uns s'en tireront avec quelques mois de prison, pour d'autres, impliqués dans l'assassinat de Paula, ce sera beaucoup plus sérieux.

Mais Margot, pour être à l'abri de toutes représailles, a émigré aux Etats-Unis avec son fils. Elle est en train de détruire la légende qui veut qu'une prostituée ne gagne jamais la partie. La racaille des souteneurs a l'impression d'avoir le sens de l'honneur, dans ces cas-là, et comme ils sortent toujours de prison, un jour ou l'autre...

Mais si Margot disparaissait, son assassin serait trop visible. Il ne tentera pas de venger son honneur en forme de portefeuille. D'ailleurs, il lui reste une femme à sa mesure, qu'il s'en contente et les brebis galeuses seront bien gardées. Comme aurait dit à peu près le petit curé.

UNE VIE DE REINE

L'HÔPITAL central de Dresde en Allemagne est cerné par la police, le 18 novembre 1973. Dissimulés dans le parking, entre chaque voiture, des hommes en armes veillent sur chaque entrée. Trois inspecteurs en civil attendent, cachés dans le hall. Vers neuf heures et demie un homme jeune, d'allure décontractée, passe la porte d'un pavillon de cardiologie. L'un des inspecteurs vient au-devant de lui. L'homme le laisse approcher, les bras légèrement écartés le long du corps pour montrer qu'il n'a pas d'armes ou, du moins, ne désire pas s'en servir. Il n'a pas l'air surpris.

« Karl Ernsmeier ? demande le policier.
— Oui.
— Je t'arrête.
— D'accord. Mais laissez-moi voir ma mère »
Mais en voyant l'inspecteur sortir des menottes, l'homme demande :
« On ne pourrait pas éviter ça, si c'est possible ? »
L'inspecteur hésite. Karl Ernsmeier est peut-être un bon fils et sa mère vient d'avoir une attaque cardiaque, mais c'est aussi un bandit. Peut-être même est-il dangereux. Trois semaines plus tôt, avec l'aide d'un

complice, il a contraint le transporteur de fonds d'une banque de Dresde à lui remettre deux millions de marks. L'homme insiste :

« Je vous donne ma parole de ne pas m'enfuir. »

Le policier accepte d'un signe de tête, et appelle deux inspecteurs qui viennent encadrer Karl Ernsmeier et le précèdent le long des couloirs jusqu'à une chambre. On lui fait signe de s'arrêter devant la porte et le policier entre seul. Une femme aux cheveux blancs est allongée sous une tente à oxygène.

« Je viens vérifier le chauffage », dit-il.

En réalité, il s'assure d'un coup d'œil que la fenêtre est bien fermée, qu'on ne l'ouvre pas facilement, qu'il n'y a ni échelle de secours, ni terrasse, ni tuyauterie permettant une fuite, même acrobatique. Puis il revient dans le couloir et s'efface pour laisser entrer Karl Ernsmeier qu'une infirmière, éberluée, a rejoint. L'émotion rougit les traits de Mme Ernsmeier. Les yeux brillent, elle sourit à son fils :

« Karl enfin, mon enfant. Je crois que j'ai failli mourir et tu n'étais pas là. »

Karl ne murmure que trois mots de tendresse et prétend qu'il ne doit pas fatiguer sa mère. La visite est terminée, le panier à salade emporte Karl Ernsmeier.

Deux ans et demi plus tard, le tribunal de Francfort s'apprête à le juger. Pendant ces deux années et demie, la police a tout fait pour retrouver le butin du hold-up, en vain. Quelle que soit la peine qui va le frapper, Karl Ernsmeier retrouvera donc un jour ses deux millions de marks, chacun sait que la monnaie est bonne et qu'elle a fait des petits. Il y a des placements plus mauvais. C'est le boum sur le mark allemand. Karl décide d'en profiter immédiatement. A peine arrivé au tribunal, il saute par la fenêtre de la salle du bâtiment « B ». Profite de la foule dense du centre de la ville pour gagner la gare centrale. Là, grâce à quelques marks dissimulés dans la doublure de sa veste, il prend un billet de deuxième classe pour la Bavière, et disparaît.

Son signalement diffusé par Interpol, est celui d'un beau garçon : taille 1,78 m, vingt-huit ans, yeux verts, cheveux blonds foncés, mèche sur le front. Corpulence svelte. Barbe et moustache. Signes particuliers : cicatrice d'une longueur d'environ trois centimètres au dos de la main gauche et tatouage sur les deux bras et la poitrine.

Mais l'homme va plus vite que son signalement et son évasion est le point de départ de l'une des plus étonnantes courses poursuites disputées entre Interpol et le truand. Etonnante, car le truand est sympathique et solitaire. C'est si rare dans la réalité, que l'on hésite même à l'écrire. La police dispose d'une arme secrète, d'un avantage en quelque sorte, elle est sûre que Karl ne s'écartera jamais définitivement d'Allemagne tant que sa mère sera vivante. Tant qu'elle sera malade mais vivante, il reviendra régulièrement à Dresde et ne perdra pas le contact avec cette ville pour avoir de ses nouvelles. Autrement dit, la mère de Karl est un piège idéal pour la police allemande.

Mais quelques jours après l'évasion de Karl, Interpol Paris, vers le 10 février, localise le fuyard dans la région de Belfort. Le 21 février 1976, Interpol Rome à son tour communique la déclaration d'un architecte allemand. Il s'est présenté spontanément à la police de Gênes pour l'informer qu'il avait dîné, la veille, avec Ernsmeier dans un restaurant de la ville. Karl semblait disposer de beaucoup d'argent liquide et il avait un passeport autrichien au nom de Schoenemann. D'autre part, un témoin prétend avoir reconnu Karl à Gênes. Il portait une perruque noire ou foncée et s'embarquait sur un navire à destination du Maroc. Il était neuf heures trente du matin ce 21 février. Et pendant ce temps dans la petite maison de Dresde où son fils et elle ont vécu seuls, pendant près de trente ans, Mme Ernsmeier se dresse sur son lit. Elle porte la main à sa poitrine, et regarde autour d'elle avec angoisse. Le portrait de Karl, le seul être qu'elle aime est à côté du téléphone. Elle parvient à le décrocher, elle a encore la force d'appeler au secours. C'est ainsi que la police de Dresde apprend que la mère de Karl est victime d'une rechute cardiaque et réclame son fils. Elle demande aussitôt à la presse marocaine, par l'intermédiaire d'Interpol, de publier l'information, et attend que Karl tombe dans le piège.

Mais Karl a de la chance : il ne lit pas cette information, et pour cause, il n'a pas encore quitté l'Allemagne. Au contraire, il a rejoint son pays natal où un ami d'enfance lui a fourni une tente, du matériel de camping et des vêtements chauds. Il est loin dans les montagnes bavaroises, au fond d'un ravin obscur et glacial. Il vit sous la tente et fait sa popote, sans écouter la radio, sans lire les journaux. Il vit ainsi depuis deux mois. Mais un matin de mai, la police apprend qu'un homme a passé la nuit chez Mme Ernsmeier. Sans doute s'agissait-il de son fils qui n'a pas eu de chance, car il n'a pas pu la voir : elle était encore à l'hôpital et n'en est sortie que le lendemain.

C'est alors que commence pour Karl la grande « cavale ». Grâce à un faux passeport au nom de John Waller, il prend l'avion pour l'Irlande, muni d'une importante somme d'argent qu'il a dû puiser dans son trésor. En Irlande, il achète une maisonnette dont il va faire sa résidence principale. Ensuite il part pour la Turquie où Interpol le localise quelques semaines plus tard. Il a franchi la frontière du Pakistan vers l'Afghanistan. Puis on le signale en Iran. L'homme qui l'a reconnu a parlé toute une soirée avec lui. Karl lui a dit :

« Je visite ces pays pour réaliser un rêve d'enfance, mais j'aime le Nord. J'ai l'intention de m'installer comme fermier quelque part dans un pays du Nord. Le Canada sans doute car il n'y pas de traité d'extradition. »

Puis il a longuement parlé à l'homme de ses inquiétudes, de toutes les fois où il a senti que les gens le dévisageaient ou le reconnaissaient, qui le faisaient s'en aller, abandonnant parfois dans sa fuite, ses bagages et même parfois les appartements qu'il venait de louer, les meubles qu'il venait d'acheter. Chacune de ses fuites entraînait le passage d'une frontière. Et Karl a dit combien ces moments étaient pénibles. Et il a surtout parlé de sa mère. Sans nouvelle et très angoissé à son sujet, il a demandé à son compagnon de voyage s'il avait des nouvelles d'Allemagne, et de sa mère : apprenant qu'elle était encore très malade et désirait le voir, il a paru se méfier d'un piège de la police. Mais ce qui le rend malheureux, c'est que sa mère soit au courant de ses méfaits. Du hold-up et de sa fuite.

« Pauvre maman, a-t-il dit. Il faut que je lui explique pourquoi j'ai fait ça. Je voulais qu'elle ait une vie de reine, pour effacer tant de sacrifices, tant de solitude, tant de chagrin. Je vais aller la voir. Il faut absolument que j'aille la voir. Je ne peux pas la laisser mourir sans l'avoir revue. »

En octobre 1976, pour aller voir sa mère, Karl Ernsmeier retourne donc en Allemagne. Il est sur le bac qui traverse la mer du Nord de Harwich à Hambourg. A proximité de la côte allemande, la nuit tombe avec une brume glacée. Les navires passent comme des fantômes, dans le grondement puissant des machines et le cri aigu des mouettes. Karl s'est réfugié au bar avec d'autres voyageurs. Il regarde distraitement la télévision. Pour pouvoir s'installer au Canada définitivement, il a décidé de vendre son appartement à Trim. D'ailleurs il devait le faire très vite de toute façon, car il existe un traité d'extradition entre l'Allemagne et l'Irlande. Il a trop longtemps tenté la chance, le danger menace. Il repense aussi au voyage qu'il vient de faire en Equateur et qui l'a fasciné. Au barman qui lui demande ce qu'il veut boire, il demande distraitement une bière, en revoyant les Galapagos, la solitude, les lézards géants, la mer à perte de vue. Le soleil partout. Ici le brouillard est partout.

Les voyageurs eux, n'ont d'yeux que pour la télévision. Et Karl se sent un peu détendu, ce qui est rare lorsqu'il se trouve en Allemagne, dans un lieu public. Et brusquement, il sursaute. Il vient de prendre un véritable coup à l'estomac et doit se cramponner au bar. Tandis que le barman posait sa chope de bière devant lui, il a levé les yeux sur l'écran de télévision et il s'est vu. Il a vu son visage tel qu'il était il y a un an, apparaître à la télévision ! Alors que tous les voyageurs, sauf le barman, regardent le petit écran. C'est un compte rendu du procès où il vient d'être jugé par contumace. Karl ne sait plus où regarder. L'écran ? Ou les gens qui regardent l'écran ? Son image ne disparaît pas, elle reste, s'installe. Elle lui semble être là depuis une éternité. Il voudrait tout à la fois qu'elle s'efface et en même temps il en a peur. Peur que les passagers se détournent et le reconnaissent. Juste au moment où le regard du barman se pose sur l'écran, la photo de Karl disparaît, remplacée par un commentateur déclarant qu'il a été condamné par contumace à douze ans de prison.

Karl regarde sa bière, immobile, le dos raide, la nuque glacée. Un bref instant, le regard des passagers décroche. Vingt regards errent dans le bar enfumé. Il les voit tous, guette chaque réaction. Chaque fois que deux yeux le croisent, il voudrait rentrer la tête dans les épaules. Il attend, rien ne se passe.

Tandis que le barman dit d'un air distrait : « C'est quatre-vingt-dix pfennigs », Karl prend une décision. Il n'en peut plus. Il n'a pas les nerfs assez solides pour rester plus longtemps en Allemagne où à chaque minute, il risque d'être reconnu. Cette fois encore, il doit renoncer à voir sa mère. Et puisqu'il ne peut aller voir sa mère, il faut que ce soit elle qui vienne à lui. Pour vivre définitivement ensemble, à l'abri des poursuites. Pour cela, il lui faut renoncer au Canada, trop froid pour sa mère. Karl décide alors de retourner en Irlande régler ses affaires et prendre l'argent qui lui reste. Puis ils iront tous deux se cacher définitivement en Equateur.

Rentré en Irlande, Karl écrit à sa mère, une longue lettre : « Maman chérie, je suis très malheureux de ne pas avoir réussi à te revoir, mais je pense à toi chaque jour. J'espère que tu me pardonnes ce que j'ai fait. Nous avons toujours vécu dans la misère. Peut-on vraiment me reprocher d'avoir voulu que cela cesse ? Après tout, je n'ai tué ni blessé personne et tu penses bien que je n'en avais pas l'intention. Je sais que tu te portes beaucoup mieux. Si tu souhaites comme moi que nous soyons à nouveau réunis. Si tu veux vivre le restant de ta vie avec moi et dans la paix, inscris-toi dans une agence quelconque pour un voyage organisé au Mexique dans les quinze premiers jours du mois de mai. La date est très importante. Il faut que ce soit entre le 1er et le 15 mai. Dès que tu seras en possession des documents de l'agence, indiquant les lieux de séjour et les dates des excursions, tu les communiqueras au porteur de cette lettre qui te remettra l'argent du voyage lorsqu'il reprendra contact avec toi. Ensuite, tu n'auras plus à t'occuper de rien, même si la police t'interroge même si les médecins sont réticents à te laisser partir. Si tu suis fidèlement mes instructions, maman chérie, fin mai, nous serons réunis définitivement. Je pourrai te serrer dans mes bras et te donner tous les baisers qui m'étouffent depuis si longtemps. Ton fils Karl. »

Le vendredi 17 mai 1977, dans une taverne près de l'aéroport de Dublin, en Irlande, Karl Ernsmeier fume cigarette sur cigarette. Il a déjà téléphoné trois fois à l'aéroport : l'avion en provenance des Etats-Unis a déjà une heure de retard. Or un Américain doit en descendre et venir dans cette taverne lui dire si la première partie de son plan a réussi. C'était la plus difficile à mettre au point et la plus risquée. En effet, tandis que Karl rongeait son frein en Irlande, cet Américain, Henri Huck, homme à tout faire et prêt à toutes les aventures pour quelques dollars, organisait au Mexique la disparition de sa mère. Il devait la prendre à son hôtel au cours d'une excursion pour l'emmener par avion-taxi jusqu'en Equateur et l'installer dans la maison que Karl y a achetée récemment. Ce n'est pas sans inquiétude que Karl a confié cette mission à Henry Huck, mais il ne pouvait pas l'accomplir lui-même. Au cas où sa mère aurait été surveillée par la police, il ne fallait pas tomber dans le piège. Henry Huck, lui, ne risquait rien.

Enfin, un taxi s'arrête devant la taverne et un grand type veule de cinquante-cinq ans environ, en descend et paie la course. C'est l'Américain et s'il est là, c'est qu'il a réussi. Karl l'avait mal jugé. Il a craint un instant qu'il disparaisse avec l'argent ou qu'il parle après une soûlerie quelconque. L'Américain vient à sa table souriant, visiblement très satisfait de lui-même.

« Alors ?
— C'est fait.
— Comment ça s'est passé ?

— No problem... »

Pour un peu, Karl l'embrasserait sur les deux joues. « Comment va-t-elle ?

— Très bien. Elle est aux anges. Lorsque je l'ai quittée, elle était en train de se demander si elle n'allait pas s'acheter un maillot et se baigner.

— Tu as fait nettoyer la piscine ?

— Oui, oui. Ne t'inquiète pas, tout est O.K. Maintenant, c'est à toi de jouer. Ta mère t'attend. »

Quelques instants plus tard, Karl monte dans sa voiture et invite l'Américain à s'asseoir à côté de lui.

« Nous allons faire une petite ballade », dit-il.

Puis il se dirige vers Trim. A la nuit tombée, il quitte la Nationale, s'arrête dans un endroit désert et escalade un rocher. Henry Huck le voit sortir d'une fente du rocher un jerrican puis un deuxième qu'il jette dans la malle arrière. Vers vingt et une heures, les deux hommes montent l'escalier d'un petit immeuble de Trim et entrent dans l'appartement de Karl. La porte refermée, Karl pose les jerricans sur la table de la cuisine et entreprend de les éventrer avec un marteau et des ciseaux. L'Américain n'en croit pas ses yeux : par la fente du métal, il aperçoit des billets de banque. Karl les sort en se blessant les doigts et les compte, formant des liasses qu'il enfouit dans une valise. Il a compté en tout cinq cent quatre-vingt mille marks. Puis Karl enfile son smoking. Il a décidé de partir au petit matin, par l'avion de neuf heures pour Londres, et de là Caracas et l'Equateur. En descendant l'escalier, Karl donne rendez-vous à l'Américain pour le lendemain cinq heures. Ce soir, il est invité à une soirée chez une actrice irlandaise et préfère s'y rendre pour ne pas se faire remarquer. Mais lorsqu'ils sont dans la rue et que la voiture de Karl s'éloigne, Henry Huck — après avoir fait semblant de s'éloigner — opère un demi-tour et rentre dans l'immeuble.

A deux heures du matin, Karl Einsmeier, en rentrant de sa soirée, s'aperçoit immédiatement qu'on lui a pris son revolver, ce qui n'a aucune importance, mais surtout, qu'il manque près de deux cent cinquante mille marks dans sa valise. Le voleur ne peut être qu'Henry Huck et il va se cacher jusqu'au départ de Karl. Mais il serait bien étonnant qu'avant de disparaître il n'aille pas boire un verre et fêter cet heureux événement. Karl connaît les bars où il a quelque chance de le retrouver.

A deux heures trente du matin, la police de Dublin est avertie par un indicateur que le dénommé Henry Huck — personnage douteux, petit voleur et petit trafiquant qu'elle ne quitte guère de l'œil — aux trois quarts ivre, les poches pleines de fric, est en train de s'exhiber dans une discothèque avec un revolver. Deux inspecteurs sautent dans une voiture et se rendent à la discothèque en question : Il est trop tard. Henry Huck est parti. Par acquit de conscience, les deux inspecteurs décident de faire une tournée dans le quartier. Sur un parking, une voiture est arrêtée. On aperçoit deux visages à travers le pare-brise.

« Je crois que c'est Huck ! dit l'un des flics.
— Et celui qui est au volant ?
— Connais pas. »

Du côté de Huck, la portière vient de s'entrouvrir. Aucune raison d'importuner l'inconnu. Ils vont attendre qu'Henry Huck descende pour lui mettre la main au collet. Apparemment, ils n'auront pas longtemps à patienter.

Pour tromper le temps, l'un des deux policiers sort un paquet de cigarettes, et cherche des yeux l'allume-cigare sur le tableau de bord. Il appuie dessus et, après quelques secondes, avance la main pour le retirer. Son collègue a beau lui crier : « Fais gaffe ! Bon sang ! » il est trop tard. Le policier, au lieu de dégager l'allume-cigare, vient de tirer sur le commutateur d'un projecteur. Il le renfonce aussitôt, mais, pendant une seconde, le pinceau lumineux s'est étendu à travers le parking.

Henry Huck, alerté, va peut-être vouloir s'enfuir, et les deux policiers, descendus de voiture, s'avancent rapidement, pour tenter de rattraper leur bêtise.

Karl Ernsmeier était en train de reprendre dans les poches de l'Américain, ivre mort, son argent volé lorsqu'il a vu, un bref instant, la lueur d'un projecteur éclairer le parking. Puis il a entendu des pas. Il a vu là-bas, les deux policiers s'avancer. Sans comprendre ni comment ni pourquoi il a été identifié, il ne suppose pas une seconde que c'est pour Huck que les policiers sont là. Il vit dans la tension, et dans la crainte d'un moment semblable depuis trop longtemps. Il ouvre sa portière et se met à courir. Mais, derrière lui, un policier tire en l'air, et l'autre le talonne. Tout est fichu.

Le Bureau central national d'Interpol à Dublin a identifié Karl Ernsmeier dans l'homme arrêté cette nuit sur un parking, les poches bourrées de monnaie allemande. A la même heure, à Londres, un avion décolle pour Caracas, où une femme malade attend au bord d'une piscine la vie de reine que son fils lui a promis.

LA FEMME DU COMMISSAIRE

1969. La cour d'une caserne de Hambourg a un air de guerre. Le premier des quatre garçons a reçu une balle dans le dos. Il est étendu la face contre terre, dans la cour de la caserne. Son casque, dont il n'avait pas bouclé la jugulaire, a roulé sur le pavé. Le soldat n'est pas mort, mais il n'en vaut guère mieux. Il n'a pas vingt ans. Les trois autres sont morts dans leur sac de couchage, ils n'ont même pas eu le temps d'en sortir. Deux d'entre eux sont d'ailleurs morts en dormant, une balle dans la tempe. Le troisième a voulu sortir mais il est mort assis, foudroyé par une balle qui a pénétré sous l'œil. Dans le dépôt d'armes et de munitions qu'ils gardaient, un fusil a été volé : un seul, avec une caisse de cartouches. C'est un fusil d'assaut de la Bundeswehr, du dernier modèle, avec viseur à infrarouges. L'assassin, ou les assassins, car ils étaient sûrement un commando, ont éprouvé le besoin bizarre d'emporter le registre des entrées et sorties du dépôt de munitions. L'étrangeté de cette action fait immédiatement penser à une affaire de terrorisme politique, et le bruit s'en répand dans la presse allemande. Les quatre soldats étaient des jeunes gens du contingent, à peine âgés de vingt ans. Ils ont été exécutés de telle manière qu'il y a là, c'est évident, l'action d'un commando. C'est pourquoi le ministre de la Justice de la République Fédérale nomme une commission d'enquête. Il ne viendrait à l'idée de personne de confier une affaire de ce genre à une simple brigade criminelle.

C'est ce que le juge d'instruction chargé de l'affaire explique au commissaire Hartmann, de la brigade criminelle de Hambourg :

« D'abord, les victimes sont des soldats. Ensuite, on a volé un fusil d'assaut ! Avec un viseur à infrarouges ! »

Le commissaire Hartmann connaît bien le juge depuis longtemps. Il se permet une plaisanterie un peu lourde :

« C'est à cause du viseur à infrarouges, que vous voyez un groupuscule de gauche ?

— Ne plaisantez pas avec cela, Hartmann ! Et ne vous en mêlez pas ! Cette affaire nous dépasse, vous et moi. A Bonn, on est formel : ce n'est pas une affaire pour la police locale. »

Le commissaire Hartman ne dit rien, mais n'en pense pas moins, et notamment qu'il est bizarre qu'un commando se donne la peine de tuer quatre soldats pour emporter un seul fusil. Alors qu'il y avait, dans ce dépôt, de quoi transformer des groupuscules en unités d'assaut : des bazookas, des grenades, des fusils mitrailleurs, des revolvers. Pour consolider la petite idée du commissaire Hartmann, il apparaît très vite que les quatre jeunes soldats ont été abattus avec la même arme : un pistolet ou une carabine de vingt-deux long rifle, munie probablement d'un silencieux. Tout cela fait dire au commissaire Hartmann que l'homme était une sorte de commando à lui tout seul. Mais ce n'est pas son affaire. Et si l'on considère que le commissaire de la brigade criminelle du secteur était incompétent, que les compétents se débrouillent sans lui. Il se confie le soir même à son épouse :

« Ils me font rire, avec leur commission d'enquête ! Tu te rends compte ? Cent cinquante-six personnes ! Ils ont la phobie du terrorisme, à présent. Moi je te dis que c'est un homme tout seul qui a tué les quatre soldats et qui a écrit la lettre ! Crois-en ma vieille expérience : les assassins qui écrivent aux journaux ne sont jamais des grands chefs d'organisations. Ce sont des truands d'occasion, des semeurs de pagaille qui veulent faire parler d'eux ! Tu veux que je te dise ? Celui qui a fait le coup a sûrement fait son service à la caserne, il n'y a pas longtemps. C'est pour ça qu'il a surpris les soldats ! Il savait parfaitement où était la sentinelle et où les autres dormaient ! Mais après tout, qu'ils se débrouillent ! Ils sont assez nombreux, cent cinquante-six ! »

Mme Hartmann est comme beaucoup d'épouses qui ne travaillent pas à l'extérieur. Elle écoute son mari, quand il rentre. Mais généralement elle n'écoute que la première phrase. Ensuite, elle l'interrompt vivement, donne son avis, avant même qu'il ait fini, ce qui met le commissaire hors de lui, depuis des années. Ainsi, Mme Hartmann, ce soir-là, l'interrompt pour lui dire :

« Mange donc tes cornichons aigre-doux et ne sois pas aigre toi-même. Ces affaires politiques ne sont pas pour toi ! »

Or dès le lendemain, l'assassin des quatre soldats se manifeste. Il écrit à l'hebdomadaire *Das Bild*, une lettre ainsi rédigée :

« C'est moi qui ai organisé l'exécution des quatre soldats de la caserne. Pour prouver que mon organisation ne plaisante pas. Un certain nombre de financiers allemands vont recevoir des sommations à payer des sommes importantes. Il ne s'agit pas d'une affaire politique. Nous voulons simplement de l'argent. L'organisation que je représente est la branche européenne de la Maffia américaine dont le siège est à Paris. Nous avons décidé de mettre à l'amende les financiers du Marché commun. Le premier à payer sera Helmut Broeger, le financier de Munich. Nous exigeons un million de marks. Sans quoi lui-même, sa femme et ses enfants seront exécutés comme les soldats de la caserne. Il recevra nos instructions ultérieurement. Ensuite, ce sera le tour des autres. Ci-joint : une page du registre d'entrée du dépôt de munitions, à titre de preuve. Signé : « L'exécuteur de la huitième maison. »

La stratégie de la commission d'enquête formée à Bonn est immédiatement changée. L'enquête n'est plus dirigée sur les milieux extrémistes, mais sur le milieu du gangstérisme international. Interpol fouille ses archives et les Allemands fichés pour des délits de droit commun sont mis sous surveillance à Paris, et ailleurs.

Dans les jours qui suivent, des lettres anonymes parviennent aux journaux allemands. Elles inquiètent l'opinion, car elles menacent des financiers connus, s'ils ne versent pas de grosses sommes, d'être exécutés comme l'ont été les quatre soldats ! Puis ce sont les financiers eux-mêmes qui reçoivent les lettres ! Elles parlent toutes d'une « branche de la Maffia pour l'Europe », et réclament des sommes fabuleuses : un million de marks (environ un milliard et demi de centimes) pour le seul Helmut Broeger, un financier de Munich.

Toutes ces lettres sont accompagnées d'une page arrachée au registre des entrées du dépôt de munitions, pour bien prouver que leur auteur est l'assassin des quatre soldats, le voleur du fusil à infrarouges, et qu'il ne plaisante pas. Chaque fois, il signe bizarrement ses lettres : « l'exécuteur de la huitième maison ».

Le commissaire Hartmann, bien que dépossédé du dossier au profit d'une commission d'enquête à l'échelon national, en parle le soir à sa femme et lui demande son opinion. C'est alors que son épouse lui dit :

« Promets-moi de ne pas encore t'énerver, si je te parle d'astrologie. »

Le commissaire Hartmann l'interrompt :

« Ah ! non. Tu ne vas pas recommencer avec ça ! »

Mme Hartmann, en effet, se pique d'astrologie. Et c'est un continuel sujet de discussion entre elle et son mari. Vexée, elle répond :

« Bon, bon... Je n'ai rien dit... Puisque ça ne t'intéresse pas. »

Le commissaire soupire :

« Dis toujours, on ne sait jamais. »

Mme Hartmann affecte de se racler consciencieusement la gorge, et dit :

« Eh bien voilà. La huitième maison, il se trouve que c'est un terme d'astrologie judiciaire.

— Quoi ? » Le commissaire Hartmann en a déjà entendu de la part de sa femme. Mais alors celle-là, c'est la meilleure : l'astrologie judiciaire ? Qu'est-ce que c'est que ça ?

Mme Hartmann prend un air pincé.

« Je sais ! Tu trouves probablement stupide que la femme d'un inspecteur de brigade criminelle fasse de l'astrologie judiciaire ; mais si tu ne refusais pas toujours de t'intéresser à ces choses, tu saurais qu'on distingue deux astrologies. Il y a eu d'abord l'astrologie naturelle, qui vient des Chaldéens : en passant par les Grecs et les Arabes. C'est l'art de lire dans les astres. En fait, c'est très approximatif, et sujet à caution. »

Le commissaire Hartmann maugrée :

« Je ne te le fais pas dire !

— Oui, mais moi, je pratique l'astrologie judiciaire :

ce n'est pas la peine de me regarder comme ça, tu peux vérifier dans l'encyclopédie ! C'est la science de l'horoscope. Et ça n'est pas du tout pareil. C'est une science exacte : ne m'interromps pas ! Je veux seulement te dire que le terme « maison » est un terme employé dans les horoscopes. Le Zodiaque est un cercle divisé en douze secteurs égaux, symbolisés par des signes. On les appelle aussi des « maisons » voilà.

— Voilà quoi ? »

Le commissaire Hartmann à l'habitude des discours de sa femme. Il sait qu'elle va repartir dans une interminable tirade, et n'écoute que d'une oreille. Pourtant, cette oreille, pour une fois, il la dresse un peu. Car voici ce que dit Mme Hartmann :

« Eh bien, ça peut vouloir dire deux choses : d'abord que ton assassin est de la maison du Scorpion. Ensuite, qu'il a l'esprit dérangé, mais ça nous le savons, et qu'il est passionné d'astrologie. Or, les fous consultent souvent les astrologues. Ça ne veut pas dire que les astrologues soient fous, mais c'est comme ça. Ça peut donc vouloir dire qu'il a déjà fait établir son thème astral. Si, comme tu le penses, il s'agit d'un garçon qui a fait son service militaire au dépôt de munitions, ça doit être récent. Disons qu'il a moins de vingt-cinq ans. Dans ce cas, tu chercherais donc un garçon né entre le 21 octobre et le 22 novembre, entre 1944 et 1949, et qui serait client d'un astrologue judiciaire, qui pratique l'horoscope. A Hambourg, j'en connais dix-sept, sérieux. Tu n'as qu'à les consulter, pour une fois. Tu ne leur demandes pas l'avenir, tu leur demandes s'ils ont établi récemment, le thème astral d'un jeune homme de la huitième maison. Ils ont des archives très précises, tu sais, ces gens-là. Mieux que les flics ! Il y en a qui ont des ordinateurs. Si c'est le cas, on te donnera non seulement la date de naissance de ton bonhomme, mais l'heure locale de sa naissance, ainsi que la longitude et latitude c'est-à-dire la ville où il est né. Si c'est un vrai professionnel, il a dû faire préciser les degrés, les minutes et les secondes : ça te donnera même le quartier. Tu auras donc une date et un lieu de naissance. Même si tu n'as pas le nom, tu n'auras qu'à comparer avec les livrets militaires des soldats qui ont servi à la caserne depuis cinq ans. Et tu auras ton criminel. Entre parenthèses, d'ailleurs, ça ne m'étonne pas, que ça soit un Scorpion ! Voilà. J'ai tout dit. Est-ce que tu veux encore des saucisses ? »

Abasourdi par cet interminable discours envoyé d'une seule traite, le commissaire Hartmann, sur le moment, se contente de hocher la tête et de répondre :

« Oui, j'en prendrai encore une. »

Mais le lendemain, une balle du fusil d'assaut volé dans la caserne est tirée sur la voiture du financier Helmut Broeger. Sans l'atteindre. Et le soir même, il reçoit par la poste une lettre ainsi rédigée :

« Dernier avertissement. Déposez un million de marks en liquide, au kilomètre quatre-vingt-douze de la route de Hanovre, derrière la borne. Si vous faites cerner le secteur par la police, vos enfants et votre femme ne seront jamais plus en sécurité. Signé : « L'exécuteur de la huitième maison. »

Alors, pendant que la commission d'enquête réunit son état-major, pour décider des mesures à prendre, le commissaire Hartmann demande à sa femme :

« Ce n'est pas que j'y croie tellement, à ton truc. Mais enfin : tu ne veux pas leur téléphoner, toi, aux fabricants d'horoscopes ? Moi je ne peux pas : tu sais bien que le juge m'a dessaisi de l'affaire ! Et puis toi, tu connais leur charabia ! Moi, ça m'énerve. »

Deux jours plus tard, Mme Hartmann fait son rapport au repas du soir :

« Voilà : un jeune homme né dans la huitième maison du Zodiaque, le 18 novembre 1947, par cinquante-trois degrés, vingt et une minutes et huit secondes de latitude Nord et dix degrés, onze minutes, cinquante-trois secondes de longitude Est, c'est-à-dire dans la banlieue Sud-Est de Hambourg, est venu consulter un astrologue judiciaire trois jours avant l'attentat. Je te précise les degrés et les minutes mais tu penses bien que si l'astrologue les a déterminés, c'est que le client lui a donné l'adresse de son lieu de naissance : c'est indispensable pour un thème astral. Parfois, on leur demande même l'étage ! A cause des influences telluriques : ça peut fausser les calculs. L'astrologue n'a pas voulu me communiquer l'adresse, mais si c'est toi qui la demandes, il la donnera. Enfin, si ça t'intéresse, évidemment, ça ne veut rien dire en soi : sauf si le jeune homme en question a fait son service à la caserne. Si c'était le cas, ça vaudrait peut-être la peine de le cuisiner un peu ! »

Le lendemain, bien que n'y croyant pas, et sans rien dire à personne, surtout pas au juge d'instruction, le commissaire Hartmann va voir l'astrologue en question :

« Il paraît que vous êtes « astrologue judiciaire » ? C'est vraiment comme ça que ça s'appelle ?

— Oui, ça se dit ainsi, pour distinguer de l'astrologie naturelle ceux qui étudient la science de l'horoscope. Ce n'est pas la même chose.

— Bon, eh bien moi, je suis commissaire de la police judiciaire. Alors entre collègues, hien ? Un petit tuyau ? »

Mais le surlendemain, au repas du soir, le commissaire Hartmann fait la tête à son épouse. Il hausse les épaules :

« Ça tombe à l'eau, ton truc ! Tu parles ! le jeune homme en question, c'est le greffier du tribunal criminel ! J'ai découvert, grâce à toi, que le greffier du tribunal criminel est un dingue de l'astrologie, qu'il a fait faire son thème astral et qu'il est né dans la huitième maison du Zodiaque ! Tu me vois dire ça au juge ? C'est moi qu'on va enfermer dans une maison. »

Mme Hartmann ne s'émeut pas, et demande :

« Au moins, as-tu fait vérifier s'il a fait son service militaire au dépôt de munitions ?

— Enfin, Greta ! Le greffier du tribunal, je te dis !

— Oui, j'ai entendu. Le greffier du tribunal criminel : justement. Ces gens-là entendent des histoires d'assassins à longueur de journée. On leur fait même noter tous les détails. A la fin, ça peut taper sur le système ! D'ailleurs, je vois très bien ça : si ce greffier était déjà un peu dérangé, quand il a découvert que la science de l'horoscope s'appelait l'astronomie judiciaire, ça a dû le déranger complètement ! Il a dû s'en faire tout un cinéma : d'où cette façon de signer ses lettres anonymes : « L'exécuteur de la huitième maison » ! C'est un style de refoulé. Tu le dis toi-même depuis le début. Pourquoi un greffier ne serait-il pas refoulé ? Ils ne sont pas à l'abri. Vérifie donc si celui-là n'a pas fait son service militaire là où les quatre soldats ont été assassinés ! Qu'est-ce que ça coûte ? En attendant, mange tes saucisses ! D'ailleurs, si tu veux mon avis, tu manges trop de saucisses. »

Quarante-huit heures plus tard, le commissaire Hartmann apprenait que : Le jeune greffier du tribunal criminel de la ville, Herbert Brauer, né le 18 novembre 1947, dans la « huitième maison du Zodiaque », avait fait son service militaire au dépôt de munitions. Sous son lit, on découvrait le fusil d'assaut, la caisse de munitions, le pistolet muni d'un silencieux qui lui avait servi à tuer les quatre soldats et le registre d'entrée avec les pages arrachées. La prétendue Maffia pour l'Europe, l'assassin des quatre soldats, le rançonneur, « l'exécuteur de la huitième maison », c'était lui.

La commission d'enquête a été dissoute, évidemment. Et le commissaire Hartmann a dû expliquer comment, bien que n'étant pas chargé de l'affaire, il l'avait résolue : en écoutant sa femme, pendant qu'elle lui servait le dîner. Mais il a bien pris le soin de préciser :

« Ça ne prouve rien en ce qui concerne l'astrologie ! Judiciaire ou pas ! Ça prouve simplement qu'à la maison, dans la journée, les femmes ont le temps de penser à n'importe quoi ! »

Les commissions d'enquête, elles, n'ont pas le temps.

TABLE

Le diable habite au ranch El Angel	13
Le Demerdenzizich	23
Garwin : un mot venu d'ailleurs	34
Tu tueras ton frère	45
La route de Katmandou	55
Crime sur ondes courtes	68
Les noces d'or du procureur	78
Une nuit dans Manhattan	87
Vingt ans après	99
Le chirurgien aux mains blanches	109
Fortunato prend sa retraite	119
Les voyages de M. Thu	128
Six jambons et douze saucissons	139
Un homme comme les autres	150
Un tout petit morceau d'étoffe grise	161
In vino veritas	172
Ce pauvre Charles	181
Le jardinier du lac	192
L'orgue rendra un son nouveau	202
La servante maîtresse	213
Les bonbons	224
De la logique avant toute chose	233
C'était lors d'une famine en Chine	243
Un mobile vieux de 1 000 ans	253
Le vieux locataire	264
Docteur Cyanure	275
Quand Margot s'en allait danser	285
Une vie de reine	297
La femme du commissaire	308

ŒUVRES DE PIERRE BELLEMARE ET JACQUES ANTOINE

à la Librairie Arthème Fayard :

LES DOSSIERS EXTRAORDINAIRES DE PIERRE BELLEMARE, 1976.
LES NOUVEAUX DOSSIERS EXTRAORDINAIRES DE PIERRE BELLEMARE. 1977.
LES AVENTURIERS, 1978.
LES AVENTURIERS, nouvelle série, 1979.

à Édition n° 1 :

LES DOSSIERS D'INTERPOL.
LES DOSSIERS D'INTERPOL... 2.
C'EST ARRIVÉ UN JOUR 1.
C'EST ARRIVÉ UN JOUR 2.

Composition réalisée par C.M.L. - MONTROUGE

IMPRIMÉ EN FRANCE PAR BRODARD ET TAUPIN
7, bd Romain-Rolland - Montrouge - Usine de La Flèche.
LIBRAIRIE GÉNÉRALE FRANÇAISE - 12, rue François 1er - Paris.

ISBN : 2 - 253 - 02662 - X 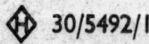 30/5492/1